반항과 창조의 브로맨스
에밀 졸라와 폴 세잔

반항과 창조의 브로맨스
에밀 졸라와 폴 세잔

박홍규 지음

틈새의시간

재능이란 일상에서 마주치는 것들에
늘 새로운 감정을 품는 능력이다.

_폴 세잔

행동하고 창조하고 주변과 싸우라.
이기든 지든 그것이 건강한 사람의 삶이다.
_에밀 졸라

〈자화상〉
폴 세잔, 1875, 64×53cm, 파리, 오르세 미술관

〈에밀 졸라의 초상〉
에두아르 마네, 1868, 146×114cm, 파리, 오르세 미술관

일러두기

그림과 영화와 연극은 〈 〉, 신문과 잡지, 총서는 《 》, 단행본은 『 』, 글과 기사는 「 」, 노래와 전시는 ' '로 표시한다.

인명은 처음 나올 때 풀네임과 함께 원어와 생몰연대를 적고, 그 뒤로는 성만 적는다.

인명 외의 지명 등 고유명사도 처음 나올 때 원어를 적고, 그 뒤로는 이름만 적는다.

본문의 이해를 돕기 위한 이미지 이외의 다양한 세잔 작품은 옆의 QR코드를 스캔하여 확인할 수 있다.

인용 서적 표기

1. 세잔 저술

세잔 – 폴 세잔 외, 조정훈 옮김, 『세잔과의 대화』, 다빈치, 2002
Correspondance – Paul Cézanne, Correspondance, Grasset, 2006
Letters – Alex Danchev (ed) The Letters of Paul Cézanne, The J. Paul Getty Museum, 2013

2. 졸라 작품

꿈 – 에밀 졸라, 최애영 옮김, 『꿈』, 을유문화사, 2008
나나 – 에밀 졸라, 김치수 옮김, 『나나』, 문학동네, 2014
대지 – 에밀 졸라, 조성애 옮김, 『대지』, 문학동네, 2021
돈 – 에밀 졸라, 유기환 옮김, 『돈』, 문학동네, 2017
목로 – 에밀 졸라, 유기환 옮김, 『목로주점』, 열린책들, 2012
사랑 – 에밀 졸라, 이미혜 옮김, 『사랑의 한 페이지』, 장원, 1994
살림 – 에밀 졸라, 임희근 옮김, 『살림』, 창비 1995
실험 – 에밀 졸라, 유기환 옮김, 『실험소설 외』, 책세상, 2007
여인 – 에밀 졸라, 박미숙 옮김, 『여인들의 행복백화점』, 시공, 2012
예술 – 에밀 졸라, 조병준 옮김, 『예술에 대한 글쓰기』, 지식을만드는지식, 2008
인간짐승 – 에밀 졸라, 이철의 옮김, 『인간 짐승』, 문학동네, 2014
작품 – 에밀 졸라, 권유현 옮김, 『작품』, 일빛, 2002
쟁탈 – 에밀 졸라, 조성애 옮김, 『쟁탈전』, 지만지, 2021

전진 - 에밀 졸라, 박명숙 옮김, 『전진하는 진실』, 은행나무, 2014

제르미날 - 에밀 졸라, 최봉림 옮김, 『제르미날』, 친구, 2014

집구석들 - 에밀 졸라, 임희근 옮김, 『집구석들』, 창비 2021

패주 - 에밀 졸라, 유기환 옮김, 『패주』, 문학동네 2021

테레즈 - 에밀 졸라, 박이문 옮김, 『테레즈 라캥』, 문학동네, 개정판, 2009

Docteur - Docteur Pascal, Folio Classique, 1933

Ecrits - Emile Zola, Ecrits sur l'art, Edition établie, présentée et annotée par Jean-Pierre Leduc-Adine, Gallimard, 1991

La Confession - La Confession de Claude, Dodo, 2009

Le Ventre - Le Ventre de Paris, Gallimard, 2002

La Fortune - La Fortune des La Fortune, Gallimard, 1981

3. 관련 서적

김 - 김화영, 『프랑스 현대소설의 탄생』, 돌베개, 2012

덴버 - 버나드 덴버 엮음, 김숙 옮김, 『인상주의 미술가』, 시공사, 1999

뒤랑 - 스테판 멜시오르 뒤랑, 이자벨 칸, 파티마 모르티 쿠토, 엄명순 옮김, 『세잔』, 창해, 2000

드브레 - 레지 드브레, 강주헌 옮김, 『지식인의 종말』, 예문, 2001

리월드 - 존 리월드, 정진국 옮김, 『인상주의 역사』, 까치, 2006

릴케 - 라이너 마리아 릴케, 홍공선 옮김, 『그 영혼의 푸른 불꽃』, 책세상, 1987

매콜리프 - 메리 매콜리프, 최애라 옮김, 『벨 에포크, 아름다운 시대』, 현암사, 2020

모스 - 수잔 벅 모스, 김정아 옮김, 『발터 벤야민과 아케이드 프로젝트』, 문학동네, 2004

버거 - 존 버거, 장호연 옮김, 『우리 시대의 화가』, M창비, 2020

볼라르 - 앙프루아즈 볼라르, 이지선 한지희 옮김, 『아주 특별한 인연』, 아트북스, 2005

볼라르파 – 앙프루아즈 볼라르, 김용채 옮김, 『파리의 화상 볼라르』, 아트북스, 2005

류 – 류승희, 『안녕하세요, 세잔 씨』, 아트북스, 2008

샤피로 – 마이어 샤피로, 감윤수 방대원 옮김, 『현대미술사론』, 까치, 1989

세륄라즈 – 모리스 세뤼라즈, 최민 옮김, 『인상주의』, 열화당, 1993

스미스 – 폴 스미스, 이주연 옮김, 『인상주의』, 예경, 2002

스펄링 – 조슈아 스펄링, 장호연 옮김, 『우리 시대의 작가』, M창비, 2020

오 – 미셸 오, 이종인 옮김, 『세잔, 사과 하나로 시작된 현대미술』, 시공사, 1996

오리 – 파스칼 오리, 장-프랑수아 시리넬리, 한택수 옮김, 『지식인의 탄생』, 당대, 2005

유 – 유기환, 『에밀 졸라』, 건국대학교출판부, 1996

이스라엘 – 아르망 이스라엘, 이은진 옮김, 『다시 읽는 드레퓌스 사건』, 자인, 2002

장 – 레몽 장, 김남주 옮김, 『세잔 졸라를 만나다』, 여성신문사, 2001

킹 – 로스 킹, 황주영 옮김, 『파리의 심판』, 다빈치, 2008

플라지 – 질 플라지, 김용민 옮김, 『세잔』, 영화당, 1993

하우저 – 아놀트 하우저, 백락청·염무웅 옮김, 『문학과 예술의 사회사─ 현대편』, 창작과비평사, 1974

한트케 – 페터 한트케, 배수아 옮김, 『세잔의 산, 생트빅투아르의 가르침』, 아트북스, 2020

후그 – 미셸 후그, 권영자 옮김, 『세잔의 진실』, 열화당, 1980

Coieu – Jean-Max Guieu, Alison Hilton (eds) Emile Zola and the Arts, Georgetown University Press, 1988

Danchev – Alex Danchev, Cezanne A Life, Pantheon Books, 2012

Fry – Roger Fry, Cezanne: A Study of His Development, Macmillan, 1927

Rewald – John Rewald, Cezanne: a Biography, Abrams, 1986

Schapiro – Meyer Schapiro, Cezanne, Abrams, 1952

머리말

젊은 시절, 몇 번이나 반 고흐의 아를을 찾아갔지만, 같은 프랑스 남부, 아를 동쪽 가까이 있는 세잔의 엑상프로방스에는 가지 않았다. 그곳에 세잔이 자주 그린 생트빅투아르산이 있다는 것은 진작부터 알고 있었지만, 그 산을 보러 간다는 생각을 오랫동안 하지 않았다. 아를의 어떤 들판 풍경보다 그 산은 내 마음을 움직이지 않았다. 산을 그렇게 좋아했으면서도 그 산은 왜 내 마음에 없었을까? 헐벗은 느낌의 허연 바위산이어서? 모르겠다. 세잔이 수십 번 그린 그 산 그림도 나는 그다지 좋아하지 않았다. 그러다 젊음이 한참 지나서야 나는 그 바위산을 보러 엑스에 갔다. 세잔도 나이가 한참 들어서야, 죽기 전 20년 동안에야, 비로소 그 산을 수십 번이나 그렸다. 평생 그 산을 보았으면서도 쉰이 다 되어서야 눈에 들어온 것이다. 어린 시절에 친구와 함께 오르내리던 그 산을 친구와 헤어진 뒤에야 그릴 수 있었다. 그리움으로. 그렇다. 그림은 그리움이다. 세잔은 말했다. "풍경이 내 안에서 자신을 생각한다. 그러므로 나는 풍경의 의식이다."(스펄링171재인용) 이 말은 어렵다. 아무리 생각해 보아도 그 뜻을 분명하게 알 수 없다. 그러나 묘하게도 그 말은 풍경에 대한 나의 의식이 되었다.

세잔의 그림도 나에게는 그랬다. 초등학교 시절 그의 풍경화를 열심히 모사한 적도 있었지만(내가 최초로 모사한 그림이었는데, 지금도 나는 그림을 처음 배우는 어린이들에게 그의 그림을 모사하도록 권한다. 그리기 쉽고 자연을 명확하게 인식하게 해 준다고 생각하기 때문이다), 웬일인지 그 뒤로 한참 동안 내 눈에 들어오지 않았다. 반면 졸라의 소설, 특히 『제르미날』은 평생 노동법을 공부하고 강의한 내가 가장 열심히 읽은 소설이었고, 드레퓌스 사건을 통한 그의 정의 투쟁은 교실에서나 거리에서 가장 열심히 소개한 역사적 사건이었다. 그런데 젊어서는 졸라와 뜻을 같이했으면서도 늙어서는 반대로 돌아선 세잔을 나는 싫어했다. 그러다가 역시 나이가 들었기 때문일까? 얼마 전 어느 날 갑자기 그 두 사람 모두 나에게 따뜻하게 다가왔다. 세잔의 변신은 가톨릭을 중심으로 한 절대자와 자연에 대한 신앙으로 생긴 절대 고독 같은 것으로 이해되었기 때문이었을까? 그래서 내 눈이, 또는 마음이 따뜻하게 변한 것일까? 아니면 그 조화로움과 질서감 그리고 견고함이 늙은 마음에 스며들어서였을까? 여하튼 그의 그림도 그의 산도 내가 매일 보는 주변의 산처럼 나에게 다가왔다. 그의 사과도 내가 먹는 사과처럼 가깝게 다가왔다.

세잔과 졸라는 각각 12, 13세 때 처음 만나 서로 격려하면서 각각 '현대 미술의 아버지'와 '현대 문학의 아버지'로 대성하는 브로맨스 죽마고우로 살았다. 특히 졸라는 리얼리즘(또는 자연주의) 문학을 완성하고, 그 정신으로부터 불의의 드레퓌스 사건을 고발한 최초의 '지식인'으로, 세잔은 마찬가지로 리얼리즘(또는 인상파) 화가로 출발하여 입체파나 야수파 등의 선구자가 된 고고한 예술가의 전형으로 역사에 기록된다. 아나톨 프랑스가 "진실과 정의의 수호자"라고 부른 졸라는 빅토르 위고와 함께 프랑스의 문화와 정신을 상징하며 프랑스인들이 가장 애독하는 작가다. 피카소가 "우리 모두의 아버지"라 하고 마티스가 "회화의 신"이라고 말한 세잔은 "어떤 유파도 산출하지 않았지만, 그의 사후에 등장한 거의 모든 새로운 미술운동에 직접적으로든 간접적으로든 추진력이 되어 왔다."(샤피로56) 그 밖에도 세잔을 "이 시대 인류의 스승"이라고 (릴케11;한트케71) 부른 것처럼 두 사람에게는 수많은 찬사가 따른다. 그 찬사의 근본은 예술가는 무엇보다 강한 개성의 창조적 인물이어야 한다는 믿음인데, 이는 두 사람이 어려서부터 공유하고 죽을 때까지 견지한 철학이었다. 그렇게 형성된 두 사람의 강렬한 개성을 담은 창조 정신은 삶과 예술 창조의 원동력이었다. 두 사람에게는 각자 타고난 재능과 개성, 그리고 노력과 함께 평생의 우정이 중요한 역할을 했다. 위대한 친구가 위대한 친구를 만든다. 위대한 예술가가 친구를 위대한 예술가로 만든다.

그들의 위대한 예술은 그들의 브로맨스가 시작된 지중해 시골 마을에서 비롯되었다. 그 마을 출신으로 평생 고향과 파리를 왕래했던 세잔은 두말할 필요도 없겠지만, 그곳에서 십 대를 보낸 졸라 역시 하인리히 만이 지적했듯이 '지중해적 재능'의 소유자였다. 지중해적 정신이란 지중해의 찬란한 태양 아래, 다양한 인종과 민족의 역사와 문화가 짙푸른 바다의 알싸한 소금물에 함께 녹아 원융(圓融) 회통(會通)하는 직관적 종합의 재능이라고 할까? 다양성을 통일성으로 승화하는 열정의 재능이라고 할까? 그러한 재능을 선천적으로 타고난 그들은 프랑스 남쪽 프로방스의 독특한 풍경을 그렸고, 그곳 민중의 생활을 여실히 표현했다. 그들은 지중해가 표상하는 자유와 속박, 즐거움과 괴로움, 현실과 이상, 자연과 초월, 세속과 영원 등의 모든 모순과 대립을 너무나 잘 이해하고 있었다. 그리고 그것으로부터 인간과 세상에 대한 갈구와 창조가 나왔다. 하지만 그것은 특정한 천재의 특별한 재능이나 상상력이 아니라 지중해에 함께 사는 민중의 이미지를 통해 가장 순수한 인간성을 표상해 내는 능력, 바로 그들이 지닌 '지중해적 상상력' 덕분이다. 졸라의 소설에 나오는 온갖 욕망에 찌든 사람들이나, 세잔의 그림에 나오는 허리통이 굵은 여성들의 나체도 민중의 모습 자체이기에 진솔하다. 그리고 그들은 그 민중의 유토피아를 꿈꾸었다.

졸라는 사회학의 선구자인 토크빌이 발견하고 사회학의 창시자인 뒤르켐이 경험과학으로 확립한 '개인'과 '사회'의 합리성과 현실성을, 그리고 반유대주의를 포함한 허위의 본질인 비합리성과 비현실성을, 사실을 객관적으로 보고 진실을 철저히 규명하는 과학적 자연주의의 개척자로서 세상에 제시하고 폭로했다. 세잔도 '개인'과 '사회'가 공존하는 '자연'에 대한 과학적 탐구자로서 자연의 모든 사물이 그림 속에서 견고한 생명력을 갖게 하여 질서와 조화를 이루는 걸작들을 창조했다. 그래서 두 사람 모두 자유로운 개인이 모여 자치하는 사회를 자연과 조화롭게 추구한 사람들이다. 나는 그것을 자유-자치-자연의 '삼자주의'(三自主意)라고 부른다.

그런데 그 치열한 각자의 고독한 창조 과정에서 그들의 우정은 당연히 한결같지 않았고 항상 아름답지만은 않았다. 우정까지 사로잡은 젊음의 열정은 나이가 들면서 조금씩 식어가다가 오십 대 이후 드레퓌스 사건을 둘러싸고 날카롭게 대립했고, 그 뒤로는 죽을 때까지 서로 만나지 않으면서 각자의 길을 갔다. 사람이 나이가 들어 변하는 것은, 특히 보수화되는 것은 언제 어디서나 볼 수 있는 일반적인 현상이지만, 젊어서 왕정과 가톨릭과 부르주아에 반항한 세잔이 늙어서 "이 힘한 세상을 살아갈 힘이 없는 나 같은 사람은 로마 가톨릭에 의지하는 게 더 안전하지요!"(볼라르248)라고 하며 가톨릭으로 돌아서서 드레퓌스 반대에 동참한 점에 대해 나는 항상 의문을 가졌다. 졸라가 목숨을 걸고 드레퓌스를 구하기 위해 선봉에 서서 정의를 위해 싸우는데 그의 죽마고우이자 동지였던 세잔은 그 반대 견해를 취한 것이다. 세잔이 늙어서 독실하게 믿은 로마 가톨릭은 졸라의 모든 작품을 금서로 지정하고 인간이 읽어서는 안 되는 악이라고 가르쳤다. 졸라는 악마가 된 것이다. 가톨릭 신도만이 아니었다. 일반인 상당수도 드레퓌스 사건 이후 벌어진 졸라 책의 화형식에 그의 책을 불구덩이에 집어 던졌다. 진시황이나 히틀러만이 분서갱유를 한 것이 아니다.

물론 세잔은 그러지 않았다. 그는 헛된 권력의 추구와는 아무런 관련이 없이 고독하게 자연을 탐구하면서 종교에 가까워졌다. 그는 쉰을 넘기면서, 특히 아버지의 죽음으로 가톨릭에 다가갔다. 그러나 당대의 가톨릭은 지금 우리의 가톨릭과는 달랐다. 왕당파에 인종차별, 반민주에 반인권, 반공화에 반사회였다. 결국 드레퓌스 사건으로 나라가 두 쪽 날 때 가톨릭은 반동 보수의 선봉이었고 세잔은 드가나 르누아르와 함께 거기에 속했지만, 세잔에게 그것은 무의미한 것이었다. 반면 졸라나 모네나 피사로는 인권 진보의 선봉에 섰다. 세잔은 어릴 적부터의 붕우였던 졸라는 물론, 인상파를 함께 시작한 모네나 피사로와도 결별했다. 그렇다고 드가나 르누아르와 친해지기는커녕 그들과도 헤어졌다. 그렇게 세상을 등지고, 그야말로 고독하게, 하루종일, 쉬지 않고 홀로 자연을 그렸다. 그래서 현대 미술의 아버지가 되었다. 특히 입체파의 선구자가 되었다.

그러나 반항과 창조의 브로맨스를 이해하는 데 가장 중요한 점은 의외의 것에서 찾을 수 있다. 바로 초중고 시절을 공부보다도 자연아(自然兒)로 보낸 두 사람의 '순수한 바탕'이다. 이 점이 두 사람을 각각 현대 미술과 현대 문학의 아버지로 우뚝 서게 해 준 포인트였다. 또 다른 하나는 대학입시에 실패하여(작가가 되는 졸라는 국어 성적 미달로 입학 자격시험에 실패했고, 화가가 되는 세잔은 데생 실력 미달로 미술대학 입시에 두 번이나 실패한다) 기성에 물들지 않고 자신들의 길을 평생 독자적으로 추구했다는 점이다. 무엇보다도 그것이 새로운 창조자로 대성하는 결정적인 계기였다. 자연 속에서 자유롭게 성장하고, 학교 제도나 기성 예술을 배척하여 실패하는 것이 새로운 창조의 시작이다. 그리고 이십 대부터 그들은 죽을 때까지 기성 사회에 대한 반항과 새로운 예술의 창조에 자신들의 삶을 불태웠다.

브로맨스는 그 반항과 창조를 함께 꽃피웠기에 더욱 빛난다. 지금 여기 이 땅에도 세잔과 졸라의 반항과 창조의 브로맨스가 절실하게 필요하기에 이 책을 쓴다. 반항하라, 그리고 창조하라. 우정으로, 함께 웃고 울면서. 뜨겁게 만나고 뜨겁게 헤어지면서.

2023년 9월 29일 졸라 121주기,
10월 22일 세잔 117주기를 기억하며
박홍규

차 례

머리말 · 13

프롤로그_ 왜 이 책을 쓰는가? · 23
세잔과 졸라는 닮았으면서도 다르다 | 두 통의 편지 | 1886년 결별설의 문제점 | 이 책의 내용 | 이 책을 쓰는 이유 | 아나키스트들

* 다양하게 읽기　　　　　　　　세잔과 졸라의 전기 영화 | 졸라 소설의 영화화

제1장 청춘의 브로맨스(1839-1866) · 55
고향 | 세잔의 집안과 성장 | 세잔과 아버지 | 졸라의 집안과 성장 | 『작품』의 청춘 브로맨스 | 파리 | 동요의 시대 | 초기 브로맨스와 창조열 | 세잔의 방황 | 세잔의 파리 생활 | 세잔과 아버지 | 졸라의 등단 | 세잔의 등단

제2장 졸라와 세잔의 초기 창조(1867-1872) · 119
졸라의 초기 미술비평 | 졸라의 프루동 비판 | 『테레즈 라캥』, '실험소설'의 탄생 | 퐁네프 파사주와 테레즈 가족 | 테레즈와 로랑의 치정 | 양심의 가책 | 《루공-마카르총서》 계획 | 세잔의 초기 폭력 그림 | 프랑스 살롱의 역사 | 세잔과 살롱, 그리고 인상파 | 인상주의의 사회적 의미

제3장 인상파전, 세잔, 졸라(1872-1877) · 163
프랑스-프로이센 전쟁과 파리코뮌 | 파리코뮌 이후의 졸라 | 세잔의 인상주의 | 제1회 인상파 전시회, 세잔과 졸라 | 3회 인상파 전시회의 세잔 출품작 | 리비에르와 졸라의 비평 | 제4회 인상파전 이후의 세잔과 졸라 | 1879-1882의 살롱 | 1882년 살롱의 세잔 작품 | 1885년 세잔의 사랑 | 졸라의 미술비평 | 세잔과 졸라의 마네 | 세잔과 졸라의 드가 | 세잔과 졸라의 피사로 | 세잔과 졸라의 모네 | 세잔과 졸라의 르누아르

제4장 졸라의 노동소설과 세잔의 구조주의 · 209
1870-1880년대의 위고와 졸라 | 『싸구려 술집』 서문 | 『싸구려 술집』 줄거리 | 『싸구려 술집』의 배경과 노동 | 『사랑의 한 페이지』 | 『제르미날』 | 『실험소설론』 | 세잔의 성숙기 | 세잔의 구조주의 시기

* 다양하게 읽기　　　　　　　　반 고흐가 가장 사랑한 작가 졸라

제5장 『작품』의 세잔과 졸라 · 237

『작품』의 주제와 배경 | 『작품』의 주인공 클로드 | 『작품』에 묘사된 낙선전과 인상파전 | 클로드와 세잔의 그림 비교 | 부르주아와 화상 비판 | 저널리즘 비판 | 『작품』에 나오는 거대한 풍경화의 꿈 | 화가들의 반응과 졸라의 반발 | 세잔과 졸라의 결별 이야기 | 졸라의 미술비평에 대한 세잔의 반응

제6장 『작품』 이후의 세잔과 졸라 · 265

『작품』 이후 세잔에 대한 졸라의 태도 | 졸라의 새로운 사랑 | 『꿈』 | 〈마르디 그라〉 | 『대지』 | 〈카드놀이 하는 사람들〉 | 제프루아 | 볼라르 | 세잔의 1995년 전시회 | 가스케 | 『돈』 | 『패주』 | 졸라의 《루공-마카르총서》 | '세 도시 이야기'

제7장 드레퓌스 사건과 졸라 · 311

드레퓌스 사건의 배경 | 사건의 시작 | 졸라의 반유대주의 비판 | 사건의 전환점 | 졸라의 등장 – 「나는 고발한다」 | 「나는 고발한다」의 반향 | 졸라 재판과 드레퓌스 재심 | 드레퓌스 사건의 대립축 | 드레퓌스 사건의 의의

제8장 만년의 졸라 · 343

'4복음서' 연작 | 인터뷰들 | 볼라르의 졸라 방문기 | 죽음 | 졸라 사후의 프랑스

* 다양하게 읽기   20세기 한국의 '드레퓌스 사건'

제9장 만년의 세잔-서정주의 · 363

드레퓌스 사건과 세잔 | 드가의 반유대주의 | 명성 | 베르나르 | 〈석고상이 있는 정물〉 | 〈생트빅투아르산〉 | 〈목욕하는 사람들〉 | 죽음 | 영향

* 다양하게 읽기 한국의 세잔 수용 | 세잔과 철학

에필로그_ 다시, 무엇이 문제인가? · 392

이 책에서 말한 것 | 자유, 자치, 자연 | 제국주의 문제 | 세잔과 졸라의 브로맨스

세잔 연보 · 406 | 졸라 연보 · 407

프롤로그

왜 이 책을 쓰는가?

세잔과 졸라는 닮았으면서도 다르다

우리 모두 그렇듯이, 친구인 세잔과 졸라는 서로 많이 닮았으면서도 다르다. 세잔의 사진이나 자화상, 또는 그의 생애를 그린 영화 등으로 알 수 있는 것은, 그가 산적 수염을 기르고 커다란 대머리이며 어깨가 굽었고, 옷은 단정치 못해 남루하기 짝이 없다는 것이다. 자신을 인정하지 않는 세상에 대한 불신으로 표정은 언제나 굳어 있고 웃음기도 거의 볼 수 없지만, 좌절하지 않고 자신의 길을 굳건히 걸어간다는 자신감이 넘치며 언뜻 야성미까지 풍긴다. 그러나 그림이나 사진만으로는 그가 목욕을 잘 하지 않고, 벼룩에 물려 끊임없이 온몸을 긁어대고, 입에는 욕을 달고 살아 사람들과 친해지기가 몹시 어려운 사람이라는 점을 알 수가 없다. 너무나도 존경한 마네를 만났을 때도 세잔이 "마네 씨, 손을 내밀 수가 없습니다. 여드레 동안이나 씻질 않았거든요."라고 했다는 모네(Claude Monet, 1840-1926)의 회상에 나오는 에피소드 같은 것은 너무나 흔하다.(리월드142) 게다가 세잔의 아틀리에는 먼지가 수북하고 담뱃재가 넘치며 몇 개 안 되는 소지품들이 어지럽게 아무렇게나 쌓여 있었는데, 이는 그의 철두철미한 대상 추구의 그림만 보아서는 짐작하기 어려운 점이다. 졸라가 『작품』에서 다음과 같이 묘사한 주인공의 아틀리에는 세잔의 것이다.

기가 막힐 정도로 어질러져 있었고, 뒤죽박죽이었다. 벽난로 앞에는 지난겨울에 태우고 남은 재가 그대로 쌓여 있었다. (…) 책상 위에는 붓과 물감들, 더러운 접시들, 에틸알코올 램프가 가득 차 있었고, 국수가 지저분하게 묻어있는 냄비가 나뒹굴고 있었다. 소파 가까이에 전날 밤에 타다 만 초가 한 달에 한 번 닦을까 말까 한 마루 구석의 바닥에 널브러져 있었다.(작품26-27)

졸라의 묘사는 세잔이 젊은 시절 파리에 살 때의 모습이다. 그래도 그때는 나았다. 46세 이후 시골에 칩거한 세잔을 졸라는 본 적이 없는데 세잔의 시골집에는 정말 거의 아무것도 없었다.

세잔은 딱 그 나이의 독신 생활자가 가지고 있을 만큼의 물건만을 소유했다. 한 조각의 빵으로 식사를 하고 저녁 식사를 마친 뒤

에는 지체 없이 오리엔탈 담배를 한 대 피워 물고 커피를 홀짝거리는 것이 그의 생활 방식이었다.(세잔79)

세잔은 늙어서도 "말을 가려 할 줄 모르고 고상한 표현 따위와는 상관없"었다.(세잔80) 세잔이 55세였던 1894년 그를 처음 만난 미국의 인상파 화가 메리 카사트(Mary Stevenson Cassatt, 1844-1926)가 쓴 글을 보자.

첫 대면을 했을 때 그는 흉악범 같았다. 크고 붉은 눈이 제일 먼저 눈에 들어왔고, 제법 회색기가 도는 수염은 난폭하다는 인상을 주었다. 그는 접시가 달그락거릴 정도로 흥분하며 말했다. (…) 그의 식사 예절도 처음엔 놀라웠다. 수프 접시를 잡아 들더니 남은 국물을 쏟아 먹고, 뼈에 붙은 고기는 손가락으로 뜯어 발라 먹었다.(덴버195)

한마디로 세잔은 촌놈이었고, 졸라는 도시 양반이다. 세잔이 야만이라면 졸라는 문명이다. 세잔이 자연이라면 졸라는 과학이다. 세잔은 시골 엑상프로방스(Aix-en-Provence, 마을 자체의 이름은 엑스이므로 이하 엑스로 약칭함) 출신으로 22세에 처음 파리에 가지만, 평생 반반씩 머물다가 마지막 10년 정도는 아예 고향 시골에서 살았다. 그러고는 거기서 아내도 아들도 없이 쓸쓸히 죽는다. 반면 졸라는 파리 출신이지만 세 살 때 엑스로 와서 세잔과 같이 놀다가 18세에 파리로 가서 죽을 때까지 파리에서 제법 잘 살다가 화려하게 죽는다. 그리고 6년 뒤 프랑스의 가장 위대한 위인들의 묘지인 팡테옹으로 이장되어 지금까지 전 세계인의 참배를 받는다. 반면 세잔은 지금까지 고향 공동묘지 한구석에 잠들어 있는데, 지금도 그를 찾는 발걸음은 그리 많지 않다.

세잔은 반 고흐나 렘브란트처럼 자화상을 많이 그린 화가로 유명하다. 그러나 그는 뒤의 두 사람과는 사뭇 다른 그림을 그렸다. 고흐와 렘브란트는 자화상으로 깊은 자기 성찰을 보여 주었고, 세잔은 자화상에 이마·코와 같은 명확한 형태와 머리·수염과 같은 불명확한 형태를 모두 포함하여 그리면서 이를 마치 풍경이나 정물처럼 정밀하게 표현하려고 노력했다. 또한 그는 그림에서 색상의 조화를 매우 중요하게 생각했다. 그래서 렘브란트나 반 고흐의 초상화는 물론 여러 작품이 종교적이거나 철학적으로 해석되는 반면, 세잔의 그림은 전혀 그렇지 않다. 그가 가톨릭에 귀의한 만년의 그림도 마찬가지다.

세잔은 타인의 초상화도 많이 그렸지만, 죽마고우인 졸라의 단독 초상화를 그리지 않았다. 〈졸라 집에서의 독서〉나 〈졸라에게 책을 읽어 주는 폴 알렉시〉라는 조금 이상한 그림을 그렸을 뿐인데, 그 인물들에 대한 화가의 감정 이입은 전혀 없다. 폴 알렉시(Paul Alexis, 1847-1901)는 신문기자 출신으로 1869년부터 졸라의 비서로 일했던 사람이다. 그가 왜 이런 기이한 그림의 모델이 되었는지 전혀 알 수 없다. 특히 두 그림에서 졸라의 모습은 거의 스케치 수준이어서 그의 모습을 잘 알 수 없는 반면, 에두아르 마네(Édouard Manet, 1832-1883)가 1868년에 그린 졸라의 초상화는 완성작으로, 졸라의 냉정한 비판 정신과 엄정한 태도를 무표정한 얼굴과 말쑥한 옷차림을 통해 잘 보여 준다.

이런 그림들을 보면 적어도 졸라는 앞에서 본 세잔과는 반대되는 성품의 소유자 같다. 특히 영화 등에서 보는 졸라의 작업실은 너무 잘 정돈되어 있어서 세잔의 아틀리에와는 분위기가 전혀 다르다. 영화 〈나의 위대한 친구 세잔〉의 첫 부분에서도 그 두 공간을 비교해 보여 주면서 두 사람을 소개한다. 영화에 나오는 배우들의 모습도 실제 인물들과 흡사하다. 부리부리한 눈에 장발인 산적 수염의 세잔과 사색적인 눈매에 단발한 얌전한 수염의 졸라는 그 모습조차 대조적이다. 자유분방한 감성의 절정 같은 세잔과 엄격한 이성의 상징인 졸라가 대비되는 모습이다.

굳이 비교하자면 졸라는 파리지앵이지만 세잔은 촌놈이다. 세잔이 파리에 간 것은 파리지앵이 되기 위해서였지만, 그는 평생 파리지앵이 되지 못하고 항상 고향 시골로 돌아왔다. 고향도 그를 반기지 않았다. 파리 이상으로 그를 박대했다. 그러니 평생 언제 어디에서나 이방인이었다. 인상파는 본질상 도시의 산물이다. 졸라는 도시를 비호하는 데 앞장서지만, 세잔은 그 주변에 어른거리다가 시골에 와서 자기 세계를 창조한다. 그러나 졸라도 파리에, 또 도시의 주류에게 환영을 받은 것은 아니니, 그 역시 이방인이다. 그래서일까? 그들은 기성의 가치나 전통을 부정하고, 반항하며,

새로운 창조에 나선다. 그리고 누구도 하지 못한 현대의 새로운 미술과 문학을 시작한다.

마네의 그림이 아무리 적확하다고 해도 그것만으로는 시인 실베스트르(Paul Armand Silvestre, 1837-1901)가 졸라에 대해 "보기만 해도 그의 활력을 느낄 수 없는 사람은 눈이 먼 것이리라."라고 한 바를 실감하기 어렵지만, 활기에 넘친다는 점에서 졸라는 세잔과 같았다. 실베스트르는 "졸라의 가장 인상적인 점은 이마가 사고의 인내력을 보여준다는 것이다. 멋지지만 구부러진 코에서 뿜어져 나오는 끊임없이 탐구하는 정신은 물론이고, 또 섬처럼 솟은 뚜렷한 입과 카이사르 같은 턱… 그에게서 무엇인가 강하고 의지로 가득하며, 용감하게 관례에 대항하고 무엇인가 개성적이며 대담한 것을 기대하지 않을 수 없다."라고 했다.(리월드142재인용) 이는 실베스트르가 1892년에 쓴 것이지만, 그 6년 뒤 드레퓌스 사건에 대해 보여준 그의 용기를 짐작하게 한다. 아니 그런 반항과 창조의 정신은 졸라의 평생을 지배했다. 세잔도 마찬가지였다. 그는 "언제나 혈기 왕성한 화가"를 자처했다.(샤피로7) 반항과 창조, 이 두 가지 특성이 두 사람의 브로맨스를 형성해 준 공통점이었다.

그러나 세잔과 졸라에게도 약한 면모가 분명 있었다. 머리말에서 본, 세잔이 볼라르에게 한 말처럼, 세잔은 제프루아(Gustave Geffroy, 1855-1926)에게도 "나를 보호해 줄 수 있는 것은 교회뿐"이라고 했다.(세잔67) "나는 사과 하나로 파리를 놀라게 할 거요."라고 하면서도 말이다. 졸라도 세잔도 비사교적이고 완고하며 타협하지 않는 촌놈이면서도 항상 부드러운 사랑을 그리워하고 불안에 젖은 고독한 사람들이었다. 그런 약한 모습은 나이가 들면서 더욱 뚜렷해진다. 어쩌면 세잔과 졸라가 만년에 멀어진 것도 그렇게 나이가 들어가면서 자연스럽게 생긴, 즉 시간의 결과인지도 모른다. 두 사람 사이만이 아니라 두 사람의 다른 친구들도 그렇게 멀어져 갔다. 그리고 고독 속에서 그들은 각각 말년의 창조를 완성했다. 그것은 고독을 극복하여 찾은 마음의 조화가 이루어 낸 결과였다. 이처럼 새로운 창조는 고독 속에서, 또는 새로운 만남을 통하여 얻어진다. 그리고 세잔에게는 젊은 후배 화가들, 졸라에게는 새로운 여인과 자녀들이 늘그막에 찾아왔다.

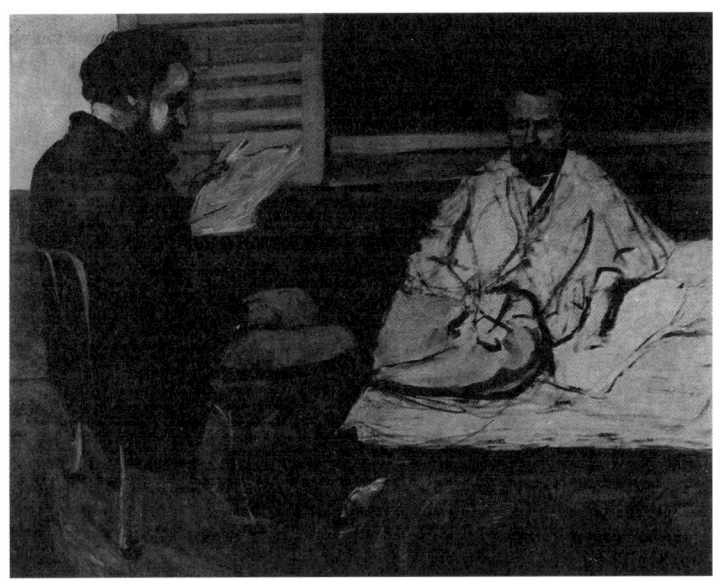

〈졸라에게 책을 읽어 주는 폴 알렉시〉
폴 세잔, 1869-1870, 130×160cm, 상파울루, 상파울루 미술관

〈졸라 집에서의 독서〉
폴 세잔, 1867-1868, 52×56cm, 스위스, 개인 소장

두 통의 편지

반세기 이상에 걸친 세잔과 졸라의 브로맨스에 대한 이야기는 그들이 살았을 때부터 유명했고, 우리나라에도 일찍부터 전해졌다. 그러나 1964년에 처음으로 소개된 볼라르(Ambroise Vollard, 1868-1939)의 세잔 전기(1914년에 원전이 나옴)부터 2018년에 개봉된 영화 〈나의 위대한 친구 세잔〉까지, 그리고 인터넷이나 국내외

각종 기사까지 그들의 이야기는 상당 부분 잘못 전해졌다. 영화야 그야말로 영화이니 허구가 들어갈 수 있다고 해도, 전기는 사실만을 전해야 하는데도 세잔의 전기는 그렇지 못했다. 특히 1886년, 세잔을 모델로 한 졸라의 소설 『작품』이 자신을 모독했다고 생각한 세잔에 의해 두 사람의 관계는 끝났다고 하면서 그 증거로 그 책을 받은 뒤 세잔이 아주 사무적으로 '책을 받았다.'라고만 쓴 편지를 예로 들었다. 영화에서는 1888년에 두 사람이 만나 『작품 L'Oeuvre』에 대한 이야기를 나누었다고 하지만, 그것이 허구임은 두말할 필요가 없는데, 그런 허구도 『작품』을 둘러싼 결별설을 강조하기 위해 만들어진 것이다.

그래서 지금까지 두 사람의 불화는 졸라가 드레퓌스 사건 10년 전에 쓴 소설 『작품』에서 세잔을 연상하게 하는 주인공을 자살하게 묘사한 탓이라고 보고(이를 개인적 회상의 차원이 아니라 학문적 차원에서 최초로 주장한 것은 졸라와 세잔에 대한 리월드(John Rewald, 1912-1994)의 1936년 박사학위 논문이었다. 그 뒤 이를 반복한 예로는 리월드366, 김178, 뒤랑16 등 무수히 많아 하나의 신화나 전설처럼 되어 버렸다), 그 증거가 책을 받은 뒤에 바로 보낸 세잔의 편지(1886.4.4)라고 한다. 그러나 그 소설이 발표되고 1년 반이 지난 뒤 세잔은 졸라에게 편지(1887.11.28)를 보내 만나고 싶다고 전했음이 2013년 11월, 파리에서 이루어진 경매를 통해 알려지면서 앞 편지의 증거능력은 상실되었다. 그러니 앞 편지로 인한 신화 자체가 사실은 잘못된 것이었다. 이를 알기 위해 문제가 된 두 통의 편지부터 읽어보자.

1886년 4월 4일 가르단

사랑하는 에밀에게

자네가 친절하게 보내 준 『작품』을 지금 막 받았네. 이러한 종류의 추억의 징표에 대해 《루공-마카르 총서》의 저자에게 감사하고, 옛날 일을 생각하면서 자네와 악수를 하고 싶다네. 지나간 시절은 자네의 충동 아래 모두 **자네의 것이 되었군**.(Correspandance242)

1887년 12월 28일, 파리

사랑하는 에밀에게

엑스에서 돌아와 자네가 보내 준 『대지』 1권을 지금 막 받았네. 《루공-마카르 총서》의 나무에 핀 이 새로운 가지를 보내 주어 너무나 고맙네. 감사의 마음과 마음으로부터의 경의를 받아 주기 바라네. 자네가 파리에 돌아오면 만나러 가겠네.

1886년 편지를, 세잔이 『작품』을 "단숨에 읽은 뒤" "졸라를 용서할 수 없었고 화가 치밀어서 견딜 수 없었으며 그를 이해할 수조차 없어"(류237) 쓴 편지라고 보는 견해가 지금까지 일반적이다. 그러나 다시 잘 읽어 보자. 서로의 '추억'을 담은 책을 보내 준 친구에 대한 감사의 말 외에 편지 어디에 그런 분노가 나타나 있는가? 앞 편지에서 **자네의 것이 되었군**이라고 강조한 부분은 프랑스어 편지에서 Tout-à-toi라고 강조된 부분의 번역인데, 그것도 자신들의 '추억'을 졸라가 소설에서 자기 것으로 만들었다는 의미 외에 다른 것이 아니다. 그 앞의 '충동'이라는 말도 impulsion의 번역으로 '일시적인 기분' 정도의 의미일 뿐이다. 그리고 '추억'이니 '지나간 일'이니 한 것은 소설에서 앞부분에 나오는 12쪽밖에 되지 않는 소년 시절의 이야기다.(작품44-56) 그것은 600쪽이 넘는 책 전체의 50분의 1밖에 안 된다. 그리고 그 형식이나 문체도 어린 시절부터 수없이 보낸 편지와 같아 특별히 문제가 될 소지가 없다. 게다가 세잔은 편지 끝에 자신이 사는 가르덴(Gardanne)의 주소를 적었다. 이것은 답장을 기대한다는 의미가 아닐까? 이런 편지를 과연 결별을 의미하는 것이라고 볼 수 있을까?

 게다가 어려서부터 문학에 조예가 남달랐던 세잔이 그렇게 '무리하고' '조잡하게' 소설을 읽을 리가 없다. 『작품』의 주인공 클로드(Claude)는 무명의 고독한 화가이지만, 세잔은 살롱에도 입선하고 어느 정도 인정을 받는 중견 화가이니 클로드와 분명 다르다. 『작품』이 발표되었을 때 그 주인공이 세잔이 아니라 마네라고, 또는 마네와 모네, 그리고 피사로(Camille Pissarro, 1830-1903)와 세잔, 심지어 졸라 자신을 합친 인물이라고 여겨졌다. 또 화가의 자살 이야기는 졸라가 그 소설을 쓰기 20년 전에 클로드란 이름으로 단편 소설에서 다룬 내용이었고, 당시 세잔은 그 단편의 내용 역시 충분히 알고 있었다. 게다가 『작품』은 세잔과 졸라가 어려서부터 좋아한 발자크(Honoré de Balzac, 1799-1850)의 소설 『미지의 걸작 Le Chef-d'œuvre inconnu』(1834)과 유사한 내용으로, 특히 화가가 미쳐 자살하는 결말이 같았다. 자살한 화가는 마네의 아틀리에에서 화가가 사용한 붓을 씻고 가끔 마네를 위해 포즈를 취했다가 15세의 나이로 마네 아틀리에에서 자살한 알렉상드르로 보는 견해가 일찍부터 제기되었다. 이 사건에서 힌트를 얻어 보들레르는 마네에게 헌정한 단편 「외줄 La Corde」(1864)을 썼다.(덴버31) 그 단편은 보들레르나 마네를 좋아한 세잔이나 졸라가 읽었을 수도 있다.

  어린 시절부터 함께 읽어 익히 아는 화가의 광기나 자살 스토리에 47세 나이의 세잔이 새삼 흥분하고 분노할 이유가 없다. 19년 전인 1867년에 나온 졸라의 『테레즈 라캥 Thérèse Raquin』에 나오는 살인자 로랑(Laurent)도 화가로서 세잔을 모델로 했다는 말이 있지 않았던가? 그때 세잔은 무명의 졸라에게 아무런 불평을 하지 않았다. 졸라가 자신을 모델로 삼아 나쁘게 그렸다고 세잔이 졸라에게 불평한다면, 도리어 살인을 하는 로랑 묘사에 화를 내야 하지 않았을까? 게다가 클로드는 이미 13년 전에 나온 졸라의 소설 『파리의 배 Le ventre de Paris』에 나온 인물로 세잔이 알고 있지 않았는가? 그리고 졸라가 『작품』을 준비하느라고 여념이 없었던 1885년 여름에 세잔은 졸라의 별장이 있는 메당에 와서 2주간이나 머물면서 졸라에게서 소설의 내용에 대해 많은 이야기를 듣지 않았던가? 게다가 『작품』은 출간되기 반년 전부터 신문에 연재되었으므로 그것을 읽은 세잔이 그 내용을 충분히 알았고, 졸라를 아는 친구들이 만나면 그 소설의 내용에 대해서 충분히 토론하지 않았던가?

1886년 결별설의 문제점

『작품』에 대해 세잔이 서운해하고 심지어 분노했다는 이야기는 세잔의 화상 볼라르나 세잔의 제자 격인 베르나르(Émile Henri Bernard, 1868-194) 같은 사람들이 만년의 세잔에게 들은 것이다. 『작품』이 나오고 십수 년이 지난 뒤, 세잔이 유명해졌을 때, 특히 졸라가 죽은 1902년 뒤에 나온 이야기를 다시 여러 해가 지난 뒤 그들이 회상한 사적인 기록에 등장했을 따름이다. 그런 만큼 과연 정확한 정보인지에 대해서는 심사숙고할 필요가 있다. 게다가 세잔 자신 1885년의 마지막 만남 이후 졸라의 집을 찾지는 않았지만, "그와의 우정을 과거의 일로 여기지 않았소. 발뢰 가에서 그의 이웃으로 이사 갔을 때는 우리가 만난 지 여러 달이 지났을 때였소. 나는 가까운 곳에 사니까 함께할 기회가 자주 생길 거라는 희망을 품었소. 혹시 그가 나를 찾을지도 모르잖소. 그러나 그런 일은 생기지 않았소."(볼라르271)라고 안타까워하기도 했다.

그리고 몇 년이 지난 뒤인 1899년, 졸라가 세잔이 사는 엑스에

왔을 때 세잔은 졸라를 반갑게 만나러 갔다. 그러나 가는 길에 만난 친구가 말하기를, 그 전날 졸라에게 세잔을 만날 거냐고 물었더니 그가 "이미 죽은 사람과 무엇 때문에 다시 만나겠느냐?"라고 답하더라는 이야기를 듣고 돌아섰다고 한다.(볼라르272) 세잔이 60세이고 졸라가 59세 때의 일이었다. 그게 사실이라고 해도 졸라가 죽지 않고 버젓이 살아있는 친구 세잔을 "죽은 사람"이라고 말한 것은, 두 사람이 젊어서 함께 지녔던 반항과 창조의 정신이 세잔에게는 없어졌다고 원망하는 마음의 표현일 수도 있다. 특히 1891년 세잔이 가톨릭으로 돌아서고, 1896년 졸라가 드레퓌스 사건에 뛰어든 뒤 여러 화가가 그를 지지했음에도 불구하고 세잔은 졸라의 반대편에 선 것에 대한 서운함의 표현이었을 수도 있다.

여하튼 1887년 편지는 절교를 선언한 사람의 편지가 아니다. 절교를 선언한다면 그렇게 편지를 썼을 리가 없다. 더 강력한 의사 표현이 드러났어야 한다. 또는 아예 편지를 보내지 말았어야 했다. 그러나 졸라와 세잔은 그 뒤에도 편지를 교환했고, 그중에는 위 편지처럼 최근에 발견된 것이 있으니, 지금까지 발견되지 않은 것도 있지 않을까? 가장 최근에 두 사람 사이의 서간집으로 엮여 나온 책에는 세잔이 졸라에게 보낸 85통과 졸라가 세잔에게 보낸 31통, 총 116통이 실려 있다. 주로 1860년 전후와 1870년 말부터 몇 년간에 집중되어 있다. 서로 가장 긴밀했던 시절의 편지였다. 졸라가 세잔에게 보낸 편지 수는 반도 안 되는데, 이는 졸라가 적게 보냈기 때문이 아니라, 세잔이 졸라의 편지를 제대로 보관하지 못한 탓일 수도 있다. 여하튼 위 두 통의 편지만으로 절교니 뭐니 단언할 수 없다. 게다가 졸라는 1895년 겨울에 열린 최초의 세잔 개인전에도 참석했음을 그가 1896년《르 피가로Le Figaro》에 쓴 글에서 알 수 있으므로 참석하지 않았다고 단정(류274)할 수도 없다.

결별설의 원인이 『작품』에 있다고 주장하는 자들은 그 소설의 주인공이 세잔을 "꼭 닮은" 데다가 그를 "자살에 이르는 실패한 화가로 묘사한 탓"이고 "졸라는 그 소설을 발표함으로써 세잔과의 결별을 예상하고 있었을 것"(장6)이라고 하지만, 『작품』의 자살하는 화가 이야기는, 졸라가 그것을 쓴 1886년보다 20년 전인 1866년에 쓴 초기작 「어떤 자살」의 주제였다. 그리고 「어떤 자살」은 발표 전에 세잔이 먼저 읽고 그 내용에 대해 조언한 작품이었다. 게다가 졸라는 『작품』의 주인공이 세잔과 마네를 합친 인물이라고 했고, 세잔과의 결별을 예상하고 자살 부분을 쓴 것이 전혀 아니었다. 심지어 『작품』의 주인공 클로드를 묘사한 걸 보면 졸라 자신의 특성도 어느 정도 나타나고, 앞에서 말했듯이 마네나 모네나 피사로의 모습도 묻어난다.

지금 우리가 정작 『작품』을 읽어 보면 주인공이 세잔이라고 볼 수 있는 부분은 번역본으로 600쪽이 넘는 가운데 몇십 쪽도 되지 않는다. 어린 시절 세잔의 고향에서 함께 놀았다는 묘사 정도를 빼면 세잔을 묘사했다고 볼 수 있는 장면이 거의 없다. 게다가 그 고향도 실제의 고향과 다르다. 여하튼 세잔 자신이 그 책을 이유로 결별했다고 밝힌 적이 없다. 졸라도 그런 소리를 하지 않았다. 당

사자들이 그런 이야기를 한 적이 없는데 왜 주변에서 그런 이야기를 만들어 냈을까?

그 이유는 1964년에 우리말로 나온 세잔 전기에서 작가이자 화상인 볼라르가 그렇게 쓴 탓이다. 1936년에 그가 쓴 『어느 화상의 회고록Souvenirs d'un marchand de tableaux』이 2000년에 우리말로 번역될 정도로(최근의 과도한 그림 투자 열기와도 관련이 있을지 모르겠다) 유명한 그는 화상답게 보수적인 인물로 세잔의 보수화에 이바지했고, 그 자신 졸라를 '빨갱이'로 취급한 탓에, 중요한 투자 대상인 세잔을 졸라와 결별한 것으로 보여야 부자들에게 비싼 값으로 그림을 팔아먹을 수 있었다. 세잔만이 아니라 드가(Hilaire-Germain-Edgar De Gas, 1834-1917)나 르누아르(Auguste Renoir, 1841-1919)도 볼라르의 투자 대상이자 드레퓌스 반대파라는 점에서 공통되는데, 그는 세잔 전기만이 아니라 그들 모두의 전기를 썼다. 그중에서 세잔 편은 1914년에 나왔다. 이 책은 1964년에 우리말로 번역된 뒤 2005년에 다시 번역되었다. 1914년 이후 수많은 세잔 전기가 서양어로 쓰였건만 이 책을 다시 번역한 것은 그만큼 권위가 있다고 보았기 때문일까? 세잔을 다룬 책으로 화가인 베르나르가 1920년에 쓴 『세잔의 회상Souvenirs sur Paul Cézanne』도 1995년에 번역되었는데 백 년도 더 전에 나온 책을 번역한 이유 역시 권위가 있어서인가? 그러나 볼라르가 쓴 책의 마지막에 나오는 졸라 방문기는 졸라의 사위나 19세기 후반 미술에 대한 최고의 권위자인 존 리월드에 의해서 허구라는 점이 이미 1930년대에 밝혀졌다. 세잔과 졸라에 대한 연구서로 최초이자 최고인 『세잔과 졸라Cézanne et Zola』(1936)에서다.

한편 졸라는 한국에서 그 전기가 번역되거나 저술된 적이 없다. 졸라를 소개한 책도 100쪽 정도의 간단한 입문서가 한 권 있을 뿐이다. 저명한 외국인 작가치고는 참으로 예외적이다. 그만큼 우리에게는 졸라가 무시되고 있다. 그러나 프랑스에서는 『레미제라블』의 빅토르 위고와 『마농의 샘Manon des sources』을 쓴 마르셀 파뇰(Marcel Pagnol, 1895-1974) 다음으로 독자가 많은 작가가 졸라다. 한국에서 인기가 높은 알베르 카뮈(Albert Camus, 1913-1960)나 앙투안 드 생텍쥐페리(Antoine de Saint-Exupéry, 1900-1944)는 9-10위에 불과하다. 『싸구려 술집L'Assommoir』[*]이나 『제르미날 Germinal』을 비롯하여 그의 수많은 작품은 여러 나라에서 끝없이 영화화될 정도로 유명하다. 어떤 작가보다도 그 회수가 많다. 게다가 한국에서도 그의 『테레즈 라캥』은 박찬욱 감독에 의해 〈박쥐〉로 새롭게 영화화된 만큼 여러 나라에서 그의 작품은 다양하게 각색되었다.[**]

---

[*] 이는 종래 『목로주점』으로 번역되었다. 목로주점이란 목로(木壚), 즉 널빤지로 엉성하게 만든 탁자가 놓인 싸구려 술집을 말하지만 그런 술집을 기억하는 사람도 없고 목로주점을 그렇게 아는 사람도 거의 없다. 이는 일본에서 번역한 말을 그대로 따른 것이었다. 그래서 서서 먹는 술집이라는 뜻인 '선술집'이라고 번역할 수도 있지만 그런 술집도 지금은 없다(아마도 일제강점기에 있었고, 지금도 일본에는 있는지 모른다). 그래서 『싸구려 술집』이라고 새롭게 번역했다.

[**] 한국에 졸라가 한글로 처음 소개된 것은 1924년 홍난파가 번역한 『나나』였으나, 그 전후로 일본어로는 거의 모든 작품이 번역되었다. 주로 음악가로 알려진 홍난파는 한국 최초의 전문 번역가이기도 했다. 그는 1919년 2월에 창간한 잡지 《삼광》에 도스토옙스키의 『가난한 사람들』을 번역하여 연재했는데 이는 우리나라에서 최초로 번역된 도스토옙스키 작품이자 식민지기에 나온 유일한 도스토옙스키 작품이었다. 그러나 해방 후에도 그의 작품 소개는 다른 작가들

이 책의 내용

이 책은 9장으로 이루어지지만 2부로 나눌 수 있다. 제1부는 드레퓌스 사건 이전이고(제1-6장), 제2부는 드레퓌스 사건 이후 (제7-9장)이다. 뒤에서 상세히 언급하겠지만 드레퓌스 사건은 1886년 졸라의 『작품』이 발표되고 8년이 지난 1894년 9월에 시작되었고, 그 사건이 사회적으로 물의를 일으킨 것은 1896년 이었으며, 졸라가 드레퓌스를 위해 「나는 고발한다!」라는 제목의 글을 쓴 것은 1898년이었다. 즉 졸라의 글은 『작품』 발표 후 10년이 지난 뒤에 쓰였다. 그때 졸라는 58세, 세잔은 59세였다. 두 사람이 친드레퓌스와 반드레퓌스로 갈라진 것은 그 2년 전이었다. 반드레퓌스의 선봉은 가톨릭이었는데, 세잔은 52세가 된 1891년에 가톨릭으로 돌아섰다. 세잔보다 더 적극적인 반드레퓌스 가톨릭인 볼라르의 화랑에서 첫 개인전을 연 때는 1895년이었다. 드레퓌스 사건은 그 이듬해에 터졌다. 이를 계기로 세잔과 졸라의 우정은 깨어졌으나, 적어도 세잔이 가톨릭으로 돌아선 1891년쯤부터 그들의 우정에는 금이 갔다. 드레퓌스 사건 이후 세

에 비하면 늦어져 1958년 박이문에 의해 처음 번역된 『테레즈 라캥』과 역시 1960년 처음 번역된 『싸구려 술집』 그리고 『나나』 세 작품만이 계속 소개되다가, 1969년 송면에 의해 『실험소설론Le Roman expérimental』, 1989년의 최봉림에 의해 『제르미날』, 1995년 임희근에 의해 『살림』, 1996년 이미혜에 의해 『사랑의 한 페이지』, 2002년 『작품』, 2003년 『봄』, 2007년 유기환에 의해 『실험소설』 외, 2008년 최애영에 의해 『인간 짐승』과 『꿈』, 2012년 박명숙에 의해 『여인들의 행복백화점』과 조성애에 의해 『쟁탈전』, 2021년에 유기환에 의해 『패주』와 조성애에 의해 『대지La Terre』, 임희근에 의해 『집구석들』의 번역이 각각 나왔다. 약 1세기 동안 열 작품 정도 소개된 것이다. 그 밖에 드레퓌스 사건에 대한 기록이 2005년과 2014년, 유기환과 박명숙에 의해 각각 번역되었다.

잔은 유명해졌다. 그 명성이 반드시 드레퓌스 사건 이후 우파에 의한 것은 아니었지만, 볼라르를 위시한 우파가 그의 명성을 높이는 데 앞장선 점을 부정할 수는 없다.

『작품』이 발표된 1886년 이후부터 졸라는 미술에 관심을 덜 두게 되었고, 1896년경에는 완전히 끝나 버린다. 그러나 세잔은 그 무렵부터 자신의 독창적인 회화 세계를 구축하기 시작했다. 개인적으로도 1886년에 여러 가지로 커다란 변화가 있었다. 세잔은 그해 4월에 결혼했고, 10월에는 아버지의 죽음을 맞았다. 이어 1889년에는 만국박람회 기간에 열린 '프랑스미술 100년 전(展)'에 〈목맨 사람의 집〉이 전시되어 최초의 영광을 맞본 뒤부터 서서히 유명해졌다. 한편 졸라는 1887년에 젊은 작가 5인으로부터 자신의 자연주의에 대한 도전을 받지만, 국가 최고 훈장을 받고 젊은 애인을 사귀면서 사진이라는 새로운 취미를 갖게 된다. 1891년에 세잔이 가톨릭에 입문할 때, 졸라는 가톨릭에서 기적이라고 숭배하는 루르드를 여행한 뒤 2년 뒤에 그 기적을 부인하는 소설을 쓰고, 다시 2년 뒤인 1894년에 신문에 이를 연재하는데 즉각 논쟁이 일어나 소송에 휘말리며 결국 금서가 된다. 이러한 과정에서 세잔과 졸라의 갈등은 더욱 깊어지고 그 갈등은 1898년 졸라가 「나는 고발한다」를 발표함으로써 절정에 이른다고 보는 것이 나의 관점이다. 이러한 관점은 내가 처음 밝히는 것이기에 두렵기도 하지만, 나로서는 오랫동안 확신한 것이기에 밝히지 않을 수 없다. 판단의 몫은 당연히 독자 여러분에게 있다.

역사는 드레퓌스의 무죄를 주장한 졸라가 옳았다고 한다. 졸라에게는 드레퓌스 사건이 대단히 중요했지만, 세잔에게는 전혀 중요한 일이 아닐 수도 있었다. 그래서 세잔에게는 드레퓌스 사건으로 나라를 뒤흔든 졸라의 행동이 못마땅했을 수도 있었다. 아니, 무관심했을 수도 있다. 평생 그림에만 미쳐 지낸 세잔에게는 진보냐 보수냐 하는 것은 무의미했을 수도 있다. 그래서 세잔이 졸라를 찾지 않았을 수도 있었다. 우리 주변에도 그런 사람들은 많다. 특히 예술가 중에 그런 사람들이 많다. 나는 그런 예술가를 비롯한 사람들을 비난하거나 무시할 생각은 없지만, 졸라가 그랬듯이 그런 사람들과는 일부러 만날 생각이 없다. 죽마고우이니, 학교 동창생이니, 일가친척이니 뭐니 하는 여러 가지 이유로 무조건 생각이나 행동이 같아야 한다는 "우리가 남이가?" 하는 의리론에 나는 동의할 생각이 전혀 없다. 물론 소위 진영 논리에 빠지지 않고, 서로의 생각을 이해하고 존중할 필요는 있다. 새가 좌우의 날개로 날듯이 좌우의 평화로운 공존이 필요하다. 그래야 세상은 평화로워지고 모두 함께 행복해진다. 그러나 그렇다고 해서 개인적으로 불편한 만남을 억지로 유지할 필요는 없다. 세잔이나 졸라나 강한 개성의 소유자들이니 서로 만나지 않는 것에 아무런 불편함이 없었을 것이다. 졸라와 세잔은 서로가 죽을 때까지 신경을 썼다. 서로 잘 되기를 바랐지, 못 되기를 바라지 않았다. 그것이 우정이다. 서로 다르고, 서로에 대한 평가도 달랐지만, 항상 서로에게 관심을 가졌다. 그것이 브로맨스다. 무조건 좋아한다고 우정이 아니다. 서로 비판도 있어야 우정이다. 서로 시운할 때도 질투할 때도 있다. 그러나 평생 서로에게 진지했다. 세잔과 졸라가 그러했다. "우리가 남이가?" 식이 아니다. 서로의 개성을 최대한 발휘하면서, 서로의 추구를 최대한 허용하면서, 서로 격려하기도 하고 비판하기도 하면서 그들은 반세기라는 장구한 우정의 세월을 함께했다.

이 책을 쓰는 이유

세상에는 졸라보다 세잔을 좋아하는 사람들이 더 많은 것 같다. 특히 한국에서 그렇다. 졸라에 대한 글에서는 세잔 이야기를 거의 볼 수 없지만, 세잔에 대한 글에는 졸라 이야기가 반드시 나온다. 그것도 졸라가 친구를 이해하지 못하고 잘못했다는 식의 원망 투다. 34년의 우정을 소설 한 권으로 끝냈고, 그 소설 때문에 세잔은 졸라를 만나지 않았다는 것이다. 불행한 세잔의 사정을 조금도 고려하지 않고 소설을 발표했다고 원망한다. "난항에 미풍을 불게 해 주진 못할망정" 최소한 내버려 두기라도 했어야 한다면서.(류 24) 나는 이런 식의 이야기는 세잔에 대한 깊은 애정의 발로일지도 모르지만, 평생 "자신이 믿는 바를 증명하려고 노력한"(류8) 강인한 개성의 세잔에 대한 대단한 실례라고 생각한다. 세잔은 그런 소설 한 권으로 무너지기는커녕, 그런 소설 따위에 전혀 관심이 없었다고 보는 것이 옳지 않을까? 평생 "자신이 믿는 바를 증명하려고 노력"하는 특성은 개성만이 아니라, 지성의 본질, 아니 인간성의 본질이다. 졸라도, 세잔도 그 점에서 참된 개성이자 지성이자 인간성의 소유자다. 우리도 그렇게 살아야 한다.

그런데 이 책을 쓰는 이유는 단지 세잔과 졸라의 브로맨스와 그 문제점을 밝히기 위한 것만은 아니다. 드레퓌스 사건은 1894년에 시작되어 12년이 지난 1906년에 끝났다. 그러나 그 뒤로 나치의 600만 명 유대인 학살이 있었고, 제2차 세계대전 후 유대인 문제를 포함한 인권 문제가 중시되어왔음에도 반유대주의는 끊이지 않았다. 그러다가 최근 유럽 전역에서 반유대주의가 제2차 세계대전 이래 최악의 수준에 도달했다. 특히 서유럽에서 발생한 반유대주의 사건의 반이 프랑스에서 일어날 정도로 프랑스의 반유대주의가 문제다. 프랑스는 이스라엘과 미국을 제외하고 세계에서 유대인 인구가 가장 많은 나라인데도, 프랑스인 3명 중 1명이 인종주의를 표방하고 페미니즘과 성 소수자를 공격하는 극우 정당을 지지하고 있다. 미국에서는 이미 극우로 인종차별적 발언을 자주 하는 트럼프가 대통령이 된 것에 비하면, 프랑스는 아직은 아니어서 다행인지 모르지만, 시간문제라고 보는 사람들도 많다.

프랑스는 1789년 대혁명의 일부로 유럽 최초로 1791년 유대인을 해방한 나라다. 그 결과 유대인은 프랑스 시민이 되었고, 1832년부터 유대교는 기독교와 동등한 신앙으로 취급되었다. 이는 모든 주민을 하나로 동원하려는 중앙집권적 행정주의 탓이기도 했지만, 그것은 동시에 반유대주의를 만들어 내는 과정이기도 했

나. 즉 자본주의 사회의 중추적 직업 영역 내지는 중산층으로 진출하는 유대인들이 그 사회에서 낙후한 기존 주민들에게 불만과 분노의 대상이 된 탓이다. 그렇게 쌓인 불만이 결정적으로 터진 것이 1894년에 시작된 드레퓌스 사건이었고, 제2차 세계대전 중 독일의 유대인 학살이었으며, 그것이 다시 프랑스를 비롯하여 유럽에 만연하는 중이다. 한국은 유대인이 살지 않는 거의 유일한 나라이므로 유대인 문제는 없지만, 한국의 인종차별도 만만치 않다. 범인류 문제인 유대인 문제를 포함한 인종차별 문제에서 한국도 비켜날 수 없다. 이 책은 인류가 다시, 드레퓌스 사건 같은 어리석은 인종차별 문제를 겪지 않게 하려고 쓴 것이다.

드레퓌스 사건은 세잔과 졸라의 관계에서만이 아니라, 그 사건 자체가 한국에서는 제대로 인식되지 못하고 있는 점도 이 책을 쓰는 이유 중 하나다. 비단 드레퓌스 사건만이 아니다. 1789년의 프랑스대혁명이 단순한 정치혁명이 아니라 경제혁명이자 사회혁명이자 문화혁명이었다는 점도 제대로 인식되지 못하고 있다. 가령 프랑스대혁명에서 구가한 자유와 평등이 언어에서도 나타나, 경어와 평어라는 계급적 언어를 평등화시키지만, 한국에서는 아직도 경어와 평어가 존재하여 가장 기본적인 인간관계에서 자유와 평등이 과연 가능한 곳인지 의심스럽다. 그러나 이러한 점은 한국에서 전혀 인식되지 않고 있다.

또한 세잔이나 졸라가 1871년 파리코뮌 전후의 삼십 대 초반에 새로운 인간이자 예술가로 바뀌면서 비로소 참된 반항과 창조의 브로맨스를 전개하는 점도, 파리코뮌과 함께 우리에게는 제대로 인식되지 못했다. 즉 세잔은 1872년부터 그 전의 작품과는 전혀 다른 인상파의 세례를 받고, 졸라도 《루공-마카르총서 Les Rougon-Macquar》를 집필한다. 나는 이 책에서 그 계기가 파리코뮌이라고 생각한다는 점을 밝히고자 한다. 그런데 그로부터 20년, 졸라는 성공하지만 세잔은 실패하여 1890년 전후가 되면 세잔은 어린 시절의 고향과 자연과 가톨릭으로 돌아가 고독한 은둔 화가의 길을 간다. 그것이 세잔을 현대 미술의 아버지로 우뚝 서게 해 주었지만, 그 계기가 되는 드레퓌스 사건은 세잔과 졸라를 갈라놓는다.

아나키스트들

나는 그 길을 개인적 아나키스트와 사회적 아나키스트의 길이라고 본다. 아나키스트는 기존의 가치에 반항하는 사람이다. 세잔이나 졸라는 반항인 아나키스트라는 점에 공통된다. 그러나 화가인 세잔은 내면으로 향했고, 소설가이자 비평가이자 언론인인 졸라는 외면으로 향한다(한국에서는 졸라가 소설가로서만 인식되지만, 그의 방대한 전집의 3분의 1 이상이 그가 신문 잡지에 기고한 글들로 그 분량은 그의 소설과 맞먹는다. 그러나 우리나라에는 언론인 졸라에 대해서는 전혀 관심이 없다). 두 사람의 기질도 그러한 분열에 작용했겠지만, 각자 추구하는 영역이 달랐다는 점이 더 큰 요인일 수 있다. 나는 이 책에서 그들의 삶과 예술을 그런 점에서 섣불리 판단하지 않겠지만, 바로 그런 점이 그들을 제대로 이해하고 나아가 현대 미술과 현대 문학을 이해하는 데 필요하다고 생각한다. 왜냐하면 지금까지 그런 점이 우리나라에서는 그다지 중요하게 논의되지 못했기 때문이다.

세잔이나 졸라를 아나키스트라고 말하는 것에 대해 당장 이의를 제기할 분들도 있을 것이다. 국내는 물론 국외에서도 그렇게 말하는 사람들이 거의 없기 때문이다. 뭐, 좋다. 졸라의 책 때문에 세잔이 그와의 우정을 끊었다고 하는 이야기도 나 혼자 하는 이야기이니 말이다. 그러나 아나키스트라는 말에 놀라거나 언짢아할 필요는 없다. 아나카스트란 모든 권위에 저항하는 사람을 뜻하기 때문이다. 세잔이나 졸라는 모든 권위에 도전했다. 세잔이 만년에 가톨릭으로 돌아선 것이 아나키스트와 다르다고 볼 수 있을지 몰라도, 나는 그가 교조주의에 빠진 가톨릭 신자는 아니었다고 본다. 세잔은 이미 젊어서부터 반항인이었고, 누구보다도 아나키스트인 피사로를 따랐다. 졸라도 마찬가지였다. 그가 쓴 소설들에는 아나키스트들이 많이 등장한다. 예를 들어 『제르미날』의 테러리스트 수바린이 그렇다. 심지어 졸라 소설에 나오는 범죄인들도 아나키스트라고 볼 수 있다. 가령 『인간 짐승』의 자크 랑티에르다. 그들도 오랜 세월의 지배와 착취와 억압에 대해 깊은 분노와 격렬한 증오를 광기로 폭발시켜 일거에 세상을 붕괴시키거나 바꾸려고 꿈꾼 사람들이다.

더욱 중요한 점은 개인적 아나키스트 세잔과 사회적 아나키스트 졸라가 궁극적으로는 서로 만난다는 점이다. 즉 나쁜 세상을 거부하고 좋은 세상, 아름다운 세상을 맞고자 하는 희망이 통한 것이다. 이는 세잔을 인상파 또는 후기인상파로 규정하거나, 졸라를 자연주의, 생리학과 유전학의 문학, 실험소설, 현실폭로 등만으로 규정하는 종래의 태도를 거부하는 것을 뜻한다. 두 사람의 미술과 문학이 그런 규정된 것에 의해서만 이해된다면 우리는 그들을 위대한 화가나 작가라고 할 수 없다. 두 사람은 잘못된 세상에 반항하면서 새로운 세상을 미술과 문학의 차원에서 각각 평생 추구했다. 세잔에게나 졸라에게 그것은 조화의 세계였다. 세잔에게는 색채의 조화, 졸라에게는 인간의 조화였다. 프랑스대혁명이 추구한 자유와 평등의 완전한 구현이었다. 그러나 그 조화는 쉽게 이루어지지 않는다. 세상은 여전히 흔들리고 있다.

  세상은 지금도 흔들리고 있다. 세잔의 그림에 나오는 모든 사물처럼 굳건히 뿌리내리지 못하고 있다. 졸라의 소설에 나오는 사람들처럼 튼튼히 살아가지 못하고 있다. 그래도 그들은 마지막까지 조금이라도 더 나은 세상을 만들고자 성실하게 살았다. 이상한 사고로 급사해 죽음에 대한 말을 제대로 남기지 못한 졸라와 달리, 세잔은 후배 화가인 베르나르에게 1906년 9월 21일에 보낸 편지에서 죽는 순간까지 그림을 그릴 수 있기를 빈다고 말했다. 그리고 꼭 한 달 뒤인 10월 22일에 죽었다. 졸라도 죽는 순간까지 글을 썼다. 나도, 이 책을 읽는 여러분도 모두 그러기를 바란다.

세잔과 졸라의 전기 영화

이 책을 이해하기 위한 몇 편의 영화를 소개한다. 드레퓌스 사건은 조르주 멜리에스(Georges Méliès, 1861-1938)의 1899년 무성 단편영화부터 2019년의 〈장교와 스파이J'Accuse〉에 이르기까지 여러 차례 영화화되었지만, 우리나라에서 상영된 것으로는 〈장교와 스파이〉 외에는 거의 없다. 1930년 독일의 리햐르트 오스발트(Richard Oswald 1880-1963)가 감독한 〈드레퓌스Dreyfus〉와 그것을 리메이크한 영국 영화, 1958년에 호세 페레르(José Ferrer, 1912-1992)가 감독하고 주연한 영화 〈나는 고발한다!Ik beschuldigte〉, 1991년에 영국의 켄 러셀(Ken Russel, 1927-2011)이 감독하고 리처드 드라이퍼스 (Richard Dreyfuss, 1947-)가 드레퓌스 사건을 뒤집는 조르주 피카르(Georges Picquart) 중령을 연기하는 〈명예의 죄수Prisoner of Honour〉도 우리나라에서는 상영되지 않았으나, 좋은 작품들이다. 졸라와 세잔에 대한 다큐멘터리 영화는 많다. 여기서는 소개하지 않지만, 인터넷에는 많은 자료가 있으니 참고하기 바란다.

1. 〈나의 위대한 친구, 세잔〉

다니엘르 톰슨(Danièle Thompson, 1942-)이 각본을 쓰고 감독한 이 영화의 원제는 〈세잔과 나Cézanne et moi〉(2016)이지만 원제와 달리 졸라의 입장에서 세잔을 이야기하는 것은 아니다. 1888년 세잔이 졸라의 집을 방문하여 『작품』의 내용에 대해 항의하는 허구의 줄거리를 토대로 두 사람의 우정을 살펴보는 것이다. 게다가 두 사람 사이의 편지나 『작품』의 내용도 일부(가령 누드화 제작 시의 아내와의 갈등) 들어가 있어서 허구라는 혐의가 짙지만, 사실과 일치하는 부분도 많다. 희망, 좌절, 꿈과 사랑까지 모든 것을 공유하는 두 사람은 서로를 동경하고 무척 아끼면서도, 냉혹한 평가 또한 서슴지 않으며 함께 성장한다. 일찍부터 유명해진 졸라와 달리 세잔은 50세가 다 되어서도 무명의 세월을 보내고 있을 때 『작품』이 발표되어 세잔은 충격을 받고 졸라를 찾아가 따지지만, 졸라는 도리어 절망한 자신의 이야기라고 반박한다. 일부 내용이 허구이고, 그 점이 세잔과 졸라의 결별이 『작품』 때문이라는 점을 더욱 강조하기는 하지만, 두 사람이 살았던 시대와 지역 풍경의 묘사에는 뛰어나서 그 점을 실감하기에는 너무도 좋은 영화이다.

2. 〈에밀 졸라의 생애〉

졸라의 생애에 대해서는 비디오로 드레퓌스 사건 전후의 졸라를 묘사한 〈에밀 졸라의 생애〉(1937)라는 옛 영화와 함께 최근 영화 〈장교와 스파이〉(2020)를 볼 수 있다. 두 영화 모두 원제는 '나는 고발한다'(J'accuse)로, 1898년 1월 졸라가 드레퓌스 사건에 개입하면서 당시 일간지 《로로르L'Aurore》에 대통령에게 보낸 공개 편지의 제목에서 따왔고, 두 영화 모두 사실 그대로이다. 윌리엄 디터를(William Dieterle, 1893-1972) 감독의 〈에밀 졸라의 생애〉는 아카데미 작품상을 비롯하여 3개 부문에서 수상하였으며 큰 흥행 기록을 세우기도 하였는데, 이는 미국의 1930년대가 진보적인 분위기의 시대였기 때문으로 짐작된다. 영화의 앞 30분은 졸라의 생애(세잔도 나온다), 뒤 90분은 드레퓌스 사건을 다룬다. 이 영화에서는 세잔이 졸라의 걸작이 다 나온 뒤, 즉 드레퓌스 사건이 터지기 직전에 졸라가 부자가 되어 젊은 시절의 진실을 잊었기 때문에 떠나는 것으로 나오는 등, 사실과 맞지 않은 부분이 많지만, 『작품』과 관련되어 떠나는 것이 아니라는 점은 분명하게 보여준다.

3. 〈장교와 스파이〉

로만 폴란스키(Roman Raymond Polanski, 1933-) 감독의 〈장교와 스파이〉(2019)도 베니스 국제영화제를 비롯하여 여러 영화제에서 수상했다. 드레퓌스 사건을 재수사하여 진실을 밝혀낸 조르주 피카르를 주인공으로 삼은 영화로 장 뒤자르댕이 탁월하게 연기한다. 피카르와 같은 정직한 군인이 없었다면 졸라도 있을 수 없었다는 점에서 드레퓌스 사건의 진실을 밝힌 공로는 피카르에게 돌아가는 것이 옳을지도 모른다. 드레퓌스 사건의 전개 과정은 이 책의 제7장을 참조하면 되는데, 폴란스키는 이 영화를 만들면서 앞의 〈에밀 졸라의 생애〉 등을 참조했으리라고 짐작된다. 가령 드레퓌스의 장교 박탈식 같은 장면은 거의 그대로 나온다.

졸라 소설의 영화화

세계 최초의 영화는 1895년 12월 28일에 상영되었다. 그 3년 뒤인 1898년, 『싸구려 술집』이 〈술꾼의 꿈〉이라는 제목의 5분 길이의 단편으로 만들어졌다. 졸라 소설은 그 후 지금까지 계속 영화화되었다. 그중 최근까지 3회 이상 영화화된 것은 총 일곱 작품이다. 즉 『싸구려 술집』이 10회, 『제르미날』이 7회, 『나나』가 7회, 『테레즈 라캥』이 5회, 『인간 짐승』이 5회, 『돈』이 4회, 『여인들의 행복백화점』이 3회였다. 초기작 『테레즈 라캥』 외에는 모두 《루공-마카르총서》에 속한다.

1. 〈테레즈 라캥〉

멈출 수 없는 가장 위험하고 치명적인 로맨스인 〈테레즈 라캥〉의 최초 영화화는 1953년 마르셀 카르네(Marcel Carné, 1906-1996)가 감독한 1953년 프랑스-이탈리아 합작 영화인데 무대는 원작의 파리가 아니라 리옹으로 바뀌었다. 2013년 미국의 찰리 스트레튼(Charlie Stratton)이 감독한 영화는 원작에 더욱 충실하다. 〈박쥐〉(2009)는 박찬욱(1963-)이 〈테레즈 라캥〉을 모티브로 삼아 만든 영화다. 한국에서는 2019년 뮤지컬로도 공연되었다. 일본에서는 2005년 코시가와 미치오[越川道夫, 1965-]에 의해 〈아레노〉(황야)로 각색되었다.

2. 〈싸구려 술집〉

피리 노동자의 처참한 삶을 묘사한 『싸구려 술집』은 1909년 미국의 데이비드 그리피스(David Wark Griffith, 1875-1948) 감독이 〈술꾼의 개조〉라는 제목으로 영화화했다. 〈제르베제〉는 소설 『싸구려 술집』의 여주인공인 제르베제의 이름을 딴 영화로 이탈리아에서 제작된 르네 클레망(René Clément, 1913-1996) 감독의 냉철한 리얼리즘이 빛나는 1956년 흑백영화이다. 주연인 마리아 쉘(Maria Shell)은 베니스 국제영화에서 여우주연상을 받았다.

3. 〈제르미날〉

에밀 졸라의 원작과 같이 사회 현실 개혁에 대한 색채가 강한 대표적인 노동영화다. 1913년 알베르 카펠라니(Albert Capellani) 감독의 무성영화(140분) 그리고 1962년 이브 알그레(Eve Allgret) 감독의 영화(100분)에 이어 세 번째로 클로드 베리(Claude Berri) 감독이 영화화했다(170분). 클로드 베리는 마르셀 파뇰의 원작을 영화화한 〈마농의 샘〉으로 유명하다. 평생을 노동자로 살다 58세로 별세한 그의 아버지를 위해 이 영화를 만들었다. 주연 배우들인 제라르 드빠르디유와 미유 미유의 아버지 또한 노동자였고 그들은 영화를 통해 부모들을 추모했다. 에티엔 역의 르노는 사회의식이 강한 노래를 부르는 가수로 〈제르미날〉의 취지에 공감해 참여했다. 또한 〈쥬라기 공원〉을 앞세운 할리우드의 습격에 대항하기 위해 벨기에, 프랑스, 이탈리아가 힘을 모아 만든 영화이고, 특히 미테랑이 이끄는 프랑스 사회당 정부가 적극 지원했다.

4. 〈나나〉

〈나나〉(1985)는 멕시코의 라파엘 발레돈 감독이 만든 뮤지컬 영화로 에로틱한 성 착취 영화이다. 이탈리아의 댄 울먼(Dan Wolman)이 감독한 1982년 영화는 에로틱 코메디 영화로 음악은 엔니오 모리꼬네(Ennio Morricone)이지만 앞 작품과 마찬가지로 좋은 영화라고 할 수는 없다. 프랑스의 크리스천 자크(Christian-Jaque)가 1955년에 만든 〈나나〉는 그나마 원작에 충실하지만 평범한 영화다. 그러나 졸라를 싫어한 오귀스트 르누아르의 아들인 장 르누아르가 1926년에 만든 최초의 〈나나〉 영화만은 서정성, 그리고 희극과 비극이 교묘하게 어우러진 분위기로 인해 걸작이라는 평가를 받는다.

5. 〈인간 짐승〉

장 르노와르(Jean Renoir, 1894-1979) 감독이 1938년에 만든 동명의 영화에서 주연은 장 가뱅이 맡았다. 그것을 1954년 미국에서 20세기를 시대 배경으로 바꾸어 리메이크한 한 영화가 프리츠 랑(Fritz Lang, 1890-1976) 감독의 〈인간의 욕망Human Desire〉으로 글렌 포드가 주연했다. 랑의 영화는 한국전에서 돌아온 기관사 제프 워렌이 칼 버클리가 아내 비키의 연인 오웬을 죽이는 현장을 우연히 목격하는데, 비키의 유혹에 넘어간 제프는 살인을 눈감아 주고, 알코올 중독으로 아내를 상습 폭행하는 칼을 죽이라는 제안까지 받는다.

6. 〈대지〉

앙드레 앙투안(André Antoine)이 1921년에 만든 무성영화 〈대지〉는 원래 연극으로 각색한 것을 영화화한 작품으로 아마추어를 기용하여 원작의 자연주의를 살린 영화로 유명하다. 앤드류 크팅(Adrew Kting)의 〈이 더러운 대지This Filthy Earth〉는 졸라의 소설 『대지』와 존 버저(John Berger, 1926-2017)의 『끈질긴 땅Pig Earth』에서 영감을 받았다.

제1장

청춘의 브로맨스(1839-1866)

고향

세잔과 졸라의 청춘 시절 브로맨스는 프랑스 남동부 프로방스 지방의 작은 도시 엑스에서 시작한다. 엑스는 프로방스 지방의 소도시로 반 고흐가 살았던 아를(Arles) 부근에 있다. 주민 수가 14만 명 정도이니 우리의 작은 시나 읍 정도 크기이다. 그러나 그 정도 규모의 프랑스 도시와 우리나라 도시의 문화 시설은 비교할 수 없을 정도로 격차가 크다. 특히 엑스는 건축, 오페라 및 연극, 프로방스의 대극장 등을 비롯한 여러 문화유산이 있는 곳이어서 '남프랑스의 아테네' 또는 '파리의 제21구'(파리에는 20구만 있다)라고도 불린다. 그중에서도 1810년에 일반에게 공개된 메장 도서관(Bibliothèque Méjanes)은 세잔과 졸라를 비롯한 많은 주민이 즐겨 이용한 공공도서관으로 유명하다. 엑스에서 내가 가장 많은 시간을 보낸 곳은 세잔 관련 장소가 아니라 그 유서 깊은 도서관이었다.

그곳에서 지금도 고전을 열심히 읽는 어린 세잔과 졸라를 보았다.

엑스는 여름에는 무덥지만 겨울에도 따뜻한 남프랑스의 전형적인 온화한 기후를 자랑하여 살기에도 좋다. 풍광도 아름답다. 끝없이 이어지는 보랏빛 라벤더밭과 포도밭과 험준한 산야의 붉은 토질은 우리의 풍경에서는 쉽게 볼 수 없는 원색들이다. 엑스란 물을 뜻한다. 고대로부터 온천 도시로 유명했다. 프로방스는 물이 귀한 지역이었으나 엑스에는 샘이 많았다. 지금도 시내 거리 곳곳에 분수가 있다. 특히 졸라의 아버지가 지어 그 이름을 딴 졸라 댐이 세워진 뒤로 지금까지 분수에 물이 풍부하게 흐른다. 그곳 사람들은 지금도 졸라 댐을 기억하지만, 아이러니하게도 소설가 졸라에 대해서는 거의 모른다. 1904년 2월에 그곳을 방문한 에밀 베르나르가 묘사한 내용을 잠깐 함께 보자.

널따란 광장에는 아름다운 나무가 심어졌고 이끼 낀 분수대에서는 물이 뿜어져 나오고 있었다. 호텔의 기둥은 여인상을 아로새긴 고전풍으로 만들어졌고 건물 파사드는 고요하면서도 귀족적인 정취를 풍겼다. 내게는 마치 노스승의 다정다감한 영혼이 도시의 공기 중에 떠도는 듯 느껴졌다. 꼬불꼬불한 골목길을 지나 시청 앞에서 잠시 숨을 고른 뒤 마침내 대성당에 이르렀다. 꾸밈없는 모습 그대로 조각된 성인상들에서 내밀한 신앙고백을 읽을 수 있었고 그들은 곧바로 세잔을 떠올리게 했다. 세잔이 그린 서민들의 초상화에 그의 사람 좋은 성품이 반영된 것과 같았

다. 그래서 성인상들을 보며 나는 세잔이 앞에 서 있는 듯한 착각에 빠졌다.(세잔198)

풍경이나 사람도 보는 사람에 따라 전혀 다르게 묘사된다. 나는 성인상을 보고 세잔을 떠올린 베르나르와 전혀 반대로, 또 세잔을 "사람 좋은 성품"이라기보다도 그 반대로 느끼기 때문이다. 여하튼 베르나르는 자기가 엑스에 갔을 때 그곳 사람들은 아무도 세잔을 몰라 시청으로 가서 세잔의 주소를 찾았다고 한다.(세잔199) 그러나 지금 엑스 시내에는 세잔의 흔적이 너무 많이 남아 있어서 그를 모르는 사람은 아무도 없다. 반면 졸라 댐을 제외하면 졸라의 흔적을 찾기는 어렵다. 세잔과 졸라가 같이 다니면서 브로맨스를 꽃피운 미녜 학교(Collège Mignet)를 제외하면 모두 세잔의 추억거리이다. Collège라는 이름이지만 우리가 흔히 생각하는 대학이 아니라 중고등학교가 합쳐진 학교로, 규모가 꽤 크고 역사도 깊다. 학교에는 사전 허가 없이 들어갈 수 없으니, 사전 허가를 받지 못하면 밖에서 둘러볼 수밖에 없다. 세잔이 1년 정도 다녔던 엑스대학교는 세잔의 이름을 딴 폴 세잔 대학교로 바뀌었다가 2012년 이후 프로방스 지방의 다른 국립대학들과 통합되어 엑스마르세유 대학교가 되었다.

시가지는 쿠르 대로(1876년에 미라보 대로로 바뀌었다)를 경계로 부유한 지역인 남쪽과 가난한 지역인 북쪽으로 갈린다. 세잔은 북쪽, 졸라는 남쪽에 속했다. 남북은 완전히 분단되지는 않고 서로

오고 갔지만 빈부의 차이는 줄이지 못했다. 졸라가 다닌 초등학교인 노트르담 기숙학교는 북쪽에 있다. 세잔과 졸라가 교외나 주변 시골의 자연에서의 놀이에 열중한 것은 그러한 차이를 잊는 하나의 방법이었을지 모른다. 순수한 아이들에게는 그런 계층성이 무의미했을 테지만, 항상 잠재되어 있다가 후반생에서 갈등의 요인으로 나타났을지도 모른다.

엑스 시내에는 세잔 미술관 대신 그라네 미술관(Musee Granet)이 있어서 의아하게 생각할 수도 있다. 그곳은 19세기의 풍경화가 그라네(François Marius Granet, 1777-1849)의 사후 아틀리에와 작품을 시에 기증했기에 그의 이름을 딴 미술관으로 세워졌다. 그곳에는 그라네의 작품과 함께 세잔의 작품도 다수 전시되어 있고, 내가 좋아하는 자코메티 작품도 19점이나 있다. 그 밖에도 루벤스, 렘브란트, 앵그르, 다비드, 레제, 몬드리안, 클레, 스탈, 피카소, 탈코트 등의 작품들이 있는 알찬 미술관이다.

세잔이 태어난 곳은 엑스의 오페라 가(街)인데, 그 직후 그의 아버지는 오페라 가와 이어진 미라보 산책로에 모자 작업장을 차리고 그곳을 주거지로 삼았다. 그리고 20세가 된 1859년부터 1899년까지 40년을 세잔은 부모와 함께 엑스 부근의 자드부팡(Jas de Bouffan) 저택에서 살았는데, 그곳은 지금도 그대로 남아 있다. 그 저택에는 15헥타르(약 4,500평, 축구장 20개 정도)에 이르는 포도밭과 목초지가 있었으니 엄청난 부자였음을 알 수 있다. 1899년 10월, 그곳을 찾은 화가 모리스 드니(Maurice Denis, 1870-1943)는 그곳에는 "세잔이 즐겨 그리던 정원의 연못과 으리으리한 거실, 금장식을 입힌 가구들, 콘솔과 중국 물건들이 있다."라고 썼다.(세잔129)

세잔이 만년(1902-1906)을 보낸 2층 건물인 로브 아틀리에도 엑스의 교외에 남아 있다. 그 건물은 엑스에 유일한 은행을 세운 세잔 아버지가 구매한 광활한 정원에 세잔이 세운 것이다. 세잔도 2년을 보낸 오베르의 반 고흐 하숙집이나 아를의 아틀리에를 본 사람이면 세잔 아틀리에의 규모에 놀란다. 가로가 8미터, 세로가 7미터, 높이가 4미터에 이르는 거대한 공간이기 때문이다. 생전에 사용한 도구, 발표하지 않은 그림, 세잔의 비밀 공간, 친구들과 교환한 서신, 과거 잘나가던 시절의 사진 등이 그곳에 비치되어 있다.

세잔의 아틀리에에서 조금만 더 올라가면, '화가의 고개'라는 이름의 공원이 나온다. 세잔이 자주 올라와 생트빅투아르산(Montagne Sainte-Victoire)을 바라보며 그림을 그린 곳으로, 그곳에는 여러 나라 미술관에 있는 세잔의 생트빅투아르 작품들의 복사본이 전시되어 있다.

엑스 부근에는 세잔이 좋아해서 그림을 그린 장소가 많지만, 그중 하나가 2022년에 8월 한국에서도 개봉된 다큐멘터리 영화 〈기도의 숨결Leur souffle〉(2019)을 찍은 수도원인 '노트르담 드 라 피델리테'(Notre-Dame de la Fidélité)이다. 그곳은 뒤랑스 계곡(vallée de la Durance)을 내려다보는 곳에 있다. 그곳의 신념은 "기도하고 일하라(Ora et Labora)"라는 것이다. 만년의 세잔도 오로지 "기도

하고 그림을 그린다."라는 신념으로 살았다.

세잔의 집안과 성장

세잔 집안은 본래 이탈리아 서부 페드몽트(Piedmont)에 있는 체세나(Cesena)라는 마을에 살았던 귀족이었다. 이주민인 셈이다. 세잔 선조들은 너무 가난해서 돈을 벌고자 프랑스로 와서 고향 이름을 성으로 삼았다(Cesena를 프랑스어식으로 읽으면 세잔이 된다). 세잔의 아버지 루이-오귀스트 세잔(Louis-Auguste Cézanne, 1798-1886)은 엑스에서 당시 그곳에 많았던 토끼의 가죽으로 만든 펠트 모자 직인으로 성장하였다. 그 뒤 파리에서 장사를 익힌 뒤 고향에 돌아와 모자 제조와 판매 및 수출업자로 자수성가했다. 덕분에 세잔이 태어날 무렵에는 엑스의 대표적인 부르주아가 되었다. 그는 자기 부모처럼 독실한 가톨릭 신자로 전통에 충실했다.

세잔의 아버지는 졸라 소설에서 자주 묘사된다. 졸라의 아버지는 졸라가 일곱 살 때 사망했기에 어린 졸라에게는 가장 친한 친구인 세잔의 아버지가 자신의 아버지처럼 여겨졌을지도 모른다. 그러나 세잔 아버지에 대한 졸라의 묘사는 상당히 부정적이다. 『작품』에 나오는 다음 가족의 묘사가 세잔 가족일 수도 있다.

아버지는 뚱뚱한데다가 뇌졸중의 체질이었고, 어머니는 칼같이 말랐으며, 딸 역시 깃털 빠진 병든 새처럼 빈약하였는데, 세 사람 모두 못생기고 빈약한 그들 종족의 오염된 피를 지니고 있었다. 밝은 태양 아래에서 대지가 생명력으로 가득 차 있는 가운데, 그들의 모습은 그야말로 하나의 오점이었다.(작품251)

이를테면 1871년부터 1983년까지 발간된 《루공-마카르총서》 제1권인 『루공가의 번영 La Fortune des Rougon』에 나오는 야심에 가득 찬 주인공 피에르 루공(Pierre Rougon)은 세잔의 아버지를 모델로 했다. 아직 우리말로 번역되어 있지 않은 이 소설의 주인공 피에르는 아내인 펠리시테(Félicité)와 함께 제2공화국을 무너뜨릴 음모를 꾸미며, 루이 나폴레옹(Louis Napoléon, 나폴레옹 1세의 조카로 나폴레옹 3세가 된다)의 친위 쿠데타 중에 플라상(Plassans) 지방의 권력을 장악하는데, 그 수단이 비열하기 짝이 없다. 남편을 "실제보다 더 바보 같은 인간"(La Fortune85)이라고 멸시하는 그의 아내는 "모든 어린이는 배은망덕하다."라고 생각한다.(La Fortune88) 그러나 졸라가 세잔의 아버지를 더욱 직접적으로 묘사한 작품은 《루공-마카르총서》 제4권의 『플라상의 정복 La Conquete de Plassans』에 나오는 프랑수아 무레(François Mouret)이다. 거기에서 아버지는 "빈정거리기 좋아하는 공화주의자에다 인색하고 좀스럽고 냉담한 부르주아, 모든 사람을 조롱하는 자"로 표현된다. 평생 아내나 자녀에게 사치를 금하고 가족은 물론 주변 사람들에게도 권위주의로 일관한다.

당연히 세잔은 그런 아버지를 싫어했다. 졸라도 싫어했다. 그래서 뒤에서 보듯이 1860년 전후로 법 공부를 하라는 아버지의 강권에 고민하는 세잔에게 졸라는 2년 동안 아버지를 거역하고 파리에 와서 그림을 공부하라고 권한다. 그러나 아버지는 평생 세잔에게 경제적인 지원을 했으므로 결코 무시할 수 없는 절대자였다. 아버지가 죽은 뒤에야 그는 아버지에 대한 존경심을 다시 갖게 된다. 이런 변화를 탓할 수는 없다. 우리도 그런 변화를 경험하기 때문이다. 살아생전에 불효자였던 아들이 부모가 돌아가신 뒤에 효자가 되는 청개구리 이야기와 같은 것이 우리의 인생이 아닌가? 젊어서 반항아였던 세잔이 나이 들어 독실한 가톨릭 신자로 돌아선 것도 아버지의 죽음과 무관하지 않았다.

어린 시절의 세잔을 리월드는 다음과 같이 복잡하게 묘사하는데, 그러한 성격을 형성하게 된 요인 중의 하나가 아버지의 권위주의였는지도 모른다.

> 내성적이고 수줍음이 많았던 세잔은 동시에 낭만적이면서도 떠들썩했고, 활기차고 불안정했으며, 자신감이 넘치면서도 변덕스러웠고, 망설이면서도 완고했고, 교만하면서도 우울했고, 예민하면서도 불안정했고, 의심이 많고 화를 잘 냈다. 그는 또한 상당히 미성숙했다.*

---

* John Rewald, Cézanne and His Father, National Gallery of Art, Studies in the History of Art, Vol. 4 (1971-1972), p. 40.

어린 시절에 형성된 세잔의 이러한 성격은 평생 거의 변하지 않았다.

세잔과 아버지

프랑스 제2공화국은 파리에서 공화국이 임시 선포된 1848년 2월 24일부터 루이 나폴레옹 보나파르트가 황제 즉위를 선언한 1852년 12월 2일까지 이어진 프랑스의 공화정이다. 따라서 위에서 말한 『루공 가의 번영』의 시대는 1851년의 쿠데타 발생 전후이다. 여기서 프랑스 근대정치의 복잡한 전개를 상세하게 설명할 필요는 없으나, 최소한의 이해는 필요하다. 1789년에 대혁명이 일어나고 1793년에 루이 16세를 단두대에서 공개 처형했으나, 1799년 나폴레옹이 쿠데타를 일으키고 1804년 황제가 되어 제1제정(帝政)이 시작된다. 그러나 1814년 나폴레옹이 쫓겨나고 루이 18세가 등장해 제2제국을 세운다. 1830년에 7월 혁명이 일어나 새 국왕이 등장하지만 1848년 혁명으로 제2공화국이 수립된다. 그러나 공화국을 뒤엎으려는 수구 세력은 여전히 준동한다. 졸라에게 세잔의 아버지는 그런 수구 세력의 한 사람이었다.

프랑스에서는 1789년의 대혁명 이후 1790년에 귀족제가 폐지되지만, 1802년에 나폴레옹 보나파르트에 의해서 부활하는 등, 제정과 더불어 폐지와 부활을 반복하다가 1870년 프랑스 제국이 무너지고 프랑스에 공화정 체제가 자리잡으면서 완전히 사라진다. 하지만 그 뒤 한 세기가 지난 1970년대까지만 해도 프랑스에서는 귀족 가문의 후예들이 자신을 공작이니 백작이니 칭하는 일이 흔했고, 여전히 대토지나 대저택을 가지고 명문 학교 출신인 경우가 일반적이었다. 그러니 세잔의 부모가 세잔을 낳는 1840년 전후의 시골 엑스에서도 여전히 귀족 출신들이 거들먹거리고 있었다. 특히 세잔의 부모처럼 학력이 거의 없는 서민 계급에 대한 차별은 극심했다. 따라서 그들 역시 모자 상점의 중요 고객인 귀족들에게 항상 굽실거려야 했고, 어떻게 해서든 아들을 낳아 판검사를 시키거나 의사라도 만들어 출세시키려고 했다. 아마 그 욕망은 지금 한국에서보다 더욱 컸을 터다.

 세잔은 아버지를 세 번 그린다. 셋 다 신문을 읽는 아버지의 모습인데, 나에게도 너무나도 익숙한 아버지의 모습이다. 나는 어린 시절, 아침저녁으로 이웃집에 가서 신문을 빌려다가 아버지에게 드린 추억이 있다. 이웃집 사람들이 신문 빌려주기를 싫어했기에 그 심부름을 나는 너무나도 싫어했지만 거역하기가 어려웠다. 집안 살림이 좀 나아지면서 신문을 한 부 받아보았지만, 다른 신문을 빌려오라는 아버지의 심부름은 끝나지 않았다. 아버지는 신문을 너무 열심히 읽어 나에게는 신문 읽는 아버지의 모습이 가장 뚜렷이 남아 있다. 신문을 보면서 아버지는 세상을 욕했다. 욕을 하기 위해 신문을 보는 것 같았다.

 세잔이 처음 그린 아버지의 그림은 1865년경의 〈화가 아버지의 초상〉이다. 아버지는 정면을 보지 않고 옆으로 앉아 신문을 읽는 데 집중하고 있다. 1866년에 그린 〈레벤망을 읽는 화가의 아버지〉도 마찬가지로 신문을 읽는 데 집중한다. 앞 그림의 신문은 《르 시에클Le Siècle》*이고, 뒤의 신문은 졸라가 당시 미술평을 쓰던 《레벤망L'Événement》**이다. 두 그림에 나오는 신문은 당시 제정에 반대한 민주파 신문으로 부자의 일치된 정치적 이념을 보여준다. 그리고 앞 그림에는 배경에 아무것도 없지만, 뒤 그림의 벽에는 자신이 1865년에 그린 정물화 〈설탕 그릇과 배 그리고 푸른 찻잔〉이 그려져 있다. 그래서 이 그림에는 아버지와 세잔 그리고 졸라가 들어 있는 셈이다. 아버지는 앞 그림의 경우와 달리 정면을 보지만, 성공한 졸라에게 감탄하면서, 아직은 성공하지 못한 아들인 세잔의 그림에는 등을 돌리고 있다. 의자는 뒤에서 보는 〈아쉴 앙프레르〉의 안락의자와 같은 것으로 보인다. 세 번째 그림은 1870-1871년에 그린 것인데, 첫 번째 그림의 상반신을 다시 그린 것으로 그림 크기도 작고 미완성이다.

---

* 1836년에 창간된 이 신문은 최초의 저렴한 가격의 대중신문(연간 40프랑)이었으며 엄청난 인기를 누렸다. 30년이 지난 후에도 여전히 44,000명의 구독자를 보유하고 있으며 가장 널리 읽히는 프랑스 일간지였다. 그것은 '헌법 반대파'의 목소리, 즉 1789년과 1830년의 원칙을 옹호하는 전통을 가지고 있었다. 제2제정하에서는 명백히 반정부 입장이었지만, 법으로 정한 범위를 넘지 않았다. 세잔의 아버지는 이 신문을 아주 마음에 들어 했다. 세잔은 정치에는 특별히 관심이 없었으나 '폭군'인 나폴레옹 3세를 혐오했기에 그 신문을 좋아했다.

** 이 신문은 1865년 10월 《르 피가로Le Figaro》의 진취적인 언론인인 앙리 드 빌메상(Henri de Villemessant, 1810-1879)에 의해 시작되었다. 그는 편집 의견보다 유통에 더 관심이 있었다. 1년 남짓한 1866년 11월에 신문 발행은 중단되었지만, 4월과 5월에 졸라에게 첫 미술비평을 위한 플랫폼을 제공했다. 당시 26세였던 졸라는 살롱 리뷰를 맡았는데, 이는 그가 미술에 경험이 있어서가 아니라 《르 피가로》의 기고가였기 때문이었다. 편집자는 의심할 여지 없이 잘 알려지지 않고 너무 비싸지 않은 졸라에게 도박을 걸었다. 졸라는 기사를 쓰면서 세잔과 기욤 및 피사로와 같은 그의 친구들을 통해 같은 세대의 많은 예술가를 만났는데, 그중 가장 두드러진 것은 마네였다.

세잔의 어머니 안느-엘리자베트-오노린 오베르(Anne-Elisabeth-Honorine Aubert, 1814-1897)는 엑스의 의자 직인 딸로 태어났는데, 흑백 혼혈인 크레올 혈통으로 피부가 검었다. 영화에 백인으로 나오는 것과 다르다. 세인트루이스 미술관에 있는 〈화가의 여동생〉 뒷면을 보면 피부가 검은 어머니가 그려져 있는데, 어머니 초상으로는 이것이 거의 유일하다. 세잔이 아내를 수없이 그린 것에 비하면 너무 적지만, 세잔과 어머니의 관계는 각별했다. 그녀는 그림에 문외한이었지만, 세잔이 어릴 적부터 그림을 좋아하는 것을 인정하고 화가가 되고자 한 아들의 희망을 격려했다. 그래서 어머니는 어린 세잔이 미술관에서 그림 복사하는 것을 특히 좋아했다. 루벤스와 렘브란트의 이름이 세잔처럼 폴이라고 하면서 세잔이 그림 그리는 것을 반대하는 아버지에게 아들을 변호하기도 했다.

그녀는 세잔 아버지의 집에서 여공으로 일하다가 세잔을 사생아로 출산했다. 두 사람의 관계가 어떠했는지는 알 수 없다. 세잔이 태어날 때 아버지는 41세, 어머니는 25세였다. 앞에서 본 『플라상의 정복』에서 세잔의 어머니를 모델로 한 마르트(Marthe)는 포자(Faujas) 신부의 유혹에 넘어가 남편을 쫓아내고 정신병자로 몰아 정신병원에 강제로 입원시킨다. 그 뒤 포자가 플라상의 지배자가 되지만, 정신병원에서 정말로 미쳐버린 프랑수아가 탈출하여 자기 집에 불을 질러서 결국은 포자와 함께 불에 타죽고, 마르트도 죽는다. 물론 실제의 세잔 어머니는 그렇지 않았다. 낭만적이고 명랑해서 세잔의 예술가적 기질에는 아버지보다 더 영향을 미친 것으로 보이지만, 그다지 지적인 사람은 아니었다.

세잔은 1839년 1월 19일, 첫아들로 태어났으나 법적으로는 5년 뒤에야 아들로 등록된다. 세잔에 이어 1841년에 여동생 마리(Marie, 1845-1921), 그리고 1854년에 로즈(Rose, 1854-1909)가 태어난다. 세잔의 여동생들도 예술에 무지했다. 마리는 평생 독신으로 지낸 독실한 가톨릭 신자로 세잔이 1891년 가톨릭으로 개종하는 데 크게 기여한다. 로즈는 행복한 결혼을 한 탓인지 세잔과는 크게 관련이 없다. 세잔은 1866년 10월 23일 피사로에게 보낸 편지에서 가족은 "세상에서 가장 구질구질하고 무엇보다도 성가신 존재들"(Danchev127)이라고 썼지만, 결국 그는 가족과 함께 살았다. 로즈는 변호사와 결혼하지만, 뒤에 그 변호사는 무능한 사람으로 판명된다.

세잔이 아홉 살이 된 1848년 엑스의 유일한 은행이 파산하자 아버지는 친구와 공동으로 그 은행을 사들여 '세잔과 카바솔 은행'(Banque Cézanne et Cabassol)으로 재생시킨다. 따라서 아버지는 19세기 프랑스의 자본주의를 상징하는 인물로 볼 수 있다. 그러니 그가 화가나 시인이라는 직업을 싫어했던 것도 이해할 만하다. 평생 화가인 아들과 갈등했고, 아들의 죽마고우인 졸라를 싫어한 것도 마찬가지다. 세잔의 아버지는 훗날 졸라가 소설로 돈을 벌기 시작하자 그를 인정했으나, 죽을 때까지 돈을 벌지 못한 아들은 싫어했다.

〈화가 아버지의 초상〉
폴 세잔, ca.1865, 167.6×114.3cm, 런던, 국립회화관〉

〈레벤망을 읽는 화가의 아버지〉
폴 세잔, 1866, 198.5×119.3cm, 워싱턴, 국립미술관

〈화가의 여동생〉(앞면) 〈화가의 어머니〉(뒷면)
폴 세잔, 1866-1867, 53.3×36.8cm, 미국, 세인트루이스 미술관

졸라의 집안과 성장

졸라의 집안도 세잔 집안처럼 이탈리아에서 왔다. 졸라의 아버지 프랑수아 졸라(François Zola, 1796-1847)는 대대로 성직자와 군인을 배출한 베네치아의 명문가 출신으로, 파도바 대학교에서 수학박사 학위를 받은 뒤 공병 장교가 되려고 이탈리아 포병대에서 복무하며 중위까지 올랐다가, 1820년에 제대하고 민간 기사로 철도 설계에 종사했다. 그 뒤 나폴레옹 1세의 몰락으로 오스트리아 정권의 압제를 견딜 수 없게 되자 1830년에 조국을 떠나 프랑스에 정착하여 토목기사로 일했다. 파리에서 프랑스인 직인의 딸인 에

밀리 오베르(Émilie Aubert, 1819-1880)와 1839년에 결혼해 1840년 4월 2일에 외아들인 졸라를 낳았다. 당시 아버지는 45세, 어머니는 21세였다.

졸라가 태어난 곳은 생조제프 가(Rue Saint-Joseph) 10번지다. 이곳은 파리 중심에 있는 파리 2구(2e arrondissement de Paris)의 좁은 뒷골목으로 지금 거기에는 그가 태어난 집이었음을 밝히는 명판이 붙어있다. 하지만, 그 뒤 열여덟 살 때 파리로 돌아온 이후 그가 살았던 파리의 집들에는 그런 명판이 없다. 너무 가난해서 센강의 왼쪽 기슭에 있는 빈민 지역의 허름한 아파트를 수없이 전전했기 때문이다.

졸라의 아버지는 1842년 프랑스 남부의 엑스까지 물을 끌어들이기 위한 운하(뒤에 '졸라 운하'로 불렸다)와 댐(뒤에 '졸라 댐'으로 불렸다. 톨로네에 걸쳐져 있는 렝페네강 협곡에 있다)의 건설공사를 맡아 일하다가 1843년에 가족을 데리고 엑스로 이사했다. 4년 후인 1847년에 졸라의 아버지는 사망하고, 졸라의 어머니는 약간의 연금을 받지만, 생활비로는 턱없이 부족했다. 졸라는 1852년에 장학금을 받아 중학교에 들어가 세잔과 만나 평생 친구가 된다. 그들은 엑스 출신의 장-바티스탕 바유(Jean-Baptistin Baille, 1841-1918)와 함께 '나눠질 수 없는 삼총사'(les trois inséparables)로 우정을 다진다. 바유는 뒤에 기상대 관측사를 거쳐 광학기계 기사가 된다.

영화 〈나의 위대한 친구 세잔〉에서는 세잔과 졸라가 친구가 되는 계기를 급우들에게 괴롭힘을 당하는 허약한 졸라를 건장한 세잔이 구해 주고, 그다음 날 졸라가 세잔에게 사과를 선물한 것이라고 묘사한다.(오14, 장34, 샤피로9) 세잔과 졸라가 같이 이탈리아계여서 프랑스계 아이들에게 배척당했기 때문인데 오로지 그 사건 때문에 평생의 친구가 된 것이라고 보기는 어렵다. 두 친구에게는 다른 학생들과는 다른 공통점이 있었다.

특히 졸라의 학교생활이 힘들었다는 것은 그의 자전적인 첫 소설 『클로드의 고백 La Confession de Claude』(1865)에서 "나의 학교 시절은 눈물의 시절이었다."라고 고백한 것을 보아도 알 수 있다. 그 대신 "나는 자연을 사랑한다는 데 자부심을 느꼈다. 나는 사람들에게 나를 드러내지 않았고, 그래서 (그들이) 나를 알아가는 것을 거부했기 때문에 사랑받지 못했다."(La Confession140)라고 한다.

세잔과 졸라의 가장 큰 공통점은 어려서부터 강렬했던 반항기와 문학과 예술에 대한 호기심이었다. 세잔의 반항기는 아버지보다 어머니에게 물려받은 것이었지만, 졸라의 반항기는 아버지에게 물려받은 듯하다. 이주민인데다가 풍채도 보잘것없고, 개인적인 매력이나 유머도 없으며, 심지어 어떤 정취조차 없다는 점도 두 사람을 닮아 보이게 했다. 졸라와 세잔 모두 어려서부터 사회적으로는 소외되었지만, 현실에 무릎 꿇지 않은 점도 비슷했다. 둘은 저마다 자기만의 방식으로 사람들을 보다 나은 세상으로 이끌어가기를 원했다. 자신과 싸우면서 고통을 받았고, 낮은 위치에서 삶을 이어갔다는 점도 닮았다.

여하튼 세잔은 수학, 그리스어, 라틴어 등에 뛰어나 상을 받기도 한 우등생이었으나 데생은 주목받지 못했다. 그러나 졸라는 데생으로 매년 상을 받았다. 두 사람이 1859년에 함께 그린 작품으로 6매의 장식 병풍으로 구성된 목가적 풍경화가 남아 있다. 그 전해에 졸라는 파리로 이사 갔는데, 이듬해 여름 방학 때 엑스로 와서 세잔과 함께 그린 작품이었다. 세잔은 이 작품을 특히 중하게 여겨 죽을 때까지 아틀리에에 보관했다. 세잔의 출발점이 된 작품이 졸라와의 합작이었고, 이를 세잔이 죽을 때까지 소중하게 보관한 것은 두 사람의 브로맨스를 상징한다. 또한 세잔이 죽을 때까지 그 브로맨스를 소중하게 여겼음을 뜻한다. 그러니 함부로 그들의 브로맨스가 중단되었다고 말해서는 안 된다.

1877년에 졸라는 「프랑스 학교와 학교생활」이라는 논설에서 자신이 엑스와 파리에서 보낸 중등학교 시절을 회상했다. 그는 시골의 우수한 학생들이 대도시 학교로 전학을 오게 되면, 성인인 체하는 파리 학생들의 성숙한 태도 때문에 자신들이 어리숙해 보인다는 걸 깨달으며 자존감에 상처를 입곤 했다고 썼다. 또한 중등교육이 고전교육에 편중되어 있어서 사회와 현저히 격리되었으며, 따라서 중등과정 졸업시험인 바칼로레아(Baccalauréat)에 합격한다 해도 시대에 적응할 수 없었다고 비판했다.

『작품』의 청춘 브로맨스

졸라의 소설 『작품』에는 엑스가 '플라상'으로 바뀌어 나오고, 졸라가 상도즈(Pierre Sandoz), 세잔이 랑티에(Claude Lantier), 바유가 뒤뷔슈(Louis Dubuche)로 나온다. 졸라와 상도즈는 크게 다르지 않은데, 세잔과 랑티에는 상당히 다르고(이에 대해서는 뒤의 제5장에서 상세히 검토한다), 실제로 광학기계 기사가 된 바유는 화가인 뒤뷔슈와 완전히 다르다.

그러나 그 셋이 "잠재적인 친근감"과 공통으로 지닌 "막연한 야심으로 인한 불안", 그리고 모두가 "마주쳐야 했던 우둔함과 멍청함의 난폭한 소용돌이 속에서 이제 막 눈뜨기 시작한 우월한 지식"으로 쉽게 친구가 된다는 점은 실제의 세 친구와 같다.(작품45) 그들의 학업 성적이 뛰어나지 않았고, 그들이 다닌 중학교가 가톨릭에서 운영하는 기숙학교였기에 서로 친구로 지낸 시간이 우리나라 중고생보다 훨씬 많았다는 점도 사실과 같다.

프랑스의 사립 기숙학교 제도는 지금도 유지되고 있고, 종종 영화의 소재로도 등장한다. 가령 루이 말(Louis Malle, 1932-1995) 감독이 1987년에 만든 영화 〈굿바이 칠드런Au Revoir Les Enfants〉을 보자. 나치 지배하의 1944년, 유대인 학생과의 우정을 보여 주는 이 영화에 등장하는 두 친구는 세잔과 졸라의 우정을 연상하게 한다. 그러나 영화에 나오는 기숙학교의 적막한 분위기와 달리 세잔과 졸라의 학교생활은 자연 속에서 즐기는 놀이와 함께 활기찼다.

그들은 "프로방스 지방의 상쾌한 공기와 햇빛을 듬뿍 받으며"(작품50) "주변 마을과 산을 돌아다니며 모험하고, 연못에서 수영을 배웠으며, 사냥하고, 짓궂은 장난도 즐긴다. 그것은 세상 저 먼 곳으로의 도피였으며, 자연의 품을 향한 본능적인 몰두였다."(작품50) 졸라는 시 공부에 열중하고 세잔은 그림을 그린다. 그리고 함께 학교 악대에 들어가 세잔은 코넷, 졸라는 클라리넷을 연주한다. 그러나 무엇보다도 중요한 것은 그들이 빅토르 위고(Victor-Marie Hugo, 1802-1885)나 알프레드 드 뮈세(Alfred de Musset, 1810-1857)를 비롯한 많은 작가의 문학작품을 함께 읽고 연극을 보러 다녔다는 점이다. 위고에 대한 『작품』의 묘사를 보자.

위고의 장대한 무대와 끊임없는 대립의 상충 속에서 전개되는 거대한 상상력은 그들을 완전히 서사시의 세계에 빠져들게 했다. 그래서 그들은 폐허의 저쪽에 지는 저녁 해를 바라보러 가서 감동에 몸을 떨고, 연극 마지막 장의 부자연스러울 정도로 거창한 조명 아래에서 인생이 흘러가는 것을 바라보았다.(작품53)

졸라가 말한 위고의 연극이 무엇인지를 소설에서는 밝히고 있지 않으나 〈에르나니 Hernani〉가 아닐까? 19세기는 왕정이 끝난 1830년에 시작되어 제1차 세계대전이 터진 1914년에 끝났다고 역사학자 에릭 홉스봄은 말했다. 나폴레옹의 제정이 1815년에 붕괴하고 과거의 부르봉(Bourbon) 왕조(1589-1792)가 부활하여 1830년까지 이어졌다. 1830년 2월 25일, 코미디 프랑세즈(Comédie-Française)에서 상연된 〈에르나니〉로 19세기의 개막을 잡는다면 역사학자들은 어이없어할지도 모르겠지만 그것이 하나의 상징이었음은 분명하다.

> 나는 혁명의 바람을 일으켰다.
> 나는 낡은 사전에 혁명의 붉은 모자를 씌웠다.
> 장중한 말도, 흔해 빠진 말도 더는 필요하지 않다.
> 잉크병 속에 나는 바람을 불러일으켰다.

연극은 스페인을 무대로 하여 위대한 영혼의 혁명을 묘사한다. 에르나니는 왕에 도전하는 산적으로서, 왕과 함께 늙은 공작의 약혼녀 도냐 솔(Doña Sol)을 사랑한다. 에르나니와 도냐 솔은 신방에 들어가지만, 공작의 저주로 두 사람은 죽는다. 그러나 비극적인 극의 내용과는 달리 연극 상연은 위고의 승리로 끝났다.

우리에게는 그다지 알려지지 않은 작품이지만, 당시 그 작품의 상연은 이른바 새로운 것과 낡은 것의 전투를 상징하는 일대 사건이었다. 작자인 위고는 '낭만주의 문학의 청년 장교'라는 별명에 어울리게 붉은 조끼를 입고 젊은 작가들과 화가들과 함께 값싼 극장 뒷좌석에 앉았고, 요금이 비싼 오케스트라 석에는 늙은 문학인들, 아카데미 회원들, 고전주의의 옹호자들이 자리했다. 앞 좌석에서는 야유와 분노의 소리가, 뒷좌석에서는 박수와 휘파람이 들끓어 배우의 목소리가 들리지 않을 지경이었다. 〈에르나니〉가 당시의 고전극이 지켜야 할 법칙을 어겼기 때문이다. 그 원칙이란 아리스토텔레스가 『시학』에서 말한 것처럼 '시간·장소·행동의 일치', 즉 하루에 일어난 사건을 같은 장소에서 상연해야 하며 줄거리에 일관성이 있어야 한다는 것이었다. 위고는 그 원칙을 무시하고 당시 연극에서는 사용되지 않았던 비속한 표현까지 노골적으로 구사했다. 문학 표현의 자유를 요구한 것이었다.

위고는 졸라보다 38년 먼저인 1802년에 태어나 1885년에 죽었으니 졸라가 십 대일 때는 생존해 있어서 그에게 시작품을 보내기도 했다. 위고의 아버지는 가난했던 기술자인 졸라의 아버지와 달리 장군이었고, 젊어서 가난에 지쳐 산 졸라와 달리 평생을 부유하고도 유명한 인사로 살았으며, 죽었을 때는 프랑스 정부가 국장을 치러 주어서 2백만 인파가 애도하는 가운데 판테온에 묻혔다. 어쩌면 세잔이나 졸라도 그런 인생을 꿈꾸지 않았을까?

위고는 이미 스무 살에 유명해졌다. 7월 혁명이 터지기 전 그는 왕정을 싫어했으면서도 아직 공화정이 오기에는 준비가 덜 되었다고 생각했다. 그러나 왕당파였으면서도 그는 7월 혁명을 받아들였고, 이듬해 우리에게 『노트르담의 꼽추』로 알려진 『파리의 노트르담Notre-dame de Paris』을 집필했다. 이 작품을 집필하기 위해 그는 잉크 한 병과 두꺼운 회색 모직으로 지은 자루같이 생긴 옷 한 벌을 사서 입고는 목에서 발끝까지 꿰매버렸다.

위고는 불의와 고통에 대한 분노와 연민으로 부자와 권력을 가진 자들만 살찌우는 법률 위에 서 있는 사회를 격렬하게 공격했다. 1832년의 연극 〈왕은 즐긴다Le Roi s'amuse〉의 상연은 다시 〈에르나니〉와 같은 소동을 낳았다. 그래서 다음 날 정부는 공공질서와 도덕성을 위배한다는 이유로 공연을 금지했다. 그러나 그 후 위고는 출세를 위해 아카데미 프랑세즈의 회원이 되고자 노력했고, 몇 번의 실패 끝에 1841년 마침내 그 자리를 차지했다. 이어 1845년에는 작위도 받았다. 뒤에서 보듯이 졸라도 아카데미 프랑세즈의 회원이 되고자 노력하지만 결국은 실패한다. 마지막 기회가 오지만 드레퓌스 사건에 나선 탓으로 실패한 것이다. 그 사건에 나서지 않았다면 졸라는 그곳 회원이 되었을지도 모른다.

〈에르나니〉를 공연했을 때 위고는 20세였고 그의 친구인 뮈세도 20세였다. 졸라의 뮈세 묘사를 보자.

> 그다음에는 뮈세가 나타나, 그의 정열과 눈물로써 그들을 매료하였다. 그들은 뮈세의 가슴에서 자기네들의 뛰는 가슴을 느꼈으며, 좀 더 인간적인 새로운 세계가 그들 앞에 열리게 되었다. 그 세계는 연민과 그들이 앞으로 곳곳에서 듣게 될 고통의 영원한 외침으로 그들을 사로잡았다.(작품53)

그러나 뮈세보다 위고의 영향이 훨씬 컸다. 특히 졸라에게 그랬다. 졸라는 그 밖에도 여러 작가의 작품을 읽었다. 특히 1854년 11월에 콜레라가 창궐하자 시골로 피신하여 알렉상드라 뒤마

(Alexandre Duma, 1802-1870) 등의 연재소설도 탐독했다. 그리고 이듬해 학교로 돌아와 파리에서 온 교사 덕분에 위고와 뮈세의 작품과 함께 낭만파 시인인 알퐁스 드 라마르틴(Alphonse de Lamartine, 1790-1869)의 작품도 접한다. 그가 1830년 7월 혁명과 1848년 2월 혁명을 이끌었고, 프랑스 제2공화국을 설립한 리더 중의 한 사람이었다는 점도 졸라나 세잔에게는 매력적으로 다가왔을 것이다.

뒤에서 보듯이 위고나 라마르틴은 젊은 날의 세잔과 졸라가 그대로 모방하고 싶어 했던 롤모델이었다. 특히 위고가 그랬듯이 세잔과 졸라도 기성 사회, 기성 문단과 화단에 반발하고 혁명을 꿈꾸었다. 물론 소설가가 된 졸라가 세잔보다는 더 위고에게 열광했다. 20대의 졸라는 뒤에서 보듯이 위고의 낭만주의를 벗어나 리얼리즘 내지 자연주의 작가로 나아가지만, 반항과 창조의 정신은 위고에게서 그대로 본받은 것이다. 화가의 길을 간 세잔은 사회적 반항의 차원에서는 졸라보다 못하고 결국 졸라와는 드레퓌스 사건으로 대립하지만, 기성 화단과 전통 미술에 대한 반항과 새로운 미술의 창조라는 점에서는 역시 어린 시절에 열광한 위고의 정신을 계수한 것이나 다름없었다.

파리

1847년에 졸라 아버지의 갑작스러운 죽음으로 생계가 어려워지자 졸라의 어머니는 운하 이권을 관리하기 위해 1857년 파리로 돌아가고 그 이듬해 졸라도 파리로 간다. 그리고 세잔도 4년 뒤인 1861년 파리로 간다. 그 뒤 졸라는 평생을 파리와 그 주변에서 살고, 세잔은 고향과 파리를 오가며 살다가 만년에는 완전히 고향으로 돌아간다.

그래서 그들의 이야기는 파리 이야기이기도 하다. 파리는 이 세상 어떤 도시보다도 그림으로 그려지고 소설로 이야기된 곳이다. 특히 19세기 전반의 파리를 글로 쓴 작가가 발자크라면, 19세기 후반을 철저히 기록한 작가가 졸라다. 발자크 작품에서와 달리 졸라의 소설에서는 노동자를 비롯한 새로운 계층의 사람들이 나온다. 초기작인 『테레즈 라캥』의 황폐한 파사주(passage, 19세기 파리에서 처음 만들어진 유리와 철골로 만들어진 통행로 형태의 상가로, 쇼핑 아케이드와 백화점의 전신)의 음울한 분위기부터 《루공-마카르총서》 20권 중 반이 파리를 배경으로 하며, 만년의 걸작 『파리』에서는 아나키즘 테러와 정계 부패로 흔들리는 세기말 파리를 그린다.

당시의 파리는 1852년에 시작된 파리 시장 오스만(Georges-Eugène Haussmann, 1809-1891)에 의한 도시 정화의 결과물이라고 알려져 있다. '세기의 수도'라 불린 19세기 파리는 최초의 만국박람회, 파사주, 백화점 등 자본주의적 공간이 생겨나고, 오스만 대로(Le boulevard Haussmann)가 건설되는 등 확장과 팽창을 거듭하였다. 오스만 대로는 제2제정의 파리 개조 계획(1852-1870)의 일환으로, 그 계획을 구상한 파리 시장 오스만의 이름을 딴 것이다. 주 목적은 폭동과 시위의 장소인 좁고 구부러진 골목을 넓히고 직선화하여 시위자들이 바리케이드를 칠 수 없게 하는 것이었다. 민중을 중심부에서 추방하여 주변 녹지대나 교외에 격리한 것이다.

마찬가지로 대규모의 경마장이 이때 등장한다. 파리 최대의 경마장에 대해 신문에 쓴 기사 「롱샹의 경마」(1872)에서 졸라는 민중의 가벼운 도박은 금지하면서 상류계급을 위해 경마라는 거창한 도박을 합법적으로 보호하는 것은, 권력의 부끄러운 기만이라고 비판한다. 그리고 말의 종을 개량한다는 대의명분하에 경마라는 도박을 여는 것이 얼마나 무의미하고 위선적인지 지탄한다.

미국과 이탈리아에 여러 개의 은행과 기업을 가진 유력한 상류 부르주아 출신의 드가가 그린 수많은 경마장 그림은 흔히 역동적인 말들의 빠른 움직임을 정확하게 포착한 점으로 유명하지만, 경마가 그 자신이 속한 상류계급의 오락으로 그에게도 중요한 오락이었음을 알아야 한다. 경마와 함께 그의 중요한 그림 소재인 발레리나도 당시 부르주아를 위한 창부 같은 존재들이었다. 드가의 그림들은 19세기 말부터 특히 미국에서 인기가 높았다.

졸라는 「파리 폐허 산책」(1872)에서는 프로이센-프랑스 전쟁과 파리코뮌으로 인해 폐허가 된 시가지를 산책하면서 전쟁 전에 있었던 성곽 지대에 살았던 서민들을 그리워한다. 그리고 「1875년 6월의 파리」(1875)에서는 롱샹 경마장(Hipodrom Longchamp)에서 벌어지는 열병식, 초여름 여성의 패션, 자살 등을 언급한다.

쇼핑몰의 조상이자 근대 자본주의적 공간의 원형인 파사주에 대한 고찰은 독일 철학자 발터 벤야민(Walter Benjamin, 1892-1940)의 『아케이드 프로젝트Das Passagen-Werk』(1928-1929, 1934-1940)에서 본격적으로 시도된 바 있다. 벤야민이 13년간 준비했다가 자살로 생을 마감하여 미완으로 남은 이 저작은 근대 자본주의의 전성기를 상징하는 제2제정 시대의 파리를 유물론적 역사철학을 통해 읽으려고 했던 야심적인 시도이다. 벤야민의 시도는 졸라의 『테레즈 라캥』에서 비롯된다. 벤야민은 최초의 전깃불 가로등(1857년)이 파사주의 완벽한 조명을 희미하게 만들어 통로를 찾기가 갑자기 힘들어졌다고 하고, 그 10년 뒤에 나온 『테레즈 라캥』을 "파리 아케이드의 죽음, 아케이드 건축 양식의 쇠퇴 과정"에 대한 설명으로 해석한다.*

동요의 시대

프랑스에서는 200년 전인 19세기 초에 "여러분, 부자 되세요."

---

* 수잔 벅 모스, 김정아 옮김, 『발터 벤야민과 아케이드 프로젝트』, 문학동네, 2004, 209-210쪽 재인용.

라는 말이 유행했다. 그리고 그 말은 대한민국의 21세기 초반을 뒤흔든 덕담 아닌 덕담이 되었다. 그전까지만 해도 프랑스에서는 누구도 함부로 입에 올리지 않았던 그 말이 19세기 초 모든 삶을 지배한 것처럼, 한국에서도 "여러분, 부자 되세요."라는 말은 누구나 내놓고 외치는 구호가 되었다. 프랑스에서는 그때가 대혁명 이후였고, 한국에서는 소위 IMF 사태 이후였다.

여기서 프랑스의 역사를 잠깐 살펴보자. 내가 젊었을 때 읽을 수 있었던 유일한 프랑스 역사책이었던 앙드레 모로아(André Maurois, 1885-1967)의 『프랑스사Histoire de France』*(1859) 개정판에서 저자는 프랑스 역사를 일곱 개의 시대로 구분하는데, 그중 제5, 6부를 이 책의 주인공인 세잔과 졸라의 시대인 '동요기'(1815년부터 1870년까지)와 '제3공화국'으로 불렀다. 나머지는 제1부가 중세까지, 제2부가 문예부흥과 종교개혁, 제3부가 절대왕정, 제4부가 대혁명, 제7부가 1947년 이후이다. 다른 기간에 비해 제4부가 약 20년, 제5부가 55년, 제6부가 75년으로 매우 짧다. 대혁명이나 '동요기'가 프랑스 역사에서 그만큼 중요하다는 것을 시대 구분에서도 보여 준 것으로 생각된다.

한편 장 카르팡티에(Jean Carpentier, 1933-2018) 등이 쓴 『프랑스인의 역사Histoire de France』**(1987)는 시대 구분 없이 전체가 32개의 장으로 구성되는데, 장이 많음에도 불구하고 고대사 부분

---

* 앙드레 모로아, 신용석 옮김, 『프랑스사』, 기린원, 1977.
** 장 카르팡티에 등. 주명철 옮김, 『프랑스인의 역사』, 소나무, 1991.

이 긴 탓인지 졸라와 세잔의 시대는 제22장 '명사 시대의 입헌 군주정', 제23장 '1848 혁명과 제2공화국', 제24장 '종교와 분리된 대의 제도적 공화국'으로 정리되어 있다. '명사'란 엘리트와 같은 말로 그 시대는 민중과 구별되는 엘리트가 민중을 지배하는 시대였다.

프랑스의 역사는 영국이나 독일과 같은 유럽 나라들과 비슷하지만, 각 나라의 문화는 상당히 다르다. 에마누엘 토드(Emmanuel Todd, 1951-)는 『유럽의 발견L'invention de l'Europe』(1990)에서 근대 유럽의 특징을 다양한 가족문화에서 찾는다. 즉 독일은 '권위와 불평등', 영국은 '오직 자유'였음에 비하여, 프랑스는 '평등과 자유'였다는 것이다.* 프랑스의 자유롭고 평등한 가족은 혁명을 지나면서 더욱 민주화되었다. 봉건 왕정은 가부장적 가족의 상징이었고, 1793년의 루이 16세 처형은 가부장의 지위 박탈을 상징했다. 동시에 아버지가 자식을 감금하는 권리나 장자 상속제가 폐지되었고 상속의 평등이 법정화되었다. 또한 여성은 남편을 포함한 모든 남성에게 반말을 해도 되었으며, 이혼의 자유가 인정되었다. 여성이 남성과 함께 서로 반말을 사용한다는 것은 지금 우리의 상황에서 볼 때 매우 중요한 것이다. 아이들이 성인에게, 학생이 선생에게, 부하가 상관에게, 노동자가 사용자에게 반말을 사용한다는 것도 민주주의에 매우 중요하다. 우리는 아직도 그렇지 못하지

---

* 에마누엘 토드, 김경근 역, 『유럽의 발견-인류학적 유럽사』, 까치, 1997.

만, 프랑스에서는 대혁명 이후 가능해졌다.

　프랑스 사회주의가 아나키즘적이었다는 사실도 우리에게는 자주 무시된다. 가부장을 포함한 모든 권위에 대한 부정과 모든 차원의 개인적 자유의 고양이 프랑스 사회주의의 특징이었다. 18세기 말의 상퀼로트(Sans-culotte)*를 비롯하여 19세기 말의 파리코뮌에 이르기까지 지역 공동체의 자치를 존중하고 권위적인 중앙 집중적 구조를 혐오하는 프랑스적 사회주의야말로 아나키즘의 요체였다.

　아나키즘의 뿌리가 가장 깊게 남은 영역은 혁명적 생디칼리즘이 지배하는 노동총동맹(Confédération Générale du Travail, CGT)이다. 노동자의 자치를 강조하는 노동운동은 지도자들의 권위를 부정하고 노동자들의 직접 운동과 파업을 역설한다. 그러한 아나키즘적 노동운동은 비조직이었으므로 당연히 프랑스의 노동운동은 다른 나라의 그것에 비해 힘이 약했다. 동시에 정당과의 관련성도 훨씬 약했다. 그러나 근대 프랑스가 사회주의를 바탕으로 한 진보적인 나라였다고 생각한다면 이는 엄청난 착각이다. 프랑스는 근대의 어떤 나라보다도 군국주의가 성행했다. 나폴레옹과 그 후손의 대두를 보라. 아나키즘과 군국주의라는 모순된 이데올로기의 병존이야말로 근대 프랑스를 이해하게 해 주는 핵심이다. 아나키적 혁명에 뒤이어 항상 쿠데타라는 반동이 생겨났다는 것만 보아

---

* "퀼로트를 입지 않은 사람"이라는 의미로, 프랑스 혁명의 추진력이 된 사회 계층이다. 주로 수공업자, 장인, 소상인, 근로자 등 무산 시민으로 당시 파리에서는 빈곤층에 속했다.

도 알 수 있다.

혁명과 쿠데타라는 악순환에도 불구하고 19세기 프랑스는 공화주의 전통을 유지했다. 이는 당시 왕정 일색이던 유럽에서 특이한 것이었다. 물론 공화정이 지속된 미국과 달리 프랑스의 그것은 대혁명 이래 네 차례나 바뀐 것이기는 했다. 대혁명 10년 뒤인 1799년 나폴레옹이 등장하여 1815년 죽고, 부활한 왕정이 1848년에 끝난다. 이어 프랑스에서는 4년간의 짧은 제2공화정이 생겨났지만, 1852년 제2제정이 시작된다. 나폴레옹의 조카인 루이 나폴레옹이 황제로 즉위하여 1870년까지 18년을 집권한다. 제2제정기의 프랑스에서는 산업혁명이 활발히 진행되고 문예가 진흥되었으며 파리시의 도시계획이 정비되는 등 더욱 발전했고, 대외적으로는 크림전쟁(Crimean War)에서 승리하여 러시아의 남하를 저지하고 인도차이나와 중국에 진출하였다. 그러나 프랑스는 1870년 프로이센-프랑스 전쟁(보불전쟁)에서 비스마르크에 패했다.

1815년부터 1870년까지의 '동요기'는 졸라가 활약한 바로 그 시대이다. 1840년에 태어난 졸라는 1870년에 30세였다. 작가로서의 삶을 시작하면서 결혼도 하는 30세였다. 모로아는 '동요기'의 특징으로 정치체제가 불안정하고 다양했다는 점을 들었다.* 1789년의 대혁명으로 인해 그 후 정통성이 애매하게 되었고, 모든 것은 어지러웠다. 세잔과 졸라는 그런 어지러운 시대에 예술가 생활을

---

* 모로아, 위의 책, 470쪽.

시작했다.

초기 브로맨스와 창조열

졸라는 1858년 2월에 파리로 가서 일류 고교인 리세 생루이(Lycée Saint-Louis)에 장학생으로 입학한다. 그 학교는 장 라신(Jean Racine, 1639-1699), 몽테스키외(Montesque, 1689-1755), 드니 디드로(Denis Diderot, 1713-1784), 샤를 보들레르(Charles Baudelaire, 1821-1867), 루이 파스퇴르(Louis Pasteur, 1822-1895), 생텍쥐페리 등을 배출한 명문 고교였다. 졸라는 파리 생활에 적응하는 데 어려움을 겪었다. 학교에도 거의 나가지 않고 친구도 없이 방구석에 처박혀 지내며 세잔을 비롯하여 친구들을 그리워하는 '내 친구 폴에게' '내 친구들에게' 등의 시를 쓰는 것이 유일한 위안이었다. 세잔도 마찬가지였다. 1858년 4월 9일 세잔이 파리로 간 졸라를 그리워하며 그에게 보낸 편지다.

네가 엑스를 떠난 뒤, 친구여, 슬픔의 그림자가 나를 짓누르고 있다네. 이건 거짓말이 아냐. 도대체 정신을 차릴 수 없을 정도야. 나는 정말 둔하고 어리석고 굼뜬 인간이라네. (…) 산발한 머리를 발치의 깊은 물 속으로 향하고 서 있던 아르크 강가의 소나무를 기억하나?(세잔236)

다음은 1858년 6월 14일에 파리에서 졸라가 엑스의 세잔에게 엑스에서 지낸 시절을 그리워하며 쓴 편지다.

나는 이미 센강의 물에 내 몸을 담갔어. 폭이 넓고 깊은 센강에 말이야. 그런데 여기에는 수령이 수백 년 된 소나무 고목이 없고, 성스러운 술병을 차갑게 하는 시원한 샘도 없어. 명랑하고 자극적인 이야기를 하고 풍부한 상상력으로 가득한 세잔 같은 인물도 없다! 따라서 나는 큰 소리로 절규해. 센강 따위는 아무래도 좋아, 그곳 팔렛트 시골 냇물의 소용돌이나 그것에 이어지는 주변에서 우리가 모여 놀던 때여, 만세라고. 파리는 거대하고, 여러 가지 즐거움으로 가득해. 역사적 기념물도 넘쳐나고 매력적인 여성들도 너무 많아. 엑스는 작고, 화려하지 않고, 평범하고, 여자들은 많지만…(신이여, 내가 엑스의 여성을 업신여기지 않게 해 주소서). 그래도 역시 나는 파리보다 엑스가 좋아.

이어 졸라는 자기를 프로방스 지방으로 유혹하는 아름다운 풍경을 열거하면서 그곳의 자연을 찬양한다. 그리고 그곳에서 세잔이 어떻게 지내는지를 묻고, 자신의 문필 작업에 대해 언급한 뒤, 세잔에게 4페이지로 충분하니 답을 보내 달라고 간청한다. 세잔은 졸라가 팔렛트를 기억하는 것이 너무나 기쁘다고 답장한다. 그러나 "난 절망해 있고, 절망한 나머지 바보가 되어 가고 있다."라고

쓴다.(세잔228)

세잔이 6월 20일에 쓴 편지나 7월 26일에 보낸 편지에는 절망감이 묻어난다. "지금 나는 무력감에 빠져 있다네. 술을 마셔야만 겨우 기분이 좋아지지."(세잔230) "나는 생각한다. (매번) 나는 젊어서 죽어야 한다고."(류24재인용) 그 뒤의 편지에서도 세잔은 계속 절망감을 보인다. 그러나 아직은 그림이 문제가 아니다. 도리어 십 대답게 사랑의 이야기가 주를 이룬다. 꿈에서밖에 사랑한 적이 없고 꿈에서조차 사랑을 받은 적이 전혀 없다고 하는 졸라에게 세잔은 한 여인에 대한 고민을 알린다. 그리고 입시가 문제라고 한다. 십 대에게 사랑과 입시는 나라나 시대를 뛰어넘는 공통문제인가 보다.

파리에 온 지 2년이 다 되어가는 1859년 12월 29일, 졸라가 바유에게 보낸 편지 한 토막을 읽어보자.

나는 거의 밖에 나가지 않아. 파리에 있어도 시골에 있는 것과 같아. 여기는 안으로 들어간 집이어서 차 소리도 들리지 않아. 멀리 뤽상부르 공원의 발 드 그라스 성당의 첨탑이 보이지 않는다면 아직 엑스에 있는 것처럼 여겨져. 여기는 너무 추워. 15도 정도야. 불쌍한 멧새가 한 마리, 문 앞 눈 위에 떨어지네. 나는 그것을 주워 난로 앞에 데리고 가. 불쌍한 작은 새는 잠시 눈을 뜨고 내 손 안에서 꿈틀거리다가 곧 죽었어. 울지 않을 수 없어. 너는 내가 동물을 좋아한다고 했으니 이런 기분을 알아주겠지.

영화 〈나의 위대한 친구, 세잔〉에는 졸라가 1860년 파리에서 비가 오는 날 잘 날지 못하는 멧새를 잡아 구워 먹는 장면이 나온다. 그때 단벌 바지를 전당포에 맡긴 탓에 온종일 이불을 뒤집어쓰고 침대에서 지냈다거나, 다락방 창문으로 날아든 참새를 잡아먹고 살았다는 등의 에피소드는 분명 과장된 것이지만, 그 시기에 그는 가난한 사람들의 삶을 절실하게 체험했다. 그리고 이 경험은 그가 뒤에 소설가로 살아가는 데 큰 도움이 되었다.

졸라와 가족의 생활은 시간이 지날수록 더욱 어려워졌다. 1859년부터 10년 사이에 열세 번이나 빈민굴을 전전해야 할 정도였다. 졸라는 빈곤한 가운데 리세를 졸업하지만 1859년에 대학 입학시험인 바칼로레아에 두 번이나 낙방한다. 그래서 졸라는 프랑스 최고의 공과대학인 에콜 폴리테크니크에 진학하겠다는 꿈을 버리고 그 뒤 2년 동안 일자리를 얻지 못한 채 궁핍하게 지내면서 파리 거리를 방황한다.

그러나 이미 문학에 뜻을 두었고, 세잔과 그림을 함께 그릴 정도로 미술에도 관심이 컸던 졸라에게 가난은 큰 문제가 아니었다. 그는 화가를 지망하는 세잔에게 파리 화단을 알려 주고자 1859년 여름에 처음으로 살롱을 보러 갔다. 습작을 계속하면서 자유주의자이자 반교권주의자 역사가인 쥘 미슐레(Jules Michelet, 1798-1874)의 책들도 탐독했다. 그런 가운데 그는 희극 한 편, 운문 드라마 한 편, 짧은 희극 한 편을 쓰고, 3막짜리 비극을 집필할 계획을 세운다.

세잔의 방황

세잔은 1857년부터 5년간, 엑스의 그라네 미술관 안에 있는 무료 야간 시립 데생 학원에 다니면서 스페인 신부 조제프 지베르(Joseph Gibert, 1806-1884)에게 그림을 배운다. 그리고 1858년과 1861년 사이에는 미술 수업을 병행하며 아버지의 강요로 엑스 대학교 법학부에서 2년에 걸쳐 5학기 동안 법학을 공부한다. 그러나 졸업 한 학기를 남겨두고 그것이 자기와 맞지 않다는 것을 깨닫고는 중퇴한다. 세잔은 졸라에게 보낸 편지에서 "법이, 솔직함이라고는 없는 이 끔찍한 법이 3년 동안 내 인생을 참혹하게 만들 거야."라고 하면서 그림에 더욱 이끌린다고 고백하고는 파리로 갈 결심을 굳힌다.

1860년 2월, 세잔의 아버지는 지베르가 승인한다는 조건하에 아들을 파리로 보내기로 한다. 자신을 향한 아들의 비난하는 시선, 우울한 침묵, 간신히 억제된 반항심 등등 때문에 더는 가정생활을 영위할 수 없게 되었기 때문이다. 이 제안은 얼핏 희망을 불러일으키는 화해적인 움직임으로 보였지만, 졸라가 의심한 것처럼, 학생을 잃고 싶지 않았던 지베르는 아버지에게 "세잔이 여전히 엑스에서 많은 것을 배울 수 있는" 것처럼 교묘하게 말했다. 덕분에 아버지는 아들과의 1차전에서 승리했다. 하지만 세잔은 모든 꿈을 포기하겠다고 생각하면서 자신의 재능을 의심하기 시작했고, 그림에 대한 욕망도 잃게 되었다.

그 무렵 1860년 4월 16일에 졸라가 세잔에게 보낸 긴 편지의 일부를 읽어보자.

너는 나에게 편지를 쓸 힘조차 없다고까지 말하는구나. 이기주의자야, 너는. 너의 고민도 너의 기쁨도 나에게는 엄청난 영향을 미친다고. 네가 즐거우면 나도 즐겁고, 네가 우울하면 나의 하늘도 흐려져. 눈물은 때로 웃음보다도 아름다워. 여하튼 날마다 네 생각을 편지로 적어서 보내다오. 새로운 감동이 네 마음에 일어나면 그것을 바로 그것을 종이에 적어다오. 그리고 그것이 4쪽이 되면 나에게 보내다오. 네 편지 속 한 줄 문장이 다시 내 마음을 아프게 한단다. 바로 이런 거야. "내가 사랑하는 것은 그림이다. 설령 그것으로 성공하지 못한다고 해도." 네가 성공하지 못한다고! 말도 안 되는 헛소리야. 너는 자신을 믿지 못하고 있어. 내가 이미 말했다시피 예술가에는 두 종류의 인간이 있어. 시인과 직인이야. 사람은 시인으로 태어나 직인이 된단다. 번뜩이는 재능이 있는 너는 천성을 지니고 있어. 그런 네가 불평을 늘어놓다니, 도대체 왜 그래?(Correspondance146)

이처럼 졸라는 계속 세잔을 격려한다. 그러나 세잔은 계속 절망을 말한다. 졸라는 세잔에게 파리로 올라와 그림을 공부하라고 계속 권유한다. 그러나 세잔은 법률가가 되라고 하는 아버지의 강요 때문에 계속 방황한다. 그래서 어느 날은 파리에 가겠다고 하다가 다음 날에는 그것을 포기한다는 식으로 방황하는 모습을 편지에 담아 졸라에게 보낸다. 1860년 7월, 졸라도 너무 힘들다고 하면서 세잔을 질책하는 장문의 편지를 보낸다.

마지막으로 또 한 번, 내가 생각하는 것을 솔직히 확실히 설명하고 싶어. 우리 문제가 모두 악화하고 있는 것처럼 생각되어 굉장히 걱정하고 있어―너에게 그림이란 지루한 날 너를 불확실하게 하는 변덕에 불과한 거야? 시간을 보내기 위해, 이야깃거리로, 아니면 법 공부를 게을리하기 위한* 구실에 불과한 거야? 만일 그렇다면 네 행동을 이해할 수 있어. 너는 극단적으로 행동하지 말고 가족에게 새로운 걱정을 얹어 주지 않는 게 좋을 거라고 말이야. 그러나 만일 그림이 너의 천직이라면―나는 계속 그렇게 생각해 왔지만― 만일 네가 열심히 공부한 뒤에도 그림을 그리겠다고 생각된다면, 너는 나에게 수수께끼인 스핑크스이거나 도저히 있을 수 없는 불가해한 존재야. 그 둘 중의 하나야. 즉 화가가 되고 싶지 않다면, 너는 훌륭하게 목적을 달성하고 있어. 또는 화가가 되고 싶다고 한다면, 그렇게 된다고는 내가 전혀 이해할 수 없게 돼. 너의 편지는 나에게 많은 희망을 주기도 하지만, 때로는 그것을 빼앗아 가기도 해. 최근의 편지가 그래. 너는 마음만 먹으면 이룰 수 있는 자신의 꿈을, 거의 버린 것처럼

---

* 이 부분을 "법대에 들어가지 않기 위한"(류80)이라고 번역하는 것은 잘못이다. 왜냐하면 세잔은 그 전해에 이미 법대에 입학했기 때문이다.

보여. 이 편지에서 내가 이해하려고 해도 알 수 없는 문장은 이 거야. "나는 의미 없는 이야기를 하게 될 거야. 행동과 말이 모순 되기 때문이야." 나는 그 말의 의미에 대해 여러 가지 가설을 세 워보았지만, 도저히 만족할 수 없었어. 즉 너의 행동이란 무엇이 야? 아마도 게으른 것일 거야. 그러나 그게 어떻다고? 너는 강제 로 싫어하는 공부를 하고 있지만, 정말은 화가가 되기 위해 파리 에 가고 싶다고 아버지에게 말했니? 그런 희망과 너의 행동 사 이에는 아무런 모순이 없어. 그런데 너는 법 공부를 소홀히 하면 서 미술관에 다니고 있어. 그림은 네가 받아들일 수 있는 유일한 일이야. 그러니 너의 희망과 행동은 놀라울 정도로 일치하는 거 야. 너는 나에게 그렇게 말하고 싶지?―절대 화를 내지 마― 너는 우유부단해. 사고에서나 행동에서 너는 피곤한 게 질색이지. 어 떤 피곤도 말이야. 너는 물이 흐르는 것처럼 때와 우연이 되는 대 로 맡기는 주의이지. 네가 완전히 틀렸다고는 말하지 않겠어. 사 람은 각자 자기 나름의 생각을 하는 것이고, 적어도 자신만은 그 것을 옳다고 믿는 것이니까. 너는 이미 연애할 때도 똑같은 경험 을 했잖아. 너는 시기와 기회를 기다린다고 말했지만, 그 어느 것 도 오지 않았음을 나보다 네가 더 잘 알 거야. 물은 끊임없이 흐 른다네. 따라서 헤엄치는 사람은 어느 날 갑자기 모래밖에 보지 못해 정말 놀라고 말아. 나는 여기서 마지막으로 또 한 번, 너에 게 이미 몇 번이나 말한 걸 다시 말해야 한다고 생각해. 친구로서 내가 솔직한 것을 양해해 줘. 많은 점에서 볼 때, 우리는 성격이 비슷해. 그러나 십자가에 맹세코! 만일 내가 너의 입장이라면 아틀리에와 변호사 자리라고 하는 너무나도 다른 두 개의 길 사이에서 막연히 망설이지 않고, 분명히 하나를 선택하는 대승부에 나설 거야. 이 애매한 상황에 고심하는 너를 불쌍하게 생각해. 내게는 그것이 진실을 밝히기 위한 새로운 동기가 될 것 같아. 이것이냐 저것이냐, 정말 변호사가 될 것인가, 아니면 화가가 될 건가. 그러나 물감으로 더럽혀진 법복을 입은 무명으로 남아서는 안 돼.(Correspondance154-156)

이 편지에 대해 "잔인하게 구는 것이 졸라의 방식이었다. 그래야 졸라는 세잔을 구할 수 있다고 생각했다. (…) 그러나 불행하게도 졸라는 성급하게 판단했다. 그래서 시간이 필요한 세잔의 실험적인 예술을 이해하지 못했다."(류80)라고 보는 견해가 있다. 그러나 이는 '성급한' 것도 '이해하지 못한' 것도 아니다. 당시 세잔은 '실험적인 예술'을 하고 있었던 것이 아니라, 게으름을 피우고 있거나 방황하고 있었기 때문이다.

세잔은 은행에서 일하기를 기대한 아버지를 설득하여 1861년 4월, 엑스를 떠나 파리로 간다. 그러나 아버지는 아들이 파리에서 환멸을 느끼고 학업을 재개하기 위해 돌아올 것이라고 확신했다. 여행은 1861년 4월 말에 너무 갑작스럽게 결정되었다. 그 때문에 세잔은 졸라에게 곧 파리에 도착할 거라는 사실조차 알릴 수 없었다. 3년간의 전투 끝에 은행가 아버지는 자신이 우아한 패배자임을 증명하게 되었다. 그는 아들과 함께 파리로 갔을 뿐만 아니라 (그는 그곳에서 어떤 일에 참석해야 했다) 딸 마리도 함께 데려갔다. 그들은 함께 미래의 화가가 지내는 데 필요한 숙소를 찾았고, 세잔은 충분한 돈을 받았다. 세잔의 아버지는 예상과 달리 졸라에게 원한을 품지 않는 것 같았다. 심지어 모두 함께 식사하자고 제안하여 졸라를 놀라게 했다. 아버지는 지나치게 고집스러웠지만, 야만인은 아니었다. 그는 확실히 자기 아들을 잘 알고 있었고, 어느 정도 그를 '이해'하고 있었다. 다만 세잔의 복잡한 성격 앞에 굴복할 생각은 전혀 없었다. 그는 아들이 보여 주는 불안정성은 엄격한 규율로 극복할 수 있을 거라고 생각했다. 그러나 동시에 자신을 닮은 세잔의 끈기에도 감명받았다. 그는 아들의 재능을 믿지 않는 것 같았지만 실로 재능이 있고 없고의 여부는 은행가에게 그다지 중요한 문제가 아니었다.

세잔의 파리 생활

1861년 6-7월에 졸라가 바유에게 보낸 편지를 보면, 하루 6시간을 함께 세잔의 방에서 지내고 있으며, 세잔은 졸라의 초상을 그리고 그 밖의 시간에는 주로 그림 이야기를 한다고 적혀 있다. 세잔과 졸라 그리고 바유에 대한 『작품』의 묘사를 보자.

세 명의 단짝 친구는 그 도시를 정복하겠다는 꿈을 품고 파리에 다시 모였지만, 생활은 지독하게 어려웠다. 그들은 전에 하던 대로 긴 산책을 하기 위해 일요일에 몇 번 퐁텐블로 담에서 시작하여 베리에르의 잡목림을 헤치고, 뱀뷔와 뫼동의 숲을 지나 그르넬을 통해 걸어서 파리로 돌아오곤 했다. 그러나 그들은 파리의 생활이 자기들의 다리를 못 쓰게 만들어 놓았다고 불평하였다. 그들은 각자의 생활에 쫓겨 도시의 거리 밖으로는 거의 나가 보지 못했다.(작품57-58)

앞에서 보았듯이 1860년 전후는 세잔과 졸라 두 사람 모두에게 청춘의 방황기였다. 두 사람 사이에서 수많은 편지가 쓰인 것도 바로 이때였다. 아직 자신들이 누구인지 알 수 없었기에 자기들의 가능성을 모색하는 데 몰두했던 두 사람은 희망과 낙담을 되풀이하면서 자신들의 미래에 불안을 느끼고 서로의 마음과 꿈을 계속 토로했다. 서로 읽은 책에 대해 의견을 나누고, 예술에 대한 이상을 말하고, 절망하는 벗을 격려하고 고무했다.

파리에서 세잔은 국립미술학교(École Nationale Supérieure des Beaux-Arts, 이하 보자르로 약칭함)에 입학하기 위해 오전 6시부터 11시까지는 개인 미술 학원인 아카데미 쉬스(Académie Suisse)에서 그림을 그리고, 오후에는 고향인 엑스 출신의 선배 화가인 조지프 빌비에유(Joseph Villevieille, 1829-1916)의 아틀리에에서 그림을 그렸다.

보자르는 1648년에 세워진 명문 미술대학으로 들라크루아, 앵그르, 부르델, 모네, 드가, 르누아르, 시슬레, 쇠라 등이 졸업했다. 아카데미 쉬스는 나라 이름인 스위스와는 아무 관련이 없이, 모델이었던 쉬스라는 개인이 세운 일종의 미술 학원인데 지금은 폐교되고 없다. 아카데미라는 이름에도 불구하고, 입학시험이나 학과 시험도 없이, 그림 그리기를 가르치는 교사도 없이, 어떤 간섭이나 충고도 받지 않고, 약간의 모델 사용료만 내면 누구나 언제나 나체 모델(매달 첫 3주는 남자, 마지막 주는 여자)을 자기 마음대로 그릴 수 있었다. 파리의 미술 학원 중에서 오래된 것 중 하나로, 들라크루아나 쿠르베(Jean-Désiré Gustave Courbet, 1819-1877)도 이곳에서 그림을 그렸다. 1850-1860년대 마네, 모네, 피사로, 세잔, 기요맹(Armand Guillaumin, 1841-1927) 등은 이곳에서 만나 미래의 인상파*를 형성하게 된다. 쉬스는 졸라의 『작품』에서 아틀리에 부텡으로 나오는데, 그 묘사를 통해 당시의 세잔을 짐작해 보자.

관리인에게 20프랑만 지불하면 그는 아무 데나 앉아서 누드든, 남자나 여자 중 누구든 마음대로 골라 그림을 그릴 수 있었다. 그는 열중하여 아무것도 먹지도 마시지도 않은 채 미친 듯이 그림만 그리면서 잠시도 쉬지 않고 자연과 씨름하였다. 그의 곁에 나

---

* 인상파 또는 인상주의라는 이름은 1874년 4월 25일 미술 비평가 루이 르루아가 파리의 전시회에서 비판적인 뜻으로 사용한 것에서 유래하며, 오늘날 서양 미술사에서 19세기 후반을 대표하는 사조의 이름으로 쓰이고 있다.

란히 서서 그림을 그리던 학생들은 그를 나태하고 무식한 학생이라고 여기며 자기네들의 성과를 무척 자랑스럽게 생각하였는데, 왜냐하면 그들은 스승이 지켜보는 가운데 코와 입을 모사하고 있었기 때문이다.(작품62)

당시 세잔은 검은 모자와 흰 손수건을 모델 가까이에 놓는 버릇이 있었다. 그 두 개를 지표 삼아 모델의 명도를 뚜렷이 하기 위해서였다. 피사로는 당시 세잔의 누드 데생이 웃음거리였다고 회상했다.(리월드51)

1861년부터 아카데미 쉬스에서 세잔은 10살 연상인 피사로를 비롯한 많은 화우를 만났다. 피사로는 1855년 서인도제도에서 돌아온 뒤 1857년에 아카데미 쉬스에서 그림을 그렸다. 피사로, 1861년에 온 세잔, 그리고 1863년에 온 기요맹 세 사람은 그룹을 형성했다. 졸라는 언제나 세잔과 동행했기에 세잔의 친구는 자연스럽게 졸라의 친구가 되었다. 졸라와 세잔은 다른 여러 아틀리에와 살롱을 방문했다. 당시의 세잔에 대해서는 졸라의 『작품』에 나오는 다음의 클로드 묘사를 통해 짐작할 수 있다.

클로드는 상업적으로 되느니 차라리 굶어 죽는 편이 낫다고 생각하여 아예 부르주아들의 초상화나 싸구려 종교화, 식당의 차양이나 조산원 간판 같은 것에는 손도 대지 않았다. (…) 그는 그림 외에는 그 아무것도 신경 쓰지 않으면서 원시적인 생활을 하

였다.(작품58)

세잔은 고전주의 화가 앵그르를 싫어하고 "신성 모독과 사실주의를 큰소리로 외쳐"(작품64) 댄 들라크루아와 쿠르베를 좋아했으나, 그들의 시대도 끝났다고 주장한다. 이는 졸라의 생각이기도 했다. 나아가 세잔은 "이제는 다른 것이 필요"하다고 즉 "실내가 아닌 야외의 대기, 그래서 밝고 젊은 그림, 진짜 빛 속에서 움직이는 사물과 사람들이 필요"하다면서 "그 일을 할 사람은 나밖에 없다."라고 주장한다.(작품65) 한편 졸라는 다음과 같이 말한다.

"난 말이야, 선생이 무엇인가 하나의 진리를 나에게 주입하려고 할 때마다 항상 의혹을 느끼고 반항해 왔어. 그가 스스로를 속이든지, 아니면 나를 속이는 것으로 생각했지. 그들의 생각은 나를 짜증 나게 해. 나는 진실이란 좀 더 광대한 것이라고 생각해. (…) 결국 높은 것도 낮은 것도 없고, 더러운 것도 깨끗한 것도 없는, 그냥 움직이고 있는 그대로의 세상을 그린다면… 물론 그렇게 되면 소설가와 시인들이 의지해야 할 것은 과학이 되겠지. 과학은 오늘날 우리에게 유일한 원천이야.(작품66)

그러자 세잔도 똑같이 말한다.

거리에서 볼 수 있는 그대로의 삶, 가난한 자와 부자의 삶, 또 시장, 경마장, 대로변, 서민들이 사는 좁은 골목에서의 삶의 모습도 그려 보는 거야. 또 현재 사람들이 한창 일하고 있는 작업 현장 등 밝은 태양 아래에 불타오르는 이 모든 정열을 그리고 싶어. 그 외에도 더 있어. 농부, 가축들, 들판 (…) 그 굉장한 그림들로 루브르를 깨부수고 말 테야.(작품68)

그들이 "함께하면 언제나 이런 흥분 상태"였다. "그들은 서로를 격려하였고, 영광을 애타게 동경하였다. 또 그들에게는 언제나 하늘 높이 날아오르는 젊음과 일에 대한 엄청난 의욕이 있었기 때문에, 그들조차도 너무 쉽게 무리하여 그리는 저 오만하고 유쾌하기 짝이 없는 거창한 꿈에 대해서 스스로 미소 지을 정도였다."(작품 68)

그러나 『작품』의 위 장면에 나오는 클로드를 세잔이라고만 말하기에는 문제가 있다. 왜냐하면 아카데미 쉬스 시절의 세잔은 아직 인상파적인 그림을 그리고 있지 않았기 때문이다. 위에서 묘사한 클로드는 도리어 마네나 모네와 같은 외광파 화가들의 젊은 모습을 보여 주는 게 아닐까?

아카데미 쉬스에서 세잔, 피사로, 기요맹이 그룹을 형성한 시기와 거의 동시인 1862년 말에 보자르 교수인 글레르(Marc Gabriel Charles Gleyre, 1806-1874)가 아카데미 쉬스처럼 관학풍의 살롱에는 반발하면서도 전통을 수호하는 아틀리에를 차렸고, 여기에 장 프레데릭 바지유(Jean Frederic Bazille, 1841-1870), 모네, 르누아르,

알프레드 시슬레(Alfred Sisley, 1839-1899)가 차례로 등록했다. 바지유와 시슬레는 그들의 그림처럼 모범생이었으나, 모네와 르누아르는 개성이 강하고 독립적이었다. 1863년부터 모네는 동료들에게 그곳을 떠나자고 권하고, 루브르에서 거장들의 작품을 보고 습작을 하거나, 퐁텐블로 숲에서 그림을 그렸다. 1864년 글레르는 마침내 강의를 포기했고, 네 명의 학생은 완전한 자유를 누리게 되었다. 그리고 그곳과 아카데미 쉬스를 함께 다닌 모네의 소개로 두 곳의 사람들이 만났다. 이후 그 일곱 명에 다시 마네, 드가, 모리조 등이 어울렸다.

그렇지만 1860년대와 1870년대를 통틀어 세잔에게 가장 큰 영향력을 미친 사람은 피사로였다. 그림에서만이 아니라 사상적으로도 피사로의 영향은 컸다. 물론 사상적 영향은 피사로만이 아니라 졸라의 영향도 컸다. 사회주의자인 졸라나 아나키스트인 피사로가 봉건 왕제, 가톨릭, 그리고 부르주아에 반대한 것은 세잔에게도 당연히 영향을 미쳤다.(Danchev209) 그러나 세잔이 1891년 가톨릭으로 돌아선 뒤에는 달랐다.

세잔과 아버지

수년간의 희망과 꿈을 통해 쌓아온 기대와 달리 파리는 활기차고 세련된 도시와 완전히 동떨어진 서투르고 비사교적인 촌놈 세잔을 곧 실망시켰다. 졸라는 자기 한 몸 건사하는 것도 힘들었지만, 수도로 올라와 절망한 친구를 위해 최선을 다했다. 그러나 5개월 후 9월에 보자르 입학시험에 실패하면서 화가는 더는 견딜 수 없어 했고 결국 그에게 보호막처럼 보였던 엑스로 도망쳤다. 아버지가 두 번째 라운드에서 승리한 셈이다. 그의 승리는 아들이 예술에 대한 모든 생각을 버리고 실제로 (법학 공부를 재개하는 대신) 아버지의 은행에 들어가려 했을 때 기대 이상으로 완전해 보였다. 그러나 이는 단기적인 승리였다. 세잔은 급여 데스크 뒤에서 행복을 찾을 수 없었다. 아버지는 자기 아들이 복종하는 모습을 보였어도 정작 그를 은행가로 만들 수는 없음을 깨달았다. 현실주의자인 아버지는 그 어떤 방법으로도 아들의 꿈을 바꿀 수 없다는 것을 받아들여야 했다. 그러고는 마침내 아버지로서의 이상을 포기했다.

1862년 11월, 세잔은 다시 파리로 갔다. 아버지로부터 생활비를 받고 자유롭게 자신의 예술적 목표를 추구할 수 있게 되었다. 그러나 아버지와 아들이 맺은 계약은 완전한 것이 아니었다. 은행가인 아버지는 자신의 권위를 주장하기 위해 지갑을 열 때마다 아들에게 모욕감을 주었다. 따라서 마찰이 많이 발생했다. 특히 세잔의 아버지는 말년에 아들을 더 많이 모욕했다. 그러나 바로 그 아버지 덕분에 세잔이 23세에 재정적 문제에서 벗어나 자유를 얻었고, 이후로 자신의 소명에 완전히 헌신할 수 있었다. 그것은 모네, 르누아르, 피사로에게는 전혀 있을 수 없는 일이었다.

그림을 그리고자 하는 자식과 아버지 사이의 갈등은 세잔의 경우만이 아니라 인상파 화가들 대부분이 겪은 일이었다. 모네의 아버지는 식료품 상인으로 위압적이고 잔인하기로 유명했다. 피사로는 아버지의 가게에서 5년간 일하다가 화가가 되기 위해 도망쳤다. 시슬레도 상업 활동을 하기 위해 2년간 영국에 파견되었다. 바지유의 귀족 부모는 그에게 의학 공부를 강요했고, 4년의 의학 공부 이후 시험에 떨어진 뒤에야 그는 의학을 포기할 수 있었다. 마네와 드가만이 그런 어려움을 면했지만 그들의 아버지는 자수성가한 사람이 아니었다. 드가의 가족은 예술에 대한 조예까지 갖춘 사람들이었다. 그러나 드가도 집안의 전통에 따라 파리대학교 법학부에서 법학을 공부하다가 포기하고 화가가 되었다. 르누아르의 부모는 가난했고 아무것도 기대하지 않고 자란 아들을 도울 수 없었기에 르누아르는 일찍부터 자신을 지키는 법을 배웠다. 세잔이 다른 사람들보다 형편이 더 나빴다고 할 수는 없다. 하지만, 그가 아버지라는 권력을 피해 스스로 움직일 수 없었다는 것, 그리고 그의 아버지가 모네의 아버지보다 더 거칠고 잔인했다는 것만은 분명한 사실이다.

    그렇다고 해서 세잔과 아버지의 관계를 과장할 필요는 없다. 가령 1858년 11월 졸라에게 보낸 편지에 포함된 세잔의 시를 검토하면서 테어도어 레프트(Theodore Reft)는 젊은 작가에게 숨겨진 죄책감과 성적 환상뿐만 아니라 "자신의 아버지를 경쟁자이자 위협으로 삼고자 하는 무의식적인 욕망"을 감지하려고 노력했다.* 젊은 세잔은 그의 모든 갈망, 분노, 그의 아버지에게서 얻고 싶었던 확고한 요소, 그리고 무엇보다 자신에게는 결핍되었으나 결국 자신을 지켜준 권위를 인정했다. 무의식적인 증오가 있었다면 사랑도 있었고, 아버지와 자식 사이에 흔한 애증 관계도 있었다.

그러나 가령 1866년 10월 9일 편지에서 세잔이 졸라에게 "내 미래의 하늘은 완전히 검다."(류24재인용)라고 말한 것처럼 세잔은 여전히 고통의 나날을 보내야 했다. 그해 5월에 졸라가 「나의 살롱 Mon Salon」이란 글에서 세잔에 대한 사랑을 표현했는데도 그러했다.

졸라의 등단

졸라는 1861년에 집을 나와 독립하고 나서 프랑스 국적을 신청했다. 조르주 상드(George Sand, 1804-1876)와 셰익스피어의 작품을 읽으면서 장편 서사시를 위고에게 보냈으나 실패했다. 여러 장르의 습작을 쓰면서 셰니에의 책을 읽은 뒤 인류의 진화에 대한 장시를 쓸 계획을 세우기도 했다. 앙드레 세니에(André Chénier, 1762-1794)는 프랑스 혁명에 참여한 시인으로, 관능적이고 정감이

---

* Theodore Reft, Cézanne's Dream of Hannibal, Art Bulletin ,June 1963, pp. 148-52.

풍부한 시를 통해 낭만주의 문학 운동의 선구자가 되었으나, 공포 정치가 끝나는 불과 3일 전에 국가 반역죄로 단두대의 이슬로 사라졌다.

졸라는 부두 세관의 검사원을 거쳐 아버지 친구의 소개로 1862년부터 아셰트 출판사(Hachette Livre) 영업부에서 근무하면서 인생의 전환기를 맞게 된다. 즉 어린 날 숭상한 위고와 뮈세의 낭만주의에서 벗어나 당시 새롭게 떠오르는 리얼리즘을 숭상하게 된 것이다. 이어 1864년에 홍보 책임자가 되어 급여가 오르자 어머니와 함께 살게 된다. 출판사에서는 글재주를 인정받아 출판 부문의 중요한 역할을 담당하게 되었고, 1861년 10월 말에 프랑스 국적을 얻은 그는, 당시 다시 상경한 세잔과 2년을 함께 보내면서 마네와 피사로를 비롯한 여러 화가를 사귀게 된다.

졸라는 1864년부터 프랑스 리얼리즘을 대표하는 스탕달(Stendhal, 1783-1842), 발자크, 그리고 플로베르(Gustave Flaubert, 1821-1880)의 작품에 심취한다. 스탕달은 최초의 사실주의 소설이라고 불리는 『적과 흑Le Rouge et le Noir』(1830)을 써서 왕정복고기의 특권계급에 도전했고, 『파르므의 승원La Chartreuse de Parme』(1840)에서는 전제군주에 대하여 날카로운 비판을 퍼부었다. 그리고 발자크는 졸라가 뒤에 《루공-마카르총서》를 쓰면서 모델로 삼은 방대한 『인간희극La Comédie humaine』 연작의 작가로서 경험과 상상력에 의해 리얼리즘을 구현한 작가였다. 1829년부터 1855년까지 출간된 90편이 넘는 소설들을 하나의 작품으로 묶은 『인간희극』은 그 서문에서 설명했듯이 뷔퐁(Georges Louis Leclerc, Comte de Buffon, 1708-1788)이 동물의 종을 식별했던 것처럼 당대 사회의 부류들을 식별하고자 했다. 소설이 '철학적인 가치'에 도달할 수 있다고 말한 월터 스콧(Walter Scott, 1771-1832)의 소설을 읽음으로써 발자크는 많은 역사가에게 잊힌 역사와 그 사회에 관하여 서술하고 민중의 실제 모습과 소설을 겨루며 서로 다른 사회 계층과 그 사회를 이루는 개개인을 탐구하고자 했다. 플로베르는 심리적인 분석, 리얼리즘에 대한 고찰, 개인과 사회의 행동에 대한 명석한 관찰을 통하여, 그리고 『보바리 부인*Madame Bovary*』(1857), 『살람보*Salammbô*』(1862), 『감정 교육*L'Éducation sentimentale*』(1869) 같은 주요 작품을 통하여 문체의 힘에 의한 보편 문학을 표방했다.

졸라는 또한 당시의 사상 풍조인 실증주의와 결부된 리얼리즘 문학에 매료되는데 그 계기가 된 것이 1864년 에밀 데샤넬과의 만남이었다. 에밀 데샤넬(Émile Deschanel, 1819-1904)은 작가 겸 정치가로, 『가톨릭과 사회주의*Catholicisme et socialisme*』(1850)라는 저서 때문에 나폴레옹 3세에 의해 1851년에서 1859년 사이에 강제로 망명 당했다. 그 뒤 그는 프랑스 최고의 교육기관인 프랑스 콜레주(Collége de France)의 교수가 되었고, 1881년에는 종신 상원의원이 되었다. 졸라는 데샤넬이 1864년에 발표한 『작가와 예술가의 생리학*Physiologie des écrivains et des artistes*』에 감명 받았다. 또한 아셰트 출판사의 필자들인 텐(Hippolyte Adolphe Taine, 1828-

1893), 뒤랑티(Louis Edmond Duranty, 1833-1880) 등과 교류했다.

그러는 가운데 뒤에 1864년 말, 세잔은 졸라에게 당시 많은 화가가 즐겨 그린 모델인 가브리엘 알렉산드린 멜레이(Alexandrine Gabrielle Meley, 1839-1925, 이하 알렉산드린으로 약칭)를 소개한다. 두 사람은 얼마 지나지 않아 1865년부터 동거를 시작했고, 5년 뒤인 1870년에 정식으로 결혼한다. 반면 『작품』에는 낙선전 직후 졸라와 동일시되는 상도즈가 아니라, 세잔과 동일시된 클로드가 오르탕스와 동일시되는 크리스틴을 만나는 것으로 나오지만, 세잔과 오르탕스는 1869년 초에야 만나기 때문에 이 부분은 사실과 다르다. 따라서 그 부분의 클로드는 세잔이 아니라 졸라를 투영한 것이라고 볼 수도 있다. 즉 클로드는 세잔이자 졸라이다. 세잔과 졸라를 합친 인물인 셈이다. 졸라는 소설에서처럼 동거 5년 뒤에 결혼한다.

영화 〈나의 위대한 친구, 세잔〉에는 졸라가 알렉산드린을 짝사랑했는데, 그녀가 세잔의 애인이자 모델이었음을 알게 되고, 세잔의 만류에도 불구하고 결혼하지만, 알렉산드린은 결혼 뒤에도 세잔에게 멸시를 당하고 이를 졸라 부부는 싫어한다는 식으로 이야기가 전개된다. 그러나 세잔이 졸라에게 보낸 편지를 보면 졸라는 물론 가족에게도 항상 "존경과 우의"를 표하며 "가족들에게 이 그림쟁이의 고마움을 전해" 달라고 한다.(세잔237)

졸라가 1868년에 발표한 초기 소설 『마들렌느 페라*Madeleine Férat*』에서는 동향의 두 청년이 한 여성을 두고 고뇌한다. 이 줄거리로 알렉산드린을 둘러싼 세잔과 졸라의 관계를 짐작할 수 있듯이 세잔과 졸라의 사이에 고뇌가 아예 없었던 것은 아니지만, 영화에서와 같은 관계였다고 보기는 어렵다. 졸라가 자신의 결혼식에 세잔을 입회인으로 부를 정도로 결혼 당시의 우정은 돈독했기 때문이다. 영화에서 묘사된 관계대로였다면 입회인으로 부르기가 힘들지 않았을까?

알렉산드린은 몽마르트 거리에서 사생아로 태어나 란제리 여공, 즉 커튼, 시트, 냅킨 등의 리넨 류나 속옷 등을 봉제하는 여공으로 살면서 모델도 하는 창녀였다. 그녀는 20세 때 생후 4개월의 사생아를 양육원에 맡겼는데, 그 아기는 금방 죽는다. 자녀를 낳지 못한 졸라 부부는 뒤에 그 아이에 대해 조사했고, 졸라는 그때의 아픔을 『꿈 Le Reve』(1888)이라는 제목의 소설에 담았다. 《루공-마카르총서》의 16번째 소설인 『꿈』은 가련한 고아 소녀 앙제리크의 아름답고도 슬픈 이야기인데, 이에 대해서는 뒤에서 다시 설명한다.

졸라는 알렉산드린과 동거하기 전에도 로랑스(Laurence)라는 창녀와 동거하면서 그녀를 갱생시키려고 노력했으나, 그 둘의 관계는 파국으로 끝났다. 그 고뇌를 담은 소설이 『클로드의 고백』(1865)인데, 편지투의 그 소설 앞에는 "내 친구 세잔과 바유에게"라는 헌사가 있다. 그 소설에는 프로방스에서 파리로 온 가난한 시인 클로드가 사는 궁핍한 여관방의 이웃인 로랑스가 실명으로 나온다. 못생기고 신경 발작적인 로랑스는 클로드보다 더 가난하다.

클로드는 그녀를 보살피다가 사랑하게 되어 그녀를 갱생하려고 노력하지만, 그녀는 클로드의 친구인 자크(Jacques)의 정부가 된다. 클로드는 자크의 애인이었다가 버려진 폐병 환자 마리(Marie)를 돌보지만 그녀는 클로드의 품속에서 죽고, 클로드는 결국 고향인 프로방스로 돌아간다. 졸라에게는 알렉산드린이 그 같은 갱생 노력의 두 번째 대상이었고, 성공 사례였다.

　졸라와 세잔 두 사람이 파리에 함께 살았을 때는 당연히 편지를 쓰지 않아 두 사람의 당시 생활에 대해서는 잘 알 수가 없지만, 졸라의 성공은 두드러진다. 엑스를 그리워하며 친구들에게 긴 편지를 쓰던 졸라는 이제 열심히 일하면서 자신의 문학 창조에 몰두한다. 다른 많은 소설가와 마찬가지로 졸라도 자신의 글솜씨를 먼저 시로 시험했다. 그가 지은 최초의 시는 인간의 진화와 사랑을 다룬 두 편의 서사시였다. 이는 나중에 그의 소설이 취하게 될 형식과 내용을 예고해 주는 것이다.

　1863년에 졸라는 몇 신문에 서평 등을 싣는다. 지방 신문에 미술평론을 쓰기 시작하고, 월간지에 단편소설도 연재한다. 이어 1864년 말에 출간한 첫 단편집 『니농에게 주는 이야기*Contes à Ninon*』는 낭만주의적이었지만, 1865년에 낸 자전적 장편소설 『클로드의 고백』은 잔인한 내용이어서 독자들보다 경찰의 주목을 먼저 받았다. 특히 반종교적인 내용에 문제가 있다고 보았기 때문이다. 　세잔에 비해 졸라는 자기 관리가 철저했다. 젊어서부터 그는 하루에 1만 단어를 쓰고, 아침 식사 후에는 반드시 집필에 몰두할 것이라는 자기와의 약속을 평생토록 철저히 지켰다. 동료 작가들과 가끔 식사하거나 소풍 가는 것 외에는 사람을 만나지 않은 채 방에 틀어박혀 글을 썼다. 글을 쓰기 전에는 자료 조사를 충분히 했고, 독서를 많이 했다. 이처럼 철저하게 준비하는 태도 덕분에 그는 1년에 한 권씩 소설을 쓸 수 있었고, 놀라울 만큼 세부적인 묘사를 하는 작가로 성장하게 되었다. 그를 풍자한 만화 중에는 그가 차기작에 나오는 마차 사고를 충실하게 묘사하려고 스스로 마차에 치이는 모습을 그린 것이 있을 정도였다. 그러나 졸라는 그런 만화를 이해하지 못할 만큼 우직했다. 결점이라고 할 만한 게 있다면 대식가라는 점이었다. 그러나 술은 절제했다. 그의 소설에도 인간의 몸과 마음을 말살하는 주벽을 방지하라는 주장이 나온다.

세잔의 등단

1863년에 다시 파리에 온 세잔은 루브르 미술관만을 다니며 미켈란젤로, 루벤스, 티치아노와 같은 옛 거장들의 작품을 자주 베꼈다. 그해 나폴레옹 3세는 살롱에서 낙선한 그림들을 모아 낙선전을 열었는데, 거기에 마네의 〈풀밭의 식사〉가 걸린다. 인상파의 시작이었다.

낙선전 첫날, 수많은 관중이 실패한 작품들을 보기 위해 전시장을 찾았다. 당시 그 작품들은 실력이 부족한 화가의 작품으로 비판되고 공개적으로 비웃음을 사기도 했다. 그 분위기를 졸라는 뒤에 『작품』 제5장에서 다음과 같이 묘사했다.

여기저기에서 계속 터져 나오는 웃음소리는 점점 더 그 정도가 심해져서 발작적인 웃음소리로 변하였다. (…) 너무도 우스운 이 그림에 대한 소문이 대본에 퍼진 듯, 살롱의 사방에서 사람들이 떼지어 몰려들어 서로 밀치면서 그림을 보기 위해 야단법석이었다.(작품212)

특히 〈풀밭 위의 식사〉 등을 출품한 마네에 대한 평가는 혹독했다. 비판은 주로 기법적인 면에 집중되었다. 특히 붓 자국이 보일 정도로 세부가 단순하게 처리되고 배경 또한 세부 묘사가 적다는 점이 기존 미술에 익숙했던 사람들에게 엄청난 반발심을 불러일으켰다. 입체감 없이 평평한 묘사 역시 지적받았다. 또한 '너무 사실적'이라는 것, 즉 주제가 지나치게 현실적이고 직접적이라는 점도 비난의 대상이 되었다. 과거 역사나 신화와 같은 먼 세계의 교훈적이고 감동적인 소재가 아니라, 나폴레옹 3세 시대의 평범한 도시인이 소풍 나온 장면을 그린 것이 무의미하다는 것이었다.

특히 두 사람의 남자 앞에 나체 여인이 앉아 있는 그림은 풍속을 문란케 한다고 집중 공격을 받았다. 그런 에로틱한 그림은 살롱에 차고 넘쳤다. 하지만 그것들은 신화나 역사에 등장한 이야기를 소재로 삼아 묵인되었고, 마네의 그림은 당시 시민사회를 배경으로

하였기에 비난을 받았다. 그러나 세잔과 졸라 그리고 인상파 사람들은 그 그림에 나타난 빛의 처리를 보고 그것이 새로운 회화의 방향을 제시한다며 찬양했다. 졸라는 다음과 같이 그 작품을 열렬히 옹호했다.

> <풀밭 위의 식사>는 에두아르 마네의 가장 위대한 작품으로 이 작품에서 그는 모든 화가가 꿈꾸는 바를 실현했다. (…) 나체의 여인이 대중의 눈살을 찌푸리게 했는데, 그들은 그림에서 이 여인만을 보았다. 맙소사! 외설스럽기도 하지! 정장을 입은 두 남자 사이에 실오라기 한 올 걸치지 않은 여인이라니! 이런 건 한 번도 본 적이 없는데. 그러나 이런 생각은 커다란 잘못이다. 왜냐하면 루브르 박물관에는 옷을 입은 사람과 벌거벗은 사람들이 혼재한 그림이 50점도 넘기 때문이다. 그리고 루브르 박물관에서 이것 때문에 분개하는 사람들은 한 명도 없다. (…) 하지만 화가는 단순히 생생한 대비와 명백한 작품의 구성 요소를 얻기 위해 노력했을 뿐이다.(예술144)

그 뒤 세잔과 졸라는 파리 바티뇰가에 있는 카페 게르부아(Café Guerbois)에 모인 마네의 친구들과 함께한다. 그래서 그들을 바티뇰파(l'école des Batignolles)라고 한다. 1865년경, 마네와 그의 친구들은 이 카페의 단골이었는데, 그들은 곧 금요일마다 모여 정기적인 회합을 갖기 시작했다. 이들은 보들레르에게 관심을 가지면서

'현대 미술의 진정한 주제는 현대 생활의 영웅주의'라는 그의 사상에 고무되었다.

졸라는 그룹을 선도하는 역할을 했다. 차분한 눈빛으로 조용하고 확고한 말투로 좌중을 압도한 그는 탐구 정신으로 불탔고 강한 의지와 불굴의 투쟁력을 갖추었기에 여러모로 세잔과 대조적이었다. 외모도 그랬다. 세잔은 키가 크고 후리후리했지만 졸라는 작고 통통했다. 졸라와 달리 세잔은 카페의 단골이 아니었다. 1년의 반은 엑스에서 지냈고, 토론이나 이론에는 관심이 없었기 때문이다. 대체로 구석에 앉아 조용히 듣는 편이었지만, 일단 말문을 열면 정열적으로 말했고, 자기 말에 반대하는 사람이 있으면 벌떡 일어나 인사도 없이 그 자리를 떠났다. 졸라는 『작품』에서 당시 청년들의 분위기를 다음과 같이 묘사한다.

스무 살의 청년들은 건장한 그들의 어깨로 도로를 점령하였다. 그들이 함께 있으면 그들 앞에 팡파르가 울렸고, 그러면 그들은 파리를 한 손에 움켜쥔 후에 조용히 호주머니 속에 집어넣는 것이었다. 승리는 한 점의 의심 없이 그들의 것이었다. 그들은 낡은 구두를 신고, 해진 윗도리를 걸쳤지만, 오히려 이런 가난을 우습게 여겼고, 오직 대가가 되려는 욕망에 불타오르고 있었다. 그것 때문에 또한 그들은 자기네가 하는 예술이 아닌 모든 것을 조소하였다. 즉, 이 세상을 조소하였고, 특히 정치 따위에 관심이 없었다. 그런 더러운 것들이 무슨 소용이 있는가? 그런 곳에는 망령이 든 노인들만이 있을 뿐이다! 이 지상에서 오직 예술가가 되겠다는 맹목적인 꿈에 사로잡혀 그들은 스스로 터무니없는 우월감에 들떠 있었고, 사회생활에 요구되는 모든 것을 자발적으로 무시하였다. 그 때문에 이들은 가끔 엉뚱한 짓을 저지르기도 했지만, 대부분은 이 정열로 인하여 용감하고 강해질 수 있었나.(작품113)

이것이 세잔과 졸라 그리고 그 친구들의 이십 대 모습이었다. 그리고 우리 모두의 이십 대 모습이다. 그러나 세잔은 여전히 "무력감에 헤매고 있어."라고 1866년 10월 19일에 졸라에게 보낸 편지에 썼다. 그러면서도 다음과 같은 마지막 문장은 여전히 자기주장에 강한 모습을 보여 준다.

더는 책을 읽지 않게 된 나를 상상해 보게나. 내 의견에 동의할지 모르겠지만, 그리고 동의해 주지 않아도 상관없지만, 이제 예술을 위한 예술이란 말은 모두 개소리라는 걸 깨닫게 되었어. 자네나 나나 모두에게 마찬가지로 말이야.(세잔236재인용)

제2장

졸라와 세잔의 초기 창조(1867-1872)

졸라의 초기 미술비평

졸라는 1866년에 출판사를 그만두고 마네, 피사로, 모네, 세잔 등 인상파 화가를 지지하는 평론을 신문과 잡지에 썼다. 졸라의 초기 미술평론으로는 1866년에 잡지 《레벤망》에 발표한 「나의 증오, 문학과 예술의 한담Mes haines, causeries littéraires et artistiques」『어떤 자살』『나의 살롱』그리고 1867년의 『에두아르 마네』가 있다. 그중 뒤의 셋은 2008년 우리말로 번역되었다. 뒤에서 보듯이 졸라의 미술비평은 방대한데, 우리나라에서는 초기의 세 작품만 번역되어 있다.

「나의 증오」에서 졸라는 다음과 같이 예술의 사회참여를 강조하면서 증오는 정의를 실현하는 것이라고 주장한다.

> 증오는 신성하다. 그것은 강렬하고 힘찬 마음의 분노이고, 범상

함과 우둔함에 반발하는 사람들의 투쟁적인 경멸이다. 증오란 사랑이며, 자신의 영혼이 뜨겁고 고결함을 느끼는 것이다. 그리고 그것은 부끄럽고 바보 같은 일들을 경멸하며 넓은 터전에서 살아가는 것이다.(Ecris35)

『어떤 자살』은 살롱에 낙선해 자살한 화가를 취재한 작품으로, 살롱에 비판적인 졸라의 태도를 보여준다. 20여 년 뒤에 『작품』의 마지막 자살 장면으로 발전한 이 글에서는 그 화가의 자살 문제를 다루는 사람 이름이 『작품』의 주인공과 같은 클로드로 나온다. 그 뒤에 나오는 『나의 살롱』의 필자도 클로드이다. 당시 졸라의 글들은 모두 세잔의 의견을 들은 뒤에 쓴 것이므로 뒤에 『작품』에서 주인공 클로드가 자살하는 이야기는 이미 1866년에 세잔도 알았을 터다. 따라서 그 이야기 때문에 세잔이 졸라와 갈라서게 되었다고는 볼 수 없다.

『나의 살롱』은 1866년에 신문에 쓴 여러 글을 모은 것이다. 그 처음인 「내 친구 폴 세잔에게」에서 졸라는 "나는 자네와 단둘이 나누는 대화에 한없는 기쁨을 느낀다네."라는 문장으로 말문을 열면서 자신이 처한 어려움을 토로한다.

자네는 조금 전 내가 대중과 안면부지의 사람들과 논쟁을 벌이는 동안 얼마나 힘들어했는지 모를 거야. 사람들은 나를 거의 이해하지 못하고, 나는 나를 둘러싼 증오를 예감하기에 때로는 너

무나 의기소침해져서 손에서 펜을 놓곤 하지.(예술31)

그러면서 세잔과 즐겁게 대화를 나누었던 과거를 회상하며 "강하고 개성적인 삶 말고는 거짓과 어리석음만이 있을 뿐"이라고 강조하고는 "각각의 작품 속에서 개성적인 특징을 추구해 왔"으며 (예술32) "거장들과 천재들이 만든 창조의 세계를 훔치거나 독창성의 초보적 단편에 지나지 않는 그런 사람들을 거부해 왔"(예술33)다고 한다. 이런 헌사에 대한 답으로 세잔은 《레벤망》을 읽고 있는 아버지의 초상을 그렸다. 그러나 졸라는 세잔의 그림에 어떠한 비평도 하지 않았다. 세잔으로서는 섭섭할 수도 있는 일이었지만, 그런 내색을 하지는 않았다.

졸라는 개성의 추구라는 입장에서 1866년의 살롱을 비판하면서 살롱에서 탈락한 마네를 옹호한다. "그렇다. 나는 현실의 옹호자다. 내가 침착하게 고백하건대, 나는 마네를 존경하며, (…) 진정한 자연의 거칠고 건강한 냄새를 더 좋아한다."(예술49) 졸라에 따르면 마네는 "과거의 모든 경험과 기교를 거부했다. 그는 예술을 처음부터 다시 시작했다. 그는 사물에 대한 정확한 관찰을 기반으로 예술을 하려 했다."(예술72) 그리고 마네가 "일상의 얼굴들" "우리와 똑같이 생긴 인물들"(예술73)을 정확하게 보여준다고 찬양한다. 나아가 졸라는 예술을 다음과 같이 규정한다.

예술을 한다는 것, 그것은 인간이나 자연과는 별개인 그 무엇을 만들어 내는 것이 아닌가? 나는 예술가가 삶을 만들어 내길 원한다. 나는 예술가가 생생한 것, 자기만의 고유한 시각과 기질로 다른 모든 것과는 별개인 것을 새롭게 창조하길 원한다. 내가 작품을 대하면서 제일 먼저 확인하려는 것, 그것은 인간이지 그림이 아니다.(예술57)

졸라의 이러한 주장에는 1864년에 그가 읽은 쥘 앙투안 카스타냐리(Jules-Antoine Castagnary, 1830-1888)의 영향이 보인다. 1857년부터 살롱을 평하며 리얼리즘을 옹호한 카스타냐리는 쿠르베의 친구로 쿠르베의 사후 파리코뮌에서 급진적 역할을 옹호했다. 카스타냐리는 이상을 거부하고 생명을 최고로 보면서, 예술가란 자신의 스승들로부터 독립해야 하고, 일상생활이 예술의 중요한 소재이며, 풍경이 중요하고, 인물화에서 새로운 방식을 찾아야 한다고 주장했다. 이러한 주장은 졸라 미술비평의 기초가 되었다. 졸라가 1872년에 제시한 자연주의라는 개념도 카스타냐리의 1863년 미술비평에서 온 것이었다.

졸라의 프루동 비판

졸라는 쿠르베나 그의 철학적 동료인 프루동(Joseph Proudhon, 1809-1865)도 비판했다.(예술50) 그것은 1865년 프루동의 사후에 발표된 『예술의 원리와 그 사회적 목적Du principe de l'art et de sa destination Sciale』에 대한 비판이다.* 그 책에서 프루동은 쿠르베를 옹호했는데, 졸라는 프루동을 비판하기 위해 쿠르베의 아틀리에를 방문한다. 졸라는 뒤에 『나의 증오』에 실은 「프루동과 쿠르베Proudhon et Courbet」라는 제목의 글에서 프루동이 아나키라고 부른 "개인 사상의 자유로운 표명"을 지지한다고 하면서도 (Ecris42), 프루동이 "사회의 선을 위해 비판적 이성을 행사함으로써 아나키즘 투쟁에 복무하는 예술가"만을 찬양하는 것이 예술을 피폐하게 만든다고 비판한다.** 프루동이 예술이란 "자연과 우리 자신의 이상화이며, 우리의 목적은 인류의 신체적·도덕적 완전성"이라고 주장한 것을 졸라는 "억압적인 동어반복에 불과"하고 "개인적 감정, 개성의 자유로운 표현을 금지한다."라고 비판하면서 "나의 예술은 사회에 대한 부정이자, 모든 규칙과 사회적 의무로부터 독립된 개인에 대한 긍정"이며 "예술 작품은 오직 그 독창성을 통해서만 존재한다."라고 주장했다.***

천재는 이런 대상, 저런 인물을 새로운 방향에서 더욱 진솔하고

---

* 프루동의 예술사회학에 대한 문헌으로는 『프루동 마르크스 피카소』(막스 라파엘, 편집부 옮김, 눈빛, 1991)가 있다. 졸라는 프루동에서 시작된 당대의 아나키즘에 관심이 많았고, 만년에는 아나키즘적 경향의 작품을 썼다.

** 그러나 쿠르베가 1851년에 "나는 사회주의자일 뿐 아니라 민주주의자요 공화주의자입니다. 한마디로 말해 혁명의 지지자며 리얼리스트—즉 진짜 진실의 참다운 벗입니다."라고 하고 졸라가 "공화국은 자연주의적이 되거나 아무것도 못 되거나 두 길뿐이다."라고 하는 것은 같은 것이었다.(하우저68)

*** 앨런 앤틀리프, 신혜경 옮김, 『아나키와 예술』, 이학사, 2015, 35-38쪽.

위대하게 만든다. 나를 움직이는 것은 나무도 표정도 장면도 아니다. 그 작품 속에서 발견하는 그 인간이다. 하느님의 세계와 더불어 창조할 줄 아는 강력한 개인, 내 눈으로 결코 잊을 수 없고, 또 어디에서나 알아볼 수 있는 개성적 세계이다.(리월드102재인용)

이는 졸라가 살롱에서 낙선한 작품들을 연구하고 낙선전에 대한 세잔의 호소가 실패로 돌아가는 것을 본 뒤 그가 쓴 모든 미술비평의 원칙이 되었다. 그 이듬해인 1866년에도 졸라는 프루동의 영향 때문에 쿠르베가 도덕주의자나 사회주의자가 된 것을 비판하고, 쿠르베에게 "그냥 이 시대의 최고 화가로만 남아" 달라고 요청했다.(예술50) 그리고 그해부터 《레벤망》에 비평을 쓰기 시작하면서 첫 번째 글인 「어떤 자살」 서두에서 다음과 같은 결의를 밝힌다.

이제부터 나는 중요하면서도 끔찍한 진실들에 대해서 말하기로 작정했기 때문에 분명히 많은 사람을 불만스럽게 만들 것입니다. 하지만 내 가슴 속에 쌓인 모든 분노를 털어놓으면서 나는 내적인 쾌락을 맛보게 되겠지요.(예술23)

졸라는 살롱의 심사위원단을 비난하면서 "그들은 예술을 부분적으로 삭제해서 대중에게 절단된 잔해만을 보여준다."(예술43)

라고 공격했다. 그리고 "자유로운 예술가들, 어떤 유파에도 속하지 않은 자들, 강렬하고 가혹한 현실로부터 멀리 떨어져서 색다른 것을 추구하는 자들을 수용해 주기를!" 하고 빌었다.(예술44) 그리고 "나는 목소리를 높이고 싶고, 이제는 대중이 직접 보고 심사해서 판정하는 그런 미술전을 개최할 수 있는 막강한 권한을 얻고 싶다."라고도 말했다.(예술47) 이 같은 졸라의 기사 덕분에 새로운 낙선전에 대한 요구가 분출했다.

연재 기사를 시작하면서 졸라는 마네를 방문했는데, 그때 마네의 인간적인 면모와 예술적 재능으로부터 깊은 인상을 받았다. 그래서 쓴 글이 「마네」인데, 여기서 졸라는 마네의 재능이 "단조로움과 정확함"에 있다고 하면서 그의 작품은 쿠르베의 작품 등과 함께 루브르에 전시되어야 한다고 주장했다.(예술70)

이어 졸라는 자신이 특별한 유파를 지지하지 않는다는 것을 증명하기 위해 「살롱의 리얼리스트」라는 제목의 글에서 자신이 속한 유파는 "삶과 진실을 탐구하는 유파"라고 하면서(예술79) 그것이 "이 시대의 움직임"이라고 썼다.(예술80) 그리고 "하나의 예술 작품은 하나의 기질을 통해서 드러나는 삼라만상의 한 모퉁이다."(예술88)라는 유명한 정의를 내렸다. 그러나 졸라의 이 같은 비평에 대한 항의가 《레벤망》 편집부로 쇄도하자 원래 12편을 쓰기로 했던 졸라의 비평은 3편으로 축소된다. 반면 졸라가 찬양한 쿠르베는 대중에게도 인기를 얻게 되었다.

졸라는 1867년에 『에두아르 마네』를 쓰면서 마네를 비롯한 반

(反) 아카데미적인 화가들이 살롱에 입선하기를 바랐으나 그해에는 모두 낙선했다. 그중 세잔의 그림에 대해 신문에 악평이 실리자 졸라는 즉시 반박 기사를 실었고, 다른 청년 화가들도 열렬히 옹호했다. 1868년 살롱 평에서도 그런 옹호는 이어졌다. 리월드는 졸라가 살롱의 수많은 화가 중에서 마네, 모네, 피사로 등을 골라 찬양한 데엔 세잔의 영향이 컸으리라고 짐작한다.(리월드135) 그 후 졸라는 진보적 비평가로 알려지고, 그의 미술비평은 인상파를 탄생시키는 계기가 되었다. 당시 경제적 여유가 생긴 졸라는 자택에서 매주 목요일 살롱을 열어 인상파 출발의 터전을 마련하기도 했다.

『테레즈 라캥』, '실험소설'의 탄생

1867년 말, 27세의 나이에 졸라는 장편소설 『테레즈 라캥』, 1868년에는 『마들렌 페라 *Madeleine Férat*』를 냈다. 『테레즈 라캥』은 졸라의 초기 작품 중 가장 중요한 것으로 그에게 작가로서의 명성을 처음 안겨 준 작품이자 프랑스 '자연주의' 문학의 완결인 《루공-마카르총서》의 예고편이기도 했다. 여러 번 영화화되었을 뿐 아니라, 〈우편배달부는 두 번 벨을 울린다〉를 비롯하여 박찬욱 감독의 〈박쥐〉까지 수많은 영화에 힌트를 준 작품으로도 유명하다.

소설의 처음에 나오는 파리의 퐁네프 파사주를 배경으로 한 『테

『테레즈 라캥』은 소설의 역사상 최초로 하층민들이 주인공이고, 그들이 불륜과 살인을 비롯한 갖가지 범죄를 저지른다는 선정적인 소재 때문에 출간 당시부터 큰 소동을 일으켰다. 이에 졸라는 1868년 출간된 제2판 서문에서 "나는 해부학자가 시체에 대하여 행하는 것과 같은 분석적인 작업을 살아 있는 두 육체에 대하여 행한 것뿐"(테레즈11-12)이라고 주장함으로써 '자연주의' 소설의 창시자로 불리게 된다. 여기서 '자연주의'라는 것이 문명주의나 물질주의나 기계주의 등의 반대가 아니고, '자연과학'주의의 준말 같은 것임을 강조할 필요가 있다. 졸라는 그가 살았던 19세기의 문명주의나 물질주의나 기계주의에 비판적이기는 했지만, 그렇다고 자연으로 돌아가라는 식의 자연주의를 주장하지는 않았다. 그런 점에서 그는 정신보다 육체에 더 관심을 두었고, 따라서 그의 문학을 차라리 육체주의라고 부르는 것이 옳을지도 모른다. 작가의 말을 좀 더 들어보자.

> 나는 사람의 성격이 아니라 기질을 연구하기를 원했다. 이 책의 전제는 바로 그것을 담고 있다. 나는 자유의지를 박탈당하고 육체의 필요에 따라 자신의 행위를 이끌어 가는, 신경과 피에 극단적으로 지배받는 인물들을 선택했다. 테레즈와 로랑은 인간이라는 동물들이다. 그 이상은 아무것도 없다. 나는 이들의 동물성 속에서 열정의 어렴풋한 작용을, 본능의 충동을, 신경질적인 위기에 뒤따르는 돌발적인 두뇌의 혼란을 조금씩 좇아가 보려

고 노력했다. 나의 두 주인공에게 사랑은 필요의 만족이다. 살인은 그들이 저지른 간통의 결과이며, 그들은 마치 늑대가 양을 학살하듯 살인한다. 내가 그들의 회한을 촉구해야 했던 부분은, 단순한 생체 조직 내의 무질서, 파괴를 향한 신경 체계의 반란이었다. 그들에게 영혼은 완벽하게 부재한다. 나는 그것을 시인한다. 바라건대 나의 목적이 무엇보다도 과학적인 것이었음을 이해해 주기 바란다.(테레즈10-11)

위에서 말한 '신경과 피'는 각각 여성 및 남성 주인공들인 테레즈와 로랑의 기질을 상징한다. 즉 신경의 기질(예민하고 불안한 감수성)을 가진 테레즈와, 피의 기질(단순하고 동물적인 육감성)을 가진 로랑을 불륜과 살인이라는 극단적인 상황 속에 몰아 놓고 마치 실험 장면을 관찰하듯, 시체를 해부하듯, 과학적이고 정밀하게 이들을 관찰해 묘사한다. 졸라가 '과학적인 것'이라고 표현한 이유는 다윈이 내놓은 유전과 환경 법칙 이론에 따라 그들의 기질적 성향을 제시했기 때문이다. 예를 들어 신경질(Nerveux)적인 테레즈(Thérèse), 림프(Lymphatique) 체질의 카미유(Camille), 그리고 다혈질(Sanguin)의 로랑(Laurent) 등이 그렇다. 그전에는 종교의 영향으로 인간을 형이상학적으로 이해하면서 자유의지나 이성이나 도덕성을 따졌다. 그러나 졸라의 주인공들에게는 자유의지나 이성이나 도덕성이 없다. 그들에게 그런 것들은 구세계의 유물이고 허위이며 위선일 뿐이다. 대신 그는 "신경질적인 기질에 접한 다혈질적 기질의 깊은 혼란"을 보여 주고자 한다.

 이처럼 실험하듯이 소설을 썼다는 점에서 졸라가 자신의 문학을 뒤에 '실험소설'이라고 부른 점이 충분히 이해된다. 소설가는 상상 속에서 창조해 낸 등장인물에 대해 자연과학자들이 하듯 실험이나 임상 실험과 같은 일을 할 수 있으며, 이것은 불행과 범죄의 근원이 되는 인간의 허약함과 사악함을 이해하게 해 주는 귀중한 실제적 정보를 제공해 준다는 것이다. 이러한 주장을 최초로 보여 준 작품이 『테레즈 라캥』이다.

 졸라는 유전이 인간의 본성을 결정한다고 믿었다. 즉 신경의 허약함과 피의 사악함은 각각 한 사람의 신체 조직이 가진 '기질적 기능 장애'의 결과이며, 이 장애는 그의 모든 자손에게 어김없이 유전되어 변하지 않는다는 것이다. 그러나 하우저가 말했듯이 졸라는 "결정론자이기는 하지만 운명론자가 아니다. 말을 바꾸면, 그는 인간의 모든 행동이 생활의 물질적 조건에 의존한다는 사실을 완전히 의식하기는 하지만, 그 조건이 불변의 것이라고는 믿지 않는다."(하우저86)

 뒤에 그가 창조한 의사 파스칼 루공은 가족들 가운데 유일하게 그 유전병을 모면한다. 따라서 인류는 의술이나 교육과 같은 공동의 노력을 통해 유전적인 허약함을 근절할 수 있고, 따라서 인간의 본성은 완전해질 수 있다고 졸라는 생각했다. 그야말로 19세기식 과학만능주의라고 할 수도 있는 사고방식이다. 이 점을 오늘의 우리는 비판할 수 있지만, 19세기 말의 그러한 과학만능주의는 "사회주의의 일반적 성격"이고 "과학의 승리에서 사회적 위치의 향상을 기대하는 사회 계층의 특징이기도 한 과학만능주의, 과학에 대한 일종의 주물 숭배의 일종이다."(하우저87)

졸라는 당시 유럽 학계에서 새롭게 부상하던 유전학을 토대로 《루공-마카르총서》를 집필했다. 그러나 그것만이 졸라의 문학이라고 생각해서는 안 된다. 도덕과 윤리를 비롯한 휴머니즘이 졸라 문학의 저변에 흐르고 있기 때문이다. 《루공-마카르총서》의 부제는 '제2제정하의 한 가족의 자연적·사회적 역사'였으며, 가상의 가계도를 설정하고 가계도 내의 인물 한 사람, 한 사람에게 초점을 맞춰 일생을 서술하는 듯한 방식을 취한다. 그 서술방식 때문에 19세기 후반의 사회사 자료로 귀중하게 취급되기도 한다.

에밀 졸라의 주요 작품에서 드러나는 또 다른 특징은 여성을 강조하는 것인데, 특히 두드러지는 것은 팜 파탈로서의 여성이다. 뒤에서 보는 『싸구려 술집』의 주인공의 딸인 창녀 나나를 주인공으로 한 『나나』는 아주 고전적 팜 파탈 문학의 대표작이다. 노동자 혁명에 대해 다룬 『제르미날Germinal』까지 이 범주에 들 정도로 에밀 졸라의 유전에 대한 믿음은 분명하다.

사실 『나나』를 비롯한 3부작인 『나나』, 『제르미날』, 『인간 짐승』은 『싸구려 술집』의 후속편이다. 이 3부작에서 졸라는 『싸구려 술집』의 여주인공의 자식 세 명이 어떤 운명에 놓이는지를 보여 주면서 그들의 운명에 필연적으로 몰락하는 프랑스 제2제정의 세상을 투영했다.

퐁네프 파사주와 테레즈 가족

『테레즈 라캥』 제1장은 다음과 같은 문장으로 시작된다.

센강의 둑에서 오자면 게네고 가(街)의 끝에 이르러 퐁네프 파사주에 닿게 된다. 마자린 가에서 센 가로 통하는 이 좁고 침침한 회랑은 길이가 삼십 야드, 폭이 이 야드에 불과하다. 바닥을 덮고 있는 갈라진 노란색의 포석들은 언제나 심한 습기를 내뿜고 있다. 통로를 수직으로 내려다보는 유리 천장에는 검은 때가 끼어 있다. (…) 회랑 왼편에는 침침하고 낮고 다 쪼그라진 가게들이 올망졸망 모여 있다. 지하의 서늘한 공기가 새어 나오는 그곳에는 헌책방, 장난감 가게, 지물상들이 있다. (…) 퐁네프 회랑은 산책을 할 만한 장소는 아니다. 몇 분 빨리 가느라고 그 길을 지날 뿐이다.(테레즈19-20)

퐁네프라는 고유명사를 기억하는 독자들이 있을 것이다. 그들은 1991년에 만들어진 프랑스 영화 〈퐁네프의 연인들〉을 기억하는 사람들이리라. 그 퐁네프는 센강의 여러 다리 중 가장 오래된 다리이지만, 뜻은 '새로운 다리'이다. 그 다리가 세워질 때 새로운 것이었던 탓이다. 지금 그 부근은 꽤 번화한 관광지이고, 특히 연인들이 반드시 찾는 곳으로 유명하다. 다리 난간에 가득한 사랑의 자물쇠가 그 증거다. 그러나 『테레즈 라캥』의 사랑은 결코 아름다운 것이 아님을 위에 소개한 거리 묘사에서도 알 수 있다.

『테레즈 라캥』에서 퐁네프 파사주 묘사에 이어 테레즈 가족과 그들의 잡화상 묘사가 상세하게 이어진다. 그들은 본래 베르농이라는 시골에서 살았고, 테레즈는 알제리 식민지에서 장교로 근무한 남자와 원주민 여자의 딸이었는데 어려서부터 고모인 라캥 부인의 잡화상 집에 와서 살았음을 제2장에서 알 수 있다. 이런 설정은 테레즈의 신경증적이고 관능적인 성격이 원주민 여성에게서 온 것이라는 19세기 서양의 오리엔탈리즘을 드러내는 것이기도 하다.

아들 카미유가 성인이 되자 라캥 부인은, 건강한 테레즈가 자신이 죽은 후에 병약한 카미유를 돌봐 줄 것을 기대하며 둘을 결혼시킨다. 테레즈는 자신의 의지와 상관없이 고모의 강요로 카미유와 애정 없는 결혼을 하고 무의미한 일상을 이어간다.

제3장에서는 테레즈와 카미유의 결혼 후 세 사람이 퐁네프 파사주로 이사하여 라캥 부인은 작은 잡화상을 열고 카미유는 철도청 말단 직원으로 취직한다. 카미유는 직장생활에, 라캥 부인은 안정된 생활에 만족하지만, 테레즈는 자기 안의 야성과 욕망을 채우지 못해 무료해 하는 3년간의 생활이 제4장까지 이어진다.

테레즈와 로랑의 치정

제5장은 카미유가 어린 시절 친구 로랑을 집으로 데려오는 것으

로 시작된다. 화가 지망생이었던 로랑은 세잔을 연상시킨다는 주장도 있지만, 졸라는 물론 세잔도 그런 주장을 한 적은 없다. 그런데 그에 대한 묘사를 보면 세잔이라고 간주할 여지가 전혀 없는 것은 아니다. 가령 로랑이 대학에서 2년간 법 공부도 하고 그림 공부도 했다는 것이 세잔과 같다. 로랑의 "억센 검은 빛 머리가 내려앉은 낮은 이마와 두툼한 볼, 붉은 입술과 혈기가 좋은 반반한 얼굴"이나 "굵고 짧고 기름지며 단단해" 보이는 목, "통통한 두 손", "몸가짐이 좀 둔하고 등은 굽었지만, 정확하고 조용하고 완강해 보인다는 점"(테레즈51) 등은 세잔의 젊은 시절 모습을 연상하게 한다. 그러나 로랑이 철도국 공무원이라는 점이나 아버지와 5년째 편지 왕래가 없다는 점 등은 세잔과 다르다. 또한 로랑이 "게으름뱅이에다가 동물적인 욕망의 소유자였고, 편하고 오래가는 욕망만을 추구"(테레즈53)했다거나 "게으른 사람에게 맞는 직업을 찾을 수 있을까 싶어 그림을 그렸"지만 "그림이 자신의 탐욕을 절대로 만족시켜 주지 못하리라는 것을 알게 된 바로 그날 그림 공부를 집어치웠"(테레즈54)다고 하는 부분도 세잔과 다르다.

로랑은 테레즈를 유혹하기 위해 카미유의 초상화를 그려 주겠다고 제안한다. 그리고 두 사람은 서로의 육체적 욕망을 채우는 관계가 됨을 제6장에서 읽게 된다. 이어 그들의 대담한 밀회, 특히 테레즈의 변화를 제7장에서 볼 수 있다.

첫 관계에서부터 테레즈는 창부의 기질을 드러냈다. …히스테릭

한 여성의 온갖 본능이 말할 수 없이 난폭하게 터져 나왔다. 그녀의 어머니의 피, 그녀의 혈관을 태우는 아프리카의 피가 여윈 그녀의 육체에, 아직도 거의 숫처녀 같은 그녀의 육체 속에 사납게 흘러 맥박치기 시작했다. 그녀는 몸을 펴고 누워서 말할 수 없이 추잡하게 육체를 드러냈다. …로랑은 한 번도 이 같은 여자를 겪어 본 적이 없었다.(테레즈68-69)

테레즈가 로랑에게 하는 다음과 같은 말도 오리엔탈리즘이다.

내 어머니는 아프리카 어느 족장의 딸이었다고 해요. 난 가끔 어머닐 생각해 보고는 내가 피와 본능에 의해서 어머니와 결합해 있음을 깨달았어요. 어머니와 헤어지지 않고서 어머니의 등에 업혀 사막을 건너다녔더라면 얼마나 좋았을까 생각했지요. 아, 정말 더러운 청춘을 보냈어요.(테레즈71)

이런 묘사는 창부의 본성이 음탕하고 특히 아프리카 여인들이 그렇다는 식의 편견이다. 제8장에서도 그들의 대담한 밀회는 계속된다. 졸라는 뒤에 『실험소설론』에서 말하게 되는 공식을 다음과 같이 말한다.

타고난 본능과 주변 여건은 마치 로랑을 위해 테레즈를 만들어 놓은 것 같았고 그들 서로를 끌어당기는 듯했다. 히스테릭하며 위선적인 여자와 다혈질이며 마구 사는 남자. 이 두 사람은 굳게 결합한 부부처럼 보였다. 그들은 서로를 보호하고 보충했다.(테레즈83)

제9장에서 그들은 카미유를 죽일 음모를 꾸미고 제11장에서는 뱃놀이 중에 카미유를 센강에 빠뜨려 죽인다.

양심의 가책

『테레즈 라캥』은 전체가 32개 장인데 살인 장면은 제12장에 나오니 3분의 1 정도에 위치한다. 소설 전체의 쪽수로도 마찬가지이다. 그 뒤 3분의 2는 양심의 가책을 다룬 것이다. 따라서 이 소설은 전반적으로 보면 도덕 소설이라고 할 만하다. 카미유를 죽이면 모든 것이 해결될 줄 알았지만, 그들은 밤마다 카미유의 환영에 시달리고 양심의 가책에 괴로워하는 장면이 제13장에서 제18장까지 이어진다.

더욱이 그들은 이처럼 마주 보면서도 무관심하며 겁을 먹게 된 데 대해서 서로가 그 이유를 알고 있다고 생각했다. (…) 한편 자기들이 느끼는 혐오감과 걱정은 공포의 결과이며 벌에 대한 말 없는 두려움이라고 여겼다. 가끔 그들은 억지로 희망을 품으려

애썼고, 과거의 타는 듯한 꿈을 찾으려 애썼다. (…) 그들은 가장 가까운 장래에 있을 결혼 생각에 매달려 보았다. 그 목적지에 도달하면 아무런 걱정도 없이 서로 몸을 맡기고, 정열을 다시 찾게 될 것이며, 바라던 최고의 쾌락을 맛볼 것이다. (…) 그들은 과거와 똑같이 서로 사랑하고 있다고 확신했으며, 영원히 결합하여 완전한 행복을 이루게 될 때를 기다리고 있었다.(테레즈153)

테레즈와 로랑은 일 년 이상을 그들의 사지에 박혀 그들을 결합시키고 있던 쇠사슬을 가볍게 여겨왔다. (…) 그들은 다른 곳에서 사랑을 찾으려고 했고, 조용하고 안정된 삶을 꿈꾸었다. 그러나 되돌릴 수 없는 사건의 진실은 그들이 다시금 열렬한 말을 나누게 하여 그 쇠사슬은 팽팽하게 조여졌고, 그리하여 그들은 서로 영원히 결박되어 있다고 느껴 커다란 충격을 받았다.(테레즈176)

2년이 지난 후 결혼까지 했으나 그 둘 사이엔 여전히 카미유의 유령이 존재한다는 것이 제19장 이후의 이야기이다. 죄의식은 그들의 서로 다른 기질이 이루었던 조화를 파괴하고 로랑의 기질까지 변화시킨다. 여기서 흥미로운 것은 테레즈가 로랑을 자신처럼 변화시켰지만 테레즈에게는 아무런 변화가 생기지 않았다는 점이다. 즉 테레즈가 로랑보다 강한 기질로 표현된다.

제26장에서 아무것도 모르던 라캥 부인이 전신이 마비되어 움직일 수도, 말을 할 수도 없게 되었을 때 카미유의 환영에 사로잡

혔던 두 사람은 무의식적으로 자신들의 살인을 그녀 앞에서 고백하고 만다. 라캥 부인은 견딜 수 없는 증오를 느끼지만 어떻게 할 수가 없다.

제28장에서 카미유의 유령에 시달리던 테레즈와 로랑은 서로를 미워하며 더는 견딜 수 없는 지경에 이르러 상대방을 죽이려 한다. 마지막 장인 제32장에서 그들은 마지막 순간 고통으로 갈가리 찢긴 서로의 마음을 알아채고 함께 자살한다. 라캥 부인은 휠체어에서, 죽어가는 그들의 모습을 차갑게 지켜본다.

《루공-마카르총서》 계획

1867년 12월 『테레즈 라캥』 출판 이후 졸라는 이듬해인 1868년 《루공-마카르총서》를 계획한다. 당시 졸라의 마음을 우리는 『작품』에 나오는 상도즈의 다음 말을 통해 읽을 수 있다.

인간을 인간 그대로 연구하는 것, 즉 형이상학적인 꼭두각시가 아니라 환경에 의해 지배되고 신체의 모든 기관의 작용에 의해 움직이는 생리적인 인간을 연구하는 것 …인간의 뇌가 가장 고상한 기관이라는 핑계 아래 이제껏 뇌만을 배타적으로 연구하는 것은 얼마나 우스꽝스러운 일이야? (…) 철학도 과학도 이미 지나갔어. 이제 우린 실증주의자이며 진화론자야. 그런데도 우리는 고전주의 시대의 문학적 마네킹이나 지키고 있고, 순수한 이성의 흩어진 머리칼이나 다듬고 있으니! (…) 그래, 이제 봐, 다가올 과학과 민주주의의 새 세기를 위한 문학이 싹트는 것을 보게 될 테니!(작품269)

또한 『작품』의 주인공 클로드를 통해서도 다음과 같이 말한다.

이제 우리의 하늘 아래, 우리의 사회 안에서 그리스의 신전은 존재 이유를 잃고 말았다. 전설적인 신앙이 사라지고 난 다음 고딕 성당도 마찬가지다! (…) 그는 과장된 동작을 하면서 현대의 민주주의에 어울리는 건축 양식을 주장하였다. 예를 들면 이미 있는 철도역이라든지, 철골구조의 우아하고 견고한 중앙시장과 같이 거대하고 강인하며 단순한 돌로 만든 건축물이야말로 민주주의를 구현한 것이다. (작품229)

앞서 본 상도즈는 새로운 대작품의 구상을 다음과 같이 밝힌다.

나는 한 가족을 그릴 거야. 그 가족의 일원을 각각 관찰하는 거야. 그들이 어디에서 왔고 어디로 가는지, 또 그들이 서로 어떻게 영향을 주는지. (…) 그러는 한편 그 인물들을 한정된 역사적 시기에 위치시키는 것이지. 그렇게 되면 환경과 상황이 제공되어 역사성이 가미되는 거야.(작품270)

그것이 졸라가 '제2제정 시대 어느 집안의 자연적·사회적 역사'(Histoire naturelle et sociate d'une famille sous le Second Empire)라는 부제가 붙은, 20권의 연작소설로 이루어진 《루공-마카르총서》였다. 루공 집안과 마카르 집안의 후손들을 중심으로 제2제정기의 프랑스 사회를 묘사한 이 소설 총서는 민중, 상인, 부르주아, 상류사회라는 네 가지의 기본 세계를 보여 주고, 다시 군인, 사제, 창부 등으로 이루어진 '별도의 세계'를 추가했다. 이 사회 계층들은 유전과 역사라는 매듭들로 인해 서로 연결된다.

《루공-마카르총서》는 아델라이드 푸크(Adélaïde Fouque)라는 정신병에 걸린 여자가 건강한 농부 루공과 결혼하고, 루공이 죽은 뒤 알코올 중독자인 마카르를 애인으로 삼는데, 이 두 남자와의 사이에 태어난 많은 자손이 제2제정 시대의 여러 방면에 진출하여 어떻게 생활하였는가를 기록한 것이다. 1868년경부터 구상하여 처음 10권을 5년 동안에 완성할 생각이었으나, 계획이 점차 확대되었다. 1869년 완성한 제1권 『루공 집안의 운명La Fortune des Rougon』을 프로이센-프랑스 전쟁 후인 1871년에 발표하고, 그 뒤 매년 1권 정도씩 계속 써서 1893년 『의사 파스칼Le Docteur Pascal』을 마지막으로 총서 총 20권을 완성한다. 총서 중에서 1877년 제7권으로 알코올 중독을 다룬 『싸구려 술집』이 나오자 당장 베스트셀러가 되면서 졸라는 프랑스에서 가장 유명한 작가가 된다.

《루공-마카르총서》 제1권 『루공 가의 번영』과 제4권 『플라상의 정복』에 대해서는 세잔 부모를 모델로 한 주인공들을 이야기하면서 앞에서 살펴보았다. 그사이에 쓰인 제2권 『쟁탈전 La Curée』(1871)은 제1권의 주인공인 피에르 루공의 아들인 아리스트드 루공이 오스만 도시계획을 틈탄 부동산 투기로 막대한 재산을 모으는 이야기를 중심으로 한 추악한 근친상간의 소설이다. 그리고 제3권 『파리의 배』는 기름진 배를 가진 부르주아에 대한 풍자이다. 제5권 『무레 사제의 잘못』은 사제와의 사랑으로 인해 자살하는 여인을 다룬 이야기이고, 제6권 『외젠느 루공 각하』는 권력욕의 화신을 그린다.

세잔의 초기 폭력 그림

세잔의 초기 작품들이 보여 주는 폭력성은 졸라의 초기 소설인 『테레즈 라캥』과 같은 분위기를 방불케 하는데도, 이러한 공통점을 지적하는 견해는 거의 없다. 졸라는 『작품』에서 크리스틴의 눈을 통해 당시 세잔의 작품을 다음과 같이 묘사한다.

그녀는 이렇게 끔찍한 그림은 한 번도 본 적이 없었다. 거칠고 강렬한 색채의 그 그림들은 마치 여관의 문 앞에서나 들을 법한 마부들의 욕설과도 같이 난폭한 색조로써 그녀의 마음에 상처를 주었다.(작품27)

세잔의 초기 작품 중에서 가장 많은 작품의 주제는 살인이다. 『테레즈 라캥』도 살인 이야기이다. 그러나 소설에 나오는 살인은 익사시키는 것이고, 세잔 그림에 나오는 살인은 〈목 졸리는 여인〉처럼 살인자가 피살자의 목을 조르거나 〈살인〉처럼 칼로 죽이는 것들이다. 졸라의 소설이나 세잔의 그림은 모두 당대의 신문 사회면에 나온 살인사건 기사에서 힌트를 얻은 것으로 보인다. 당시의 세잔 그림에 대한 다음과 같은 설명을 보자.

세잔은 이 시기에 자신의 음울하고 고통스러운 내부 세계를 화폭에 옮기는 데 사로잡혀 있었다. (…) 자연계는 "꿈과 일반적인 반응이 없는 주관적인 환상을 위한 핑계에 지나지 않았다." 이 환상의 결과는 <목 졸리는 여인>처럼 당황스러울 정도로 무시무시한 장면을 그린 일련의 작품들이었다. (…) 잔인하고 오싹한 가면을 쓴, 성별을 알아볼 수 없는 인물이 흰옷을 입은 여인의 목을 조르는 장면을 그린 것이었다. 또한 세잔은 (…) <네브카드네자르의 만찬> 같은 난폭하고 방탕하며 불안한 그림도 여러 점 그렸다.(킹574)

쿠르베의 팔레트 나이프와 마네의 굵은 윤곽선과 날카로운 색채 배치가 혼합된 그의 양식은 과감하지만 종종 이해할 수 없는 거친 그림을 만들었다. 양식만큼이나 그림의 주제도 심상치 않았다. 1868년에 그는 단검을 휘두르는 사람을 포함한 두 사람이 난폭하게 세 번째 사람을 공격하는 불안하고 잔인한 <살인>이라는 그림을 그렸다. 그는 또한 벌거벗은 남자의 시신이 시체안치소의 수술대 위에 뻗어 있고, 수염을 기른 의사가 적업 준비를 하는 장면을 그린 <부검>을 위한 준비 스케치도 했다.(킹 378)

<유괴>(1867)는 흔히 그리스신화에 나오는 이야기들, 가령 페르세포네의 유괴 또는 헤라클레스가 알케스티스를 데려오는 것이라거나, (그라네 미술관에 소장된) 헤라클레스가 안테우스를 조르는 그림에서 힌트를 얻어 그린 것이라는 견해가 제시되었다. 또는 루벤스나 들라크루아의 영향이 분명하다는 견해도 있다. 이는 앞에서 보았듯이 세잔이 어려서부터 고대 그리스로마 고전에 익숙한 점과도 관련이 있다. 존 리월드는 『세잔 평전』(1986)에서 이 그림에 대해 다음과 같이 말한다.

이 시절(1866-1870)의 가장 인상적인 그림 중의 하나가 뤼 라 콩다민(Rue La Condamine)에 있던 졸라의 집에서 제작되었다. 세잔은 이 그림을 완성하여 졸라에게 선물했다. <유괴(강간)>(1867)는 세잔의 의도대로 366-457센티미터에는 못 미치고 89-117센티미터로 완성되었다. 같은 터치로 그려진 초록색 초원은 마치 험난한 바다 같다. 이런 배경에 서 있는 구릿빛 거인의 누드는 앞으로 튀어나와 보인다. 사내는 양팔로 청흑색 머리카락을 한 창백한 여인을 안고 있다. 여인의 엉덩이에서 진청색 천이 흘러내린

다. 초록색 평원과 푸른색 물체에 둘러싸인, 여인의 흰색 피부와 사내의 구릿빛 피부가 강렬한 조화를 이룬다. 저 멀리 배경에 흰 구름을 인 산은 생트빅투아르를 연상시킨다. 화면 왼쪽에 있는 두 소녀의 핑크빛 육체가 구성에 생기를 준다.(Rewald79)

이러한 그림들에 대해 세잔이 아카데미 쉬스에 와서 처음으로 여성 나체를 보고 그리고, 밤에는 여성들과 처음으로 성관계를 맺게 됨에 따른 심리적 위축, 또는 연애에 성공하지 못하여 여성에 대해 갖는 충족되지 못한 정열을 표현한 것이라고 보는 견해도 있다. 그래서 1859년부터 1871년까지의 세잔 작품 경향을 흔히 '낭만주의' 시기라고 부르기도 한다. 주로 문학과 음악을 소재로 한 격렬한 주제를 거친 느낌(색은 어둡고, 나이프를 많이 사용한 거친 선을 사용했다)이 분명하게 드러나도록 한 점이 특징이기 때문이다. 그러나 나는 이런 초기 그림들은 졸라의 영향을 받은 사회적인 그림이라고 본다.

세잔은 1865년부터 매년 살롱에 응모하고, 인상파 전에 출품을 거부한 뒤에도 살롱에 응모했으나 계속 낙선했는데, 1868년에 심사가 후해졌음에도 불구하고 세잔은 계속 낙선했다. 그런 점에서 세잔은 이미 유명했다.

그런데 살롱에 응모한 세잔의 작품이 무엇인가에 대해 논란이 있다. 〈살인〉이 1868년 살롱에 응모한 작품이라고 보는 견해도 있지만, 그것은 1870년경의 작품으로 추정되기도 한다. 그리

〈유괴(강간)〉
폴 세잔, 1867, 90.5×117cm, 케임브리지, 피트 윌리엄 미술관

고 1868년 응모작은 〈탄호이저-서곡〉이라고 보는 견해도 있다. 여기에 그려진 흰옷의 처녀는 당시 28세였던 세잔의 동생 마리이고, 검은색의 여성은 세잔의 어머니라는 추측, 또는 세잔의 질녀들이라고 하지만 정확하게 알 수는 없다. 몇 개의 직각(안락의자, 등받이 있는 소파, 작은 의자, 피아노 치는 처녀의 팔, 피아노)을 이용해 단단하게 구성된 그림 속의 소재는 캔버스의 면과 수직 혹은 수평을 이룬다. 은은하게 퍼진 빛, 차분하게 가라앉은 색채, 안락의자의 미묘한 반사광은 베르메르나 샤르댕 같은 시적 분위기를 풍긴다. 글레이즈(마른 색채 위에 칠하는 밝은 빛)의 터치로 회색과 흰색

⟨살인⟩
폴 세잔, 1867-1870, 64×81cm, 리버풀, 워커미술관

은 가볍게 진동하고 있는 초기 명작 중 하나다.

⟨탄호이저⟩는 1861년에 상연된 바그너의 오페라인데, 당시 파리 공연은 대실패였다. 이를 졸라가 엑스에 있는 세잔에게 알려주었는데, 당시 바그너 음악에 대한 비난이 일반적인 가운데 보들레르만은 열광적으로 환영했다. 특히 보들레르는 그 도입부의 서곡을 찬양했는데, 보들레르를 좋아한 세잔도 그의 의견에 동조했을 수 있다. 당시의 분위기는 1863년의 낙선전에서도 되풀이되었다. 세잔이 1860년대 말에 엑스에서 ⟨탄호이저-서곡⟩을 그린 것은 낙선전에 대한 분노를 바그너 상연 실패와 연관시켜 바그너 음

악을 아름다운 여성이 즐겁게 연주하고 다른 여성이 경청하는 장면으로 그린 것이라고 볼 수도 있다. 세잔은 1868년 5월 24일 하인리히 모어스타트에게 보낸 편지에서 "나는 〈탄호이저〉와 〈로엔그린〉, 〈방황하는 네덜란드인〉의 서곡을 듣는 행운을 누렸다."라고 썼다.(Letters134)

그러나 정작 세잔 자신은 바그너 음악을 좋아한 것 같지는 않고, 도리어 바그너 이전의 베버(Carl Maria Friedrich Ernest von Weber, 1786-1826)를 좋아했다. 베르나르에 의하면 세잔은 음악에 대해 무지했고, 한때 바그너를 좋아한 것도 "단지 이름이 마음에 들었기 때문"(세잔219)이었다.

세잔이 살롱에 응모했다고 확신하는 유일한 현존 작은 1870년

〈피아노를 치는 소녀 탄호이저 서곡〉
폴 세잔, 1868, 57.8×92.5cm, 생페테르부르크, 에르미타주 미술관

〈화가 아실 앙프레르의 초상〉
폴 세잔, ca.1868, 197×120cm, 파리, 오르세 미술관

〈황제 권자의 나폴레옹〉
도미니크 앵그르, 1806, 259×162cm, 파리, 군사박물관

에 응모한 〈화가 아실 앙프레르의 초상〉이다. 이 그림은 앵그르가 그린 〈황제 권좌의 나폴레옹〉(1806)을 연상하게 하는데, 이는 화면 맨 위에 ACHILLE EMPERAIRE PEINTRE라고 쓴 것을 통해서도 알 수 있다. EMPERAIRE(앙프레르)는 EMPEREUR(황제)와 유사하다. 그러나 황제와 달리 아실 앙프레르(Achille Emperaire, 1829-1898)는 소아마비로 다리가 불편한 난쟁이에다 꼽추였다. 그는 세잔보다 10년 위인 동향인이었으나 가난했다. 매일 곡예사로 한 시간씩 일하고 아카데미 쉬스에서 주로 여자를 그렸다. 황제의 위엄과 대조되는 장애인의 모습은 세잔이 살롱에 대해 가진 반항심을 여실히 드러낸다.

프랑스 살롱의 역사

여기서 프랑스 살롱(Salon)의 역사에 대해 간단히 살펴보자. 살롱은 객실이나 응접실, 사교계라는 뜻과 함께 미술전람회라는 뜻을 갖는다. 그러므로 살롱전이라고 하면 '역전 앞'이라는 말처럼 사용해서는 안 되는 겹말이다. 따라서 이 책에서는 미술전람회를 살롱이라고 표기한다.

살롱은 17세기부터 시작된다. 1663년, 당시의 재무장관인 장-바티스트 콜베르(Jean-Baptiste Colbert, 1619-1683)의 발안으로 왕립 아카데미가 설치되고, 아카데미 회원과 준회원만이 출품 가능했던 제1회 전시회가 1667년에 열렸다. 그 뒤로는 격년제로 열렸다는 점 외에 그 운영에 대해 잘 알 수 없으나, 최고상을 비롯하여 여러 가지 포상이 있었고, 정부의 작품 매입이나 작품 주문도 엄청났다. 포상의 액수는 시간이 지남에 따라 더욱 많이 늘어나 수백 명이 그 혜택을 입었다. 게다가 살롱에 입선하면 수많은 부르주아에게 작품을 팔 수 있었던 반면, 낙선하면 그 전에 팔린 그림을 되돌려 받는 일도 생겨났다. 심지어 낙선했다는 이유로 자살한 화가도 있었음을 앞에서 언급한 졸라의 「어떤 자살」이나 『작품』에서 읽을 수 있다. 실제로 살롱에서 혜택을 입은 화가들은 전체 화가의 4분의 1 정도에 불과했다.

18세기에 와서 전시회가 루브르궁전의 '네모의 살롱'(Salon de caré)에서 열리게 되면서 살롱으로 불렸다. 18세기에는 아카데미의 교수, 조교수, 그리고 아카데미 회원인 화가와 조각가 등이 살롱에 출품할 자격을 가졌다. 1750년대 이후에는 관람객 수도 현저히 늘어나 프랑스를 예술의 나라로 만드는 데 이바지했다. 이는 또한 신문 잡지 등에 살롱과 대중의 반응이 연일 보도되는 가운데 《메르퀴르 드 프랑스 Mercure de France》처럼 예술을 전문적으로 다루는 신문도 등장하여 대중의 미술 취향을 진작시키고 동시에 '미술비평'(la critique d'art)이라는 새로운 문학 장르를 발전시켰다. 그래서 디드로와 같은 18세기 유명한 미술비평가들이 등장했다.

1789년 프랑스대혁명 이후에는 일반인도 출품할 수 있게 되고,

심사위원에 의한 입선 심사제와 포상제가 도입되었다. 특히 나폴레옹의 혁명적인 중앙집권적인 미술 행정에 의해 행정부 내에 미술부, 미술감독, 미술정무차관, 그리고 미술장관이라는 조직을 두었다. 이는 당시 어떤 나라에서도 볼 수 없는 국가적 문화정책이었다. 그 뒤 정치체제의 변화에 따라 살롱 제도도 여러 가지로 변했다.

1855년 파리 만국박람회가 열리면서 중심 회장인 샹제리제 대로의 공업관(Palais de l'Industrie)이 세워진 뒤로 살롱은 그곳에서 계속 열렸다. 공업관은 거대한 건물이었으나, 응모자가 늘어나면서 1863년부터 입선작 수를 제한하여 응모자들의 분노를 샀다. 그래서 낙선전이 열렸다. 이후 살롱은 매년 열리는 것으로 정착되었으나 출품자는 계속 늘어났다.

졸라가 쓴 『작품』 제11장에서 클로드는 "아! 시청 일을 내가 맡는다면, 내가 그릴 수만 있다면! …파리의 벽에 그림을 그리는 것이야말로 내 꿈이었는데!"(작품539)라고 말하는데, 이는 1871년 파리코뮌으로 불탄 파리 시청사 의회실이 1874년부터 재건되기 시작한 뒤, 마네가 그곳을 장식할 계획을 1879년에 제출한 것과 관련되었다.

제1회 인상파 전이 열린 1874년의 살롱 입선작은 3,657점이고, 마지막 살롱이 열린 1880년에는 7,289점이었다. 19세기에는 졸라를 비롯한 새로운 미술비평가들이 등장했다. 졸라가 1880년에 쓴 「살롱의 자연주의자들 Le naturalisme au Salon」은 거대한 권력 기구가 된 살롱을 개혁하기 위한 것이었다. 그 글에 의하면 입선작이 그 앞 해에는 5천 점대였던 것이 7천 점대로 급격하게 늘어났다. 졸라는 1880년에 심사를 하지 않는 공모전을 장려하여 그해 '앙데팡당전'이 발족해 5월에 제1회전이 열렸다. 스라, 시냐, 르동 등이 참가했다.

졸라의 개혁 주장은 당시의 미술장관인 쥘 페리(Jules François Camille Ferry, 1832-1893)를 비롯한 클레망소(Georges Clemanceau, 1841-1929)와 같은 진보적인 관료들의 개혁과도 일치했다. 반교권적인 현대적 교육제도를 수립한 것으로 유명한 페리는 1879년 살롱의 시상식에서 국가가 어떤 공식 미학도 강제하지 않고, 예술의 자유, 독립, 개인주의의 개화를 촉진하는 예술생산을 장려한다고 하면서 자연주의와 외광의 추구를 장려했다. 당시 살롱을 지배한 아카데미파들과 정면 배치된 그 주장은 1881년의 살롱 민영화로 이어졌다.

민영화에 의해 주최가 '프랑스 미술가 협회'로 바뀌고 그 위원들도 선거로 뽑게 되었으나 이는 명목상의 개혁에 불과했다. 왜냐하면 협회는 살롱에 입선한 적이 있는 자들이 뽑는 90명의 심사위원으로 구성되어 살롱은 여전히 전통적인 아카데미 화풍에 지배되었기 때문이다. 그러나 1890년, 협회 회원 가운데 진보적인 메소니에와 샤반느를 중심으로 '국민 미술가 협회'가 조직되어 또 하나의 살롱이 열린다. 그 뒤 여러 가지 개인전과 그룹전, 화랑의 기획전이 빈번하게 열려 유일하고 절대적인 살롱의 권위는 무너졌다. 게다가 20세기에 와서 살롱 드톤느(가을의 살롱, 1903년), 살롱 드 메 (5월의 살롱, 1943년) 등이 열려 살롱은 단체전이라는 의미만 갖게 되었다.

세잔과 살롱, 그리고 인상파

1865년은 세잔에게 중요한 해였다. 살롱에 "학사원 무리의 얼굴을 분노와 절망으로 정말 붉게 만들 작품"(3월 15일, 세잔이 피사로에게 보낸 편지에서 한 말, letters118)을 출품했는데 낙선했기 때문이다. 그 살롱에 마네, 모네, 드가, 르누아르, 피사로, 모리조 등은 입선했다. 세잔은 1866년 살롱에도 마찬가지로 대담한 작품을 보냈으나 다시 낙선했다. 그래서 미술국장에게 '낙선전 개최 요구서'를 썼다.

> 저는 낙선에도 불구하고 제 그림들을 관중에게 보여 주고 또 다가가고 싶습니다. 이런 제 욕구는 이상하지도 않을 것입니다. 저와 같은 화가들에게 물으신다면, 그들은 예외 없이 심사를 부인하고 어떤 식이든, 진지한 작가 누구에게나 개방되어야 할 전시회에 참여하고자 할 것입니다. 따라서 낙선전을 다시 개최해야 할 것입니다.(리월드101재인용)

위 편지는 졸라의 도움을 받았음이 분명해 보인다. 문장이 유려하기 때문이다. 세잔이 그 편지를 보냈는지는 알 수 없지만, 낙선전은 열리지 않았다.

세잔은 1866년 5월부터 8월까지 센강 하류 서쪽 해안에 있는 벤느쿠르(Bennecourt)에 살면서 그림을 그렸다. 그곳을 졸라와 함께 화가들이 종종 방문했다는 것을 당시 그들 사이에 오간 편지로 알 수 있다. 벤느쿠르는『작품』제6장에 실명으로 나온다. "잔잔한 물결은 햇빛을 받아 금빛으로 반짝였고, 구름 한 점 없는 맑은 하늘 아래 신록은 부드러운 녹색을 띠어가고 있었다."(작품236) 지금도 벤느쿠르는 그렇다.

졸라는 뒤에『작품』에 이어 발표한『대지』의 집필을 위해서 그곳에 머물렀다. 졸라가 동향 출신의 친구 화가인 누마 코스테(Numa Coste, 1843-1907)에게 보낸 1866년 7월 26일 편지에서 그는 세잔이 화폭이 4-5미터나 되는 대작을 그리려고 한다고 칭찬한다. 세잔이 벤느쿠르에서 그런 대작을 그렸는지 알 수는 없지만, 지금 그런 작품은 남아 있지 않다. 대신 1866년 여름, 벤느쿠르에서 그린〈포니엘 선착장〉이라는 제목의 그림이 남아 있다. 바르비종파인 코로나 피사로 풍이라고 할 수 있는 그것을 세잔은 졸라에게 주었고, 졸라는 죽을 때까지 그 그림을 메당의 집에 보관했다.

『작품』에서 클로드는 낙선전 이후 벤느쿠르에서 3년을 지내다가 파리에 나오지만, 세잔은 4개월 만에 그곳을 떠나 파리로 간다. 그리고 3년 동안 "실패에 굴하지 않고 오히려 고무되면서 투쟁해

나갔다."(작품338) 먼저 그것은 살롱에서의 낙선이었는데 이는 세잔에게는 벤느쿠르 이전의 경험이었음을 우리는 앞에서 보았다. 그리고 이듬해 클로드가 그린 그림은 1862년 마네가 자연의 햇살을 그린 〈튈르리 공원의 음악회〉와 같았다. 보들레르가 그 그림을 "현대적인 삶의 풍경"이라고 했지만, 클로드는 다시 낙선되어 분노한다. 그리고 이듬해에 세 번째로 낙선한다.

카페 게르부아의 화가들 중에서 인상파의 밝은 색조 양식을 처음으로 그린 작품은 모네가 1867년에 그린 〈산타드레스의 테라스〉였다. 이 그림으로 명도와 채도가 밝고, 강렬한 색조로 생명감을 고양한 인상파가 시작되었다. 이어 1-2년 뒤에 르누아르와 피사로가 같은 그림을 그린다.

인상파 그림의 공통점은 전통적인 그림의 주제와 기교에 얽매이지 않고 일상생활에서 그림의 동기와 대상을 찾은 점이었다. 먼저 주제이다. 당시 살롱의 주류는 역사화, 신화화, 종교화, 권위 있는 개인의 초상화 등이었으나, 쿠르베와 마네의 리얼리즘, 코로의 자연주의를 출발점으로 하는 인상주의 미술은 풍경, 정물, 당대의 풍속적 인물에 주제를 한정한다. 이는 단순히 취향의 문제가 아니라, 기독교 세계관의 신-인간-자연이라는 전통적 층위를 거부한 것이다. 즉 반기독교, 반제정 공화주의라는 이데올로기에서 인상파는 졸라나 플로베르의 자연주의 문학과 공통되었다. 그러나 인상파를 서민적이라고 보기는 어렵다. 이 점에 대해 하우저는 다음과 같이 말한다.

인상주의에는 또한 부르주아 예술 관객들이 좋아하지 않을 서민적 체취란 조금도 없다. 도리어 그것은 하나의 '귀족적 양식'으로서 (…) 엄격하게 개인적인 체험 즉 고독과 고립의 경험 및 극도로 섬세한 감각과 신경의 경험에 몰두한다. (…) 마네와 드가의 섬세하고 지성적인 스타일과 교양 있고 익숙한 태도, 콩스탕스 기스와 툴루즈 로트레크의 우아함과 세련된 기풍은 제2제정기의 상류 부르주아 사회를 (…) 그 가장 매력적인 측면에서 보여주는 것이다.(하우저210-211)

인상파는 기독교 세계관에서 최하층이었던 자연을 최상층으로 올려, 실외 자연광 아래서 그림 그리는 것을 기본으로 삼았다. 그 점은 코로나 밀레의 바르비종(Barbizon)파와 같았으나, 인상파는 색채가 밝고 빛나는 점에서 바르비종파와 달랐다. 그러한 색채를 사용할 수 있었던 것은 당시에 과학적 색채학이 발전했기 때문이다. 그 하나가 1839년에 나온 화학자 미셸-외젠 슈브뢸(Michel Eugène Chevreul, 1786-1889)의 『색채의 동시적 대조와 대상 색채 분류의 법칙*De la loi du contraste simultané des couleurs et de l'assortiment des objets colorés*』이었다. 인상파의 선구자인 들라크루아도 이 책을 읽고 색상의 원환(색상환)에 대해서 일기에 기록했다. 그중에는 보색 이론도 있었다. 그는 그림에서 색상의 조화를 매우 중요하게 생각했다.

또한 조형미술의 기법을 집대성한 샤를 블랑(Charles Blanc,

1813-1882)의 『데생 예술의 문법: 건축, 조각, 회화 La Grammaire des Arts du Dessin : architecture, sculpture, peinture』가 1867년에 나왔다. 그 책에 나오는 '색채' 장에는 프리즘으로 분광하면 무지개의 일곱 색이 나타난다는 스펙터클 이론과 빛의 3원색과 가산혼합, 회화 도구의 3원색과 감산 혼합, 보색 등의 색채학이 간결하게 설명되어 있었다. 그러나 세잔은 인상파에 쉽게 동화되지 못하고, 앞에서 본 〈유괴〉와 같은 그림을 그리고 있었다.

인상주의의 사회적 의미

19세기의 기술 진보와 관련하여 문화의 중심은 대도시가 되었다. 인상주의는 역사상 최초의 도시적 예술이다. 이는 인상주의가 풍경으로서의 도시를 발견하고 그림의 소재를 시골에서 도시로 옮겨왔기 때문만이 아니라, 세상을 도시인의 눈으로 보고 현대적 기술인의 극도로 긴장된 신경으로 외부 세계의 인상들에 반응했기 때문이다.

인상주의란 지속과 존속에 대한 순간의 우위, 모든 현상은 어쩌다가 일시적으로 그렇게 놓여 있을 뿐이라는 느낌, 두 번 다시 발 디딜 수 없는 시간의 강물 위로 사라져가는 하나의 물결이라는 말로 요약할 수 있다. 그것은 묘하게도 수천 년 전 고대 그리스 자연 철학자인 헤라클레이토스적 세계관을 표현한다. 즉 현실이란 존재가 아니라 생성이고, 결정된 상태가 아니라 움직이는 과정임을 강조한다. 양식 면에서 인상주의는 자연주의의 발전 형태에 불과하다. 즉, 인상주의의 현실 묘사는 순간적·일회적인 것을 강조한다는 점에서 자연주의에 포함될 수 있다.

역사적으로 보면 17-18세기는 문학이 우월했고, 낭만주의 시대에는 음악이 문화를 주도했다. 그러나 19세기 중엽에는 회화가 중심이 되었다. 회화는 당대의 가장 진보적인 예술로 다른 모든 예술 장르를 압도할 뿐만 아니라, 작품의 성과에서도 동시대의 문학이나 음악을 질적으로 능가했다. 심미주의는 인상주의 시대에 와서 절정에 이른다. 즉 인생에 대한 수동적이요 관조적인 태도, 체험의 덧없음과 불확실성 및 쾌락주의적인 감각주의는 예술 일반의 평가 기준이 된다. 예술 작품은 단지 목적 자체로 간주되며, 오로지 심미적인 것 이외의 어떠한 이질적 목표를 설정하는 순간 그 매력을 잃는다. 예술은 자기충족적 유희로서 이를 감상하려면 거기에 완전히 몰두해야만 한다. 예술 작품은 삶의 가장 아름다운 선물이다. 그뿐 아니라, 예술이 지닌 자족성과 자기 영역 바깥의 것에 대한 무관심으로 딜레탕트적 인생의 모범이 되어, 퇴폐적인 '세기말'로 나아간다. 그래서 낭만주의보다 더 예술을 위해 인생을 버릴 뿐 아니라 예술 자체에서 인생의 정당화를 찾는다. 1880년대에는 이러한 심미적 쾌락주의를 '데까당스'(decadence)라고 불렀다. 인상주의의 선구자들인 샹플뢰리·쿠르베·나다르·뮈르제 등이 속한 세대는 완전히 불안정한 생활을 하는 사람들로 이루어진 예술 프롤레타리아들이었다.

20세기의 거대한 반동의 물결은 예술 분야에서 인상주의의 부정으로 나타난다. 어떤 점에서는 이 전환이야말로 르네상스 이래 다른 어느 양식의 변화보다도 더 심각한 예술사상의 단절을 가져왔다. 이제까지의 변화에서는 자연주의 예술적 전통을 근본적으로는 건드리지 않았다. 물론 형식주의와 반형식주의 사이에서 항상 진동이 있어 왔지만, 예술의 과제가 자연에 충실하고 삶을 있는 그대로 표현한다는 데는 중세의 종말 이래로 아무런 원칙적인 이견이 없었다. 이러한 의미에서 인상파 예술은 400년 이상 계속되어 온 발전과정의 정점이자 종착점이었다.

제3장

인상파전, 세잔, 졸라(1872-1877)

프랑스-프로이센 전쟁과 파리코뮌

1870년 5월 졸라는 결혼을 한다. 소설 『작품』에서는 반대로 상도즈가 클로드의 입회인으로 나온다. 제2제정과 프랑스-프로이센 전쟁에 반대하는 글을 신문에 발표했던 졸라는, 두 달 뒤인 7월 19일, 프랑스-프로이센 전쟁이 발발하자 군대에 끌려가야 했지만, 과부의 아들이고 근시였기 때문에 징집을 면제받아 어머니와 아내와 함께 파리를 떠나 전쟁이 끝날 때까지 마르세유에 갔다가 보르도에 머물렀다.

1870년 프랑스 황제 나폴레옹 3세는 프랑스 육군이 프로이센을 격파할 수 있고 전쟁에 승리하면 실추된 황제의 명예를 회복할 수 있다는 참모들의 조언에 따라 전쟁을 감행했다. 반면 프로이센의 오토 폰 비스마르크 수상은 나폴레옹 3세의 야심을 역이용하여 프로이센이 주도하는 북독일 연방에 남독일 국가들을 끌어들여 강력한 독일 제국을 형성할 호기로 삼아 전쟁에 나섰다. 전쟁은 독일의 압도적인 승리로 끝났다. 프랑스에서는 제2제정 황제였던 나폴레옹 3세를 내쫓고 1871년 아돌프 티에르를 대통령으로 하는 제3공화국이 수립됐다.

졸라는 마르세유에서는 친구와 함께 《라 마르세예즈》를 창간하고, 행정부가 있던 보르도로 가서 군수로 임명받으려고 애썼다. 그러던 중 1871년 의회가 베르사유에서 개최될 무렵 졸라는 파리로 돌아온다. 그런데 베르사유 임시정부는 굴욕적인 강화조약을 체결하려고 했고, 파리 시민들은 계속 항전할 기세였다. 그래서 정부군이 무장 시민들로 이뤄진 국민방위군이 담당하던 파리 외곽의 대포들을 압수하려 하자 내전이 시작됐다. 방위군과 대다수 노동자로 이루어진 지지자들은 선거로 자치정부인 코뮌을 수립하고, 3월 18일부터 5월 28일까지 인류 역사상 최초의 아나키즘 또는 공산주의 혁명을 전개한다.

졸라는 파리코뮌으로 정부군과 코뮈나르들이 싸우는 한복판에서 작은 집에 틀어박혀 글쓰기에 집중한다. 3월 22일부터 4월 18일까지 쓴 것이 「베르사유 통신」이다. 졸라는 파리 시민들이 자유와 자치, 민주적 선거를 요구하였으나, 우익이 이에 간섭하고 방해한 탓에 파리 시민이 반발하여 파리코뮌이 발생했다고 보아 코뮈나르에 동조했다. 그러나 「베르사유 통신」이 연재된 《라 크로슈》는 1871년 4월에 발간 정지 처분을 당한다.

졸라는 5월 18일, 인질로 잡힐 것을 우려하여 프로이센 여권을 사용하여 글루통으로 피신한다. 코뮌이 끝나자 그는 그 일을 "내 집은 여전하고 정원도 훼손되지 않았으며, 가구 하나, 화분 하나 망가진 게 없음"을 보면 "어린아이들을 겁주려고 꾸며낸 고약한 소극" 같았다고 앞에서 본 세잔에게 보낸 편지(1871.7.4, Letters143)에서 썼다. 그러나 졸라의 집과는 달리 프랑스는 엄청난 상처를 입었다. 수만 명의 코뮈나르들이 학살당했고, 살아남은 이들도 오랫동안 망명객 신세가 되어야 했다. 파리 시내의 역사적 건물들은 물론 개인 건물이나 상업 건물들도 모두 파괴되었다.

자코뱅주의, 공산주의, 아나키즘 등 다양한 이념을 가진 사람들로 구성되어 여성 참정권의 보장, 최대 노동 시간 제한 등 당시로서는 상상하기 힘든 진보적인 정책을 펼친 파리코뮌에 세잔은 물론 졸라도 적극적으로 참여하지 않았다. 그러나 그들이 존경한 쿠르베는 파리코뮌에서 예술위원회 위원장직을 맡았다. 위원장직을 불과 얼마 후에 사임하고 말았지만, 쿠르베는 파리코뮌을 대표하는 예술가로서 파리코뮌 기간에 일어난 일들을 책임져야 했다. 그 기간에 파리코뮌은 예술위원회를 통해 루브르 박물관에 있는 들라크루아의 〈민중을 이끄는 자유의 여인〉을 철거했는데 당시 쿠르베는 루브르 박물관에 관한 책임자였다. 또한 코뮌은 보나파르트 나폴레옹의 승전을 기념하는 방돔 궁전의 기둥을 없애기로 의결하고 5월 16일 파괴하였다.

6월 7일 쿠르베는 친구의 집에서 체포되어 군사 법정에 섰다. 실제로 기둥을 파괴하라고 지시했던 사람들은 모두 영국으로 피했지만, 쿠르베는 종종 그 기둥이 상징하는 군국주의 전쟁과 제국주의에 혐오감을 나타냈었기에 선동자로 고발된 것이다. 쿠르베는 6개월 형과 500프랑이라는 가벼운 벌금형을 받았다. 게다가 그를 도왔던 공화국 임시정부의 수반이었던 티에르가 1년 후(1872년) 사임하자 나폴레옹 황제를 지지하는 의회의 의원들은 쿠르베에게 그 기둥의 재건축에 드는 비용을 청구하는 소송을 제기했다. 쿠르베의 전 재산과 그의 그림 모두가 압류되었고, 벌금형으로 금화 323091.68프랑이 매겨졌다. 정치적으로 뿐만 아니라 재정적으로도 완전한 파산의 상태에 놓인 쿠르베는 프랑스를 떠나 1873년 7월 국경을 넘어 스위스로 망명하여 1877년에 죽었다.

마네도 코뮈나르에 동조했으나, 그는 쿠르베와 달리 코뮈나르가 아니었다. 자유 공화정을 지지한 마네는 프로이센군으로부터 프랑스를 지키기 위해 국민방위군에 들어갔다. 드가도 마찬가지였다. 르누아르는 그림을 그리다가 코뮈나르에게 끌려가 총살당할 뻔했지만 아는 사람이 있어서 구사일생으로 살아났다.

파리코뮌이 2개월 만에 진압된 뒤 독일은 메스를 포함해 알자스 전체와 로렌의 대부분을 합병했다. 프랑스는 막대한 전쟁배상금을 지불해야 했고 배상금이 완납될 때까지 프랑스 북부 주의 독일군 점령경비를 부담해야 했다. 프로이센의 독일 지배는 확고해졌으며 독일 내의 여러 소국가에 대한 프랑스의 영향은 종식되었다.

프랑스의 패배는 두 가지 중요한 결과를 낳았다. 1867년 이래 나폴레옹 군대에 의해 유지된 교황청의 세속 권력이 붕괴했고, 이탈리아 군대가 1870년 9월 로마에 입성했다. 동시에 러시아 정부는 흑해 연안에서 자국의 해군력 증강을 제한했던 파리 조약(1856)의 해군 조항을 거부했으며 동부 유럽에서 공격적인 대외정책을 재개했다. 프로이센-프랑스 전쟁에서 제1차 세계대전까지 40년간은 유럽의 주요 열강들 사이에 극도로 불안정한 평화가 유지된 시기였다.

파리코뮌 이후의 졸라

파리코뮌은 세잔이나 졸라가 삼십 대 초반에 경험한 거대한 역사적 사건이었다. 그 앞에 1848년 혁명이 있었지만, 그때 그들은 아직 10살도 되지 않았으니 아무것도 느낄 수 없었을 터다. 그러나 파리코뮌은 그들에게 최초로 사회변혁이라는 것을 실감하게 했다. 그 점은 세잔보다 졸라에게 더욱 절실하게 다가왔다.

코뮌이 끝난 뒤 졸라는 매일 베르사유 의회의 통신기자로 6월 6일부터 이듬해 8월까지 「베르사유 통신」을 계속 집필하여 《마르세유 통신 Le Sémphore de Marselle》에 연재하면서 우익 가톨릭 의원들이 코뮈나르에게 가혹한 형벌을 요구하면 후자를 열렬히 변호했다. 그리고 코뮌 섬멸 3개월 뒤의 기사에서는 거대한 전환이 필요하다고 썼다. 이는 뒤에 『제르미날』(1885)에서 새로운 세계의 씨앗(제르미나시옹)을 기대할 수 있는 것은, 착실한 혁명운동에 의해서가 아니라 아나키스트인 수바린이 던진 다이너마이트에 스스로 폭사하면서 공기처럼 세상을 폭발시키는 것이라는 주장으로 나타난다. 졸라에게 혁명이란 체계적인 이론이 아니라 폭발이었다. 졸라는 전제주의를 뿌리내리는 데 '비료'로서 "교살, 독살, 학살, 모든 치욕과 비참"이 필요하듯이 공화국의 수립에도 "유혈"이 필요하다고 보았다. 따라서 파리코뮌은 그에게 유혈에 의한 정화 작업, 더럽혀진 인류의 역사를 깨끗하게 만드는 광기의 운동이었다.

뒤에서 보듯이 졸라는 프로이센-프랑스 전쟁과 파리코뮌을 직접 다룬 『패주』를 1891년부터 쓰기 시작해 이듬해 단행본으로 출간하면서 쿠데타로 출발한 제2제정이 전쟁으로 붕괴하고 파리코뮌이 이어지는 것은 조국의 정화를 위한 필요악이었다고 주장한다. 당시 우파들이 졸라를 비판하자 졸라는 자신이 그 소설에서 돈에 의한 대체 복무, 출세에만 몰두하는 무능한 장군들과 어리석기 짝이 없는 작전 등을 비판하지만, 동시에 평범한 시민과 하급 군인들의 용기와 항전을 그렸다고 반박했다. 돈에 의한 대체 복무를 비판한 것은 세잔에게도 해당하는 이야기이므로 세잔은 언짢아했거나 적어도 부끄러워했을 것이다. 나는 파리코뮌 무렵부터 세잔과 졸라 사이에 거리가 생겼으리라고 짐작한다.

《루공-마카르총서》는 유전과 환경을 연구한 것이 아니라, 한 사회의 붕괴를 다룬 것이다. 부자도 빈민도, 착취하는 자도 착취당하는 자도, 악인도 선인도, 강자도 약자도 모두 파멸과 붕괴로 나아간다. 동서고금의 문학이 그런 파멸을 다루었지만 여기서는 하나의 가족, 하나의 사회, 하나의 시대가 붕괴하는 것을 다룬다. 졸라는 세상을 말세로 본다. 거대한 범죄사인 과거를 청산하고 재출발해야 한다는 것이다. 정치혁명으로 일거에 전복하고 파괴해야 한다는 것이다. 그런데 사회주의 혁명이 철저하지 못하기 때문에 졸라가 유일하게 기대한 것은 아나키스트였다. 졸라는《루공-마카르총서》제19권인『패주 La Débâcle』(1892) 마지막 장에서 파리코뮌을 다루었다. 그러나 파리코뮌 이후 수립된 제3공화국은 제2제정 못지않은 부패와 범죄의 세계였다. 졸라의 꿈이 완전히 배반당한 것이다. 그런데도 그는 계속 작품을 쓴다.

세잔의 인상주의

파리코뮌이 끝나자 사람들은 파리로 돌아왔다. 세잔도 여름에 돌아왔다. 앞에서 보았듯이 세잔은 1869년 초 18세 모델인 마리-오르탕스 피케(Marie-Hortense Fiquet, 1850-1918, 이하 오르탕스로 약칭)와 만나 동거하기 시작했다. 키가 큰 금발의 미인 피케는 직조공이면서 아카데미 쉬스에서 누드모델 일을 했다. 세잔 부부는 금실이 좋지 못했다. 아내는 스위스와 레모네이드에만 관심이 있다고 세잔이 말했을 정도로 세잔의 예술에는 무심했다. 1972년에 태어난 아들을 사생아로 두지 않기 위해 세잔은 1886년에 결혼식을 올리지만, 세잔은 부부에게 사랑은 없다고 공공연히 말했고 그 뒤로는 별거했다. 같은 해 세잔의 아버지가 돌아가신 뒤 세잔은 어머니와 여동생과 함께 살았고, 오르탕스는 파리에서 살았다. 세잔이 죽은 뒤 유산은 아들에게만 주어졌는데, 오르탕스는 아들에게 받은 재산을 노름으로 탕진했다.

『작품』에 나오는 클로드의 아내인 크리스틴을 피케라고 보기에는 두 사람이 상당히 다르다. 영화 〈나의 위대한 친구 세잔〉에는 세잔이 오르탕스를 누드모델로 세우면서 자신보다 그림 속의 여인에 집중하는 것을 보고 분노하는 장면이 나오는데, 이는 『작품』의 후반부에 나오는 이야기에 따른 것으로 보이고, 실제로 세잔과 오르탕스 사이에 일어난 일로는 보이지 않는다. 오르탕스는 평생 세잔을 위해 27회나 모델을 섰으나, 그런 갈등을 일으킨 적은 없으니 영화의 그 부분은 픽션으로 보인다. 세잔이 그린 모든 인물화처럼 오르탕스가 나오는 세잔의 인물화에서도 오르탕스는 그림 속의 사물처럼 표현되어 화가와 모델 사이의 인간적 교류 따위는 전혀 느낄 수 없다.

세잔은 당시 창녀와 같은 취급을 받은 누드모델과 동거하고 사생아를 낳았다는 것을 숨기기 위해 3년 동안 아버지가 사는 엑스에 가지 않았다. 아버지의 분노에 대한 두려움도 있었지만, 그로 인해 생활비를 받을 수 없게 된다는 점이 더 큰 요인으로 작용했을 것이다. 거의 매년 엑스를 찾았던 세잔에게는 드문 일이었다. 그러나 세잔의 어머니는 세잔의 가정사에 대한 소식을 들을 수 있었다. 세잔은 아버지로부터 그전부터 받은 200프랑을 아내와 함께 사용해야 했기에 경제적으로 어려워졌다. 1872년 아들 폴이 태어나면서는 더욱 어려워졌다.

1870년 살롱에 낙선한 뒤 5월에는 졸라 결혼의 입회인이 되었다. 7월에 프러시아와의 전쟁이 발발하자 세잔 가족은 파리를 떠나 엑스를 지나 마르세유 근처에 있는 에스타크(L'Estague)로 향했다. 오르탕스의 형제 중 에스타크에 생트빅투아르 산이 보이는 집을 소유한 이가 있었기 때문이다.

당시 세잔은 30세여서 징병을 면제받을 수 없는 나이였으나, 이전부터 반년마다 이사한 덕분에, 또는 아버지가 대리인을 고용한 덕분(리월드174)에 체포되지는 않았다. 그러나 르누아르, 드가, 마네 등은 소집을 당했고, 인상파 화가 중 기대를 모았던 바지유는 29세로 전사했다. 반면 모네, 피사로, 드비니는 전쟁을 피해 런던으로 망명했다. 모네는 1871년 가을에 프랑스로 돌아왔다.

1871년 1월에 세잔은 병역 기피자로 낙인찍혔지만, 그다음 달인 2월에 전쟁이 끝나면서 세잔은 부인과 함께 1871년 여름에 다시 파리로 돌아왔고, 1872년 1월에는 그들의 아들인 폴(Paul)이 출생하였다. 그해 8월, 피사로가 퐁투아즈(Pontoise)로 이사하자 세잔도 그곳으로 거처를 옮겼다. 퐁투아즈는 파리에서 28킬로미터 정도 떨어진 인구 3만 명 정도의 작은 마을이다.

퐁투아즈에서 세잔은 피사로의 영향 아래 어두운색을 탈피하게 되는데, 덕분에 그의 캔버스는 한층 밝아졌다. 세잔이 인상파 화가가 된 것이다. 그곳에서 세잔은 대다수 작품의 주제를 풍경 묘사로 삼았다. 뒤에 세잔은 자신을 피사로의 제자라고 소개했으며, 피사로를 "하느님 아버지"라고 부르며 "우리는 모두 피사로의 가지이다."라고 말하기도 했다.

만년에 세잔은 "마흔 살이 될 때까지 나는 보헤미안처럼 생활했죠. 내 인생을 탕진한 겁니다. 지칠 줄 모르고 작업하는 피사로를 만난 뒤에야 일하는 기쁨을 알게 되었습니다."라고 베르나르에게 말했다.(세잔219) 피사로가 세잔에게 그만큼 중요했다는 뜻인데, 그때가 마흔 살쯤이었는지는 의문이다. 왜냐하면 퐁트와즈에서 피사로와 함께 그림을 그린 시기는 1872년으로 세잔의 나이가 33세였고, 1877년에도 퐁트와즈에서 피사로와 함께 작업했는데 그때는 38세였기 때문이다. 여하튼 피사로가 세잔에게 중대한 변화를 초래한 것만은 분명하다.

1874년 초 세잔은 퐁투아즈 근처인 오베르-쉬르-오와즈로 가서 2년간 피사로와 함께 오와즈강 유역에서 그림을 그렸다. 오베르에는 아마추어 화가이자 수집가인 정신과 의사 가셰(Paul-Ferdinand Gachet, 1828-1909)가 살았다. 그는 빈센트 반 고흐의 마지막 주치의이기도 해서 반 고흐 그림의 모델이 되기도 했다. 반 고흐가 그곳에 온 것은 세잔이 다녀가고 20년 뒤였다.

1872년부터 1877년까지를 흔히 세잔의 인상주의 시기라고 한다. 이즈음 그는 난폭한 표현을 조절하고, 인상파가 사용하는 빛의 떨림 묘사법을 배워 물감을 두껍게 칠하면서 삼원색을 사용하기 시작했다. 인상파의 영향을 받은 최초의 작품이 〈목맨 사람의

〈목맨 사람의 집〉
폴 세잔, 1872-1873, 55×66cm, 파리, 오르세 미술관

집La Maison du pendu, Auvers sur Oise〉(1873)인데, 이는 '팬뒤(Pendu)라는 사람의 집'이라는 뜻임에도 불구하고 팬뒤라는 말의 뜻이 '목매달다'여서 잘못 번역된 이름이다. 따라서 '팬뒤의 집'으로 부르는 것이 옳은데, 이미 '목맨 사람의 집'으로 너무 많이 알려져 있다.

제1회 인상파 전시회, 세잔과 졸라

졸라에게는 프로이센-프랑스 전쟁 이후가 낙관적으로 보였다. 앞에서 보았듯이 그는 세잔에게 보내는 편지에서 자신들의 시대가 왔다고 했다. 1872년 말에는 신문에 다음과 같은 기사를 썼다.

진실을 주장할 좋은 때가 왔다. 사회적 재난이 있을 때면 어떤 혼수상태, 손상되지 않은 현실로 복귀하려는 욕망이 나타난다. 사람들이 살아왔던 허구적 토대는 무너지고 사람들은 더 견고하게 지을 확고한 바탕을 구한다. 모든 위대한 문학적, 예술적 만개는 완전히 성숙하거나 그렇지 않으면 격변 이후에 나타난다. 이 모든 피와 이 모든 어리석음으로부터 위대한 사조가 솟아나기를 희망하면서, 공화국이 한 번 프랑스를 평화롭게 하기를 희망한다고 고백한다. 그리고 지진한 부랑자들, 재능을 인정받지 못했던 사람들, 바로 최근의 자연주의자들이 이제부터 전면에 나서게 되고 금세기의 예술에서 과학적 운동을 이끌 것이다.(리월드186재인용)

졸라의 예언은 1년 반 뒤의 인상파전으로 현실화했다. 그는 전시회 이름을 '자연주의자'로 부르자고 주장했으나, 사람들은 인상주의라는 조롱의 이름을 받아들였다. 그 준비 작업으로 1873년 12월 27일, 모네와 피사로를 중심으로 인상파 화가들이 르누아르 아틀리에에 모여(세잔과 졸라가 참석했는지는 불명함) 미술가들의 '공동 출자 회사'(Société anonyme des Artistes) 결성을 결의하고, 이듬해 1월에는 미술 잡지에 "이 회사는 심사가 없는 자유로운 전람회 개최와 출품작의 판매, 그리고 기관지 발행이 목적"이라고 선언했다. 실질적으로 주식회사인 '공동 출자 회사'에는 연회비 60프랑을 내면 누구나 들어갈 수 있고, 전시회에 심사 없이 출품할 수 있으며, 모든 사원이 평등한 권리를 가지고 15명의 대표위원을 선출했다. 작품의 가격은 출품자가 정하고, 작품이 팔리면 회사에 10퍼센트 수수료를 내게 했다.

이처럼 회사 형태로 조직한 이유는 당시 대부분 풍족하지 못했던 화가들이 직접 그림을 팔아 경제적으로 자립하기를 원했기 때문이다. 인상파 화가들을 이끈 마네는 상류계급으로 살롱에 집착했기 때문에 처음부터 전시회에 관심이 없었다. 반면 나머지 화가들은 대부분 삼사십 대로 아내는 물론 자녀를 위한 생활비를 충당해야 했다. 은행가의 아들이었던 세잔과 드가만이 예외였다. 그러나 회사 명의로 열린 제1회 전시회에서 작품이 상당수 팔렸음에도 전시회의 경비를 충당하지 못해 회사는 폐지되고, 그 뒤로는 일반적인 그룹전으로 바뀌어 1886년까지 8회 열렸다. 회사가 폐지된 이유에는 화상이 등장하여 화가들이 직판할 필요가 없어진 점도 있었다. 이는 제2회 전시회가 화상 뒤랑 뤼엘의 화랑에서 열리고, 그 뒤로도 그와 관련된 곳에서 열린 것과 관련된다. 화상들은 전시회를 이용하여 인상파의 국제적 시장을 형성했다. 1886년에 뉴욕에서 인상파 전시회가 열린 것은 인상파가 예술 양식만이 아니라 경제적으로도 국제적인 성공을 거두었음을 보여준 사건이었다.

그러나 인상파를 지지한 졸라는 인상파의 경제적 욕구에 대해 비판적이었다. 그래서 그는 『작품』의 구상 메모에서 "클로드는 모네의 성급한 그림 판매에 반대했다."라고 썼다. 실제로 1873년의 모네는 33세로 그때 막 결혼하여 아들도 태어났으나, 아버지의 유산이 상당했기에 가난하지 않았다. 그러나 사치스러운 생활로 돈이 더 많이 필요했다. 가난하게 살았던 졸라에게는 그런 모네의 사치가 못마땅했을 것이다. 예술가라면 응당 절도 있는 생활로 위대한 작품을 창조하는 데 매진해야 한다는 것이 졸라의 신념이었다.

당시 세잔은 아버지에게 매달 200프랑을 받았는데, 그것은 독신 때 받은 것과 같은 액수여서 3인 가족에게는 충분하지 않았다. 그러나, 피사로의 소개로 알게 된 의사 가셰와 화구상 탕기의 도움을 받았기에 그림을 파는 데엔 그다지 흥미가 없었다. 탕기와 가셰는 세잔만이 아니라 인상파 화가들이나 고갱, 그리고 반 고흐와도 가까웠다.

탕기(Julien Tanguy, 1825-1894)는 인상파 그림의 첫 구매자 중 한 명으로 미술 재료 상인, 화랑 주인, 미술품 수집가이자 화가 후원자였다. 인상주의와 후기 인상주의를 촉진하는 데 중요한 역할을 한 그는 1860년에 파리로 와서 미장이, 철도 인부, 물감 제조공 등을 전전하고, 1871년에는 파리코뮌에도 참가했다. 1873년에 몽마르트르언덕 클로젤 거리 14번지(14 rue Clauzel)에 화구점을 열고 화가들의 그림을 매매하거나 그들에게 식사를 제공했다. 가난한 화가들을 위하여 외상 거래도 했는데 세잔은 1878년에 1,274프랑이던 빚을 1885년까지 갚지 않았고, 그 뒤 빚은 더욱 늘어 4,000프랑에까지 이르렀다. 뒤에서 보듯이 탕기와 함께 세잔 그림 초기 수집가인 쇼케는 1875년 르누아르의 소개로 탕기를 알게 되었다. 그리고 탕기 가게에서 피사로, 고갱, 시냑 등이 세잔 작품을 구입했다. 탕기가 그의 가게에서 세잔 작품을 보여준 덕에 세잔은 처음으로 타인에게 작품을 인정받게 되었다. 평생에 걸쳐 탕기는 화가들을 돈벌이로 대하지 않았다.

세잔은 피사로의 권유로 제1회 인상파전에 세 작품을 출품했다. 살롱에서 입선한 적이 없는 화가는 세잔이 유일했다. 그러나 드가를 비롯한 일부 회원들이 세잔의 그림이 전시회에 해를 끼칠까 두려워하며 세잔이 참가하는 것을 싫어했다. 특히 마네는 세잔을 "흙손으로 그림을 그리는 석공"이라고 하면서 제1회 인상파전의 계획이 진행될 때 "나는 절대로 세잔과 함께 일하지 않을 것"이라고 말했다. "세잔의 세련되지 못한 외모와 매력적이지 못한 성격" 때문이라는 것이다.(킹574)

화상이었던 볼라르의 회상에 의하면 세잔을 "흙손으로 그림을 그리는 석공"이라고 비난한 사람은 인상파의 기수인 미술평론가 뒤랑티(Louis Edmond Duranty, 1833-1880)였다. 그는 "뒤랑티가 보기에 세잔이 캔버스에다 지나치게 많은 물감을 짓이기는 것은 그가, '1그램의 초록 물감보다 1킬로그램의 초록 물감이 초록색을 더 많이 낸다.'고 생각하기 때문이었다."라고 말했다.(볼라르38) 또한 마네는 세잔의 투박한 언행을 비난했다. 이를테면 〈맛좋은 술잔〉을 그린 마네가 세잔에게 "살롱 출품 준비를 하느냐"고 물었을 때 "그래, 똥단지 하나 그리고 있소!"라고 대꾸하는 것 같은 태도 말이다.(볼라르40)

이처럼 세잔은 무례하고, 수줍어하고, 화를 잘 내고, 우울증에 걸린 것처럼 음울하게 보이기도 했으며, 동료들과의 인간관계도 좋지 않았다. 그러나 더 중요한 요인은 동료들이 세잔의 그림을 싫어해서였다. 세잔은 앞에서 본 초기의 폭력적인 그림을 그만두고 인상파적인 그림을 그리고 있었다.

> 1873년 피사로의 조언에 따라 이사 간 파리 북부의 시골 마을인 오베르쉬르와즈에서 세잔은 야외 풍경화를 그리는 쪽으로 관심을 돌려 그의 거친 환상을 잠재운 것처럼 보였다. 그럼에도 마네는 이런 형편없는 화가와 함께 전시하는 것은 중대한 실수라고 생각했다.(킹574)

마네 등을 피사로가 설득해 준 덕에 세잔은 인상파전에 참석할 수 있었지만, 세잔의 출품작 수는 3점에 불과했다. 이는 모네가 12점, 드가가 10점, 모리조가 9점, 르누아르가 7점, 피사로와 시슬레가 각 5점을 출품한 것에 비해 너무나 적었다. 게다가 그중 1점은 가셰 의사의 소유였으니 판매할 수 있는 것은 2점에 불과했다.

드가가 그린 무희와 세탁부를 비롯한 인상파의 전형적인 작품들과 어깨를 나란히 할 수 있는 세잔의 작품은 〈목맨 사람의 집〉뿐이었다. 그러나 마네의 〈올랭피아〉를 모방한 〈현대 올랭피아〉는 마네 그림에 나오는 흑인 하녀가 침대에 누운 누드 여인을 세잔처럼 보이는 수염 기른 프록코트의 남자가 지켜보는 모습을 그린 것으로, 세잔의 전시회 참여를 반대한 화가들에게 여전히 불만을 품게 한 작품이었다. 대중의 비난과 조롱도 유독 세잔에게 퍼부어졌다. 광인처럼 그린다거나, 아편에 취해서 화폭을 공격한다거나, 물감 튜브를 장전한 총을 화폭에 쏴서 그린다고도 했다.(킹576)

　루이 르루아(Louis Leroy)가 모네의 그림인 〈인상: 해돋이〉를 보고 전시회를 '인상주의자들의 전시회'라고 부른 것도 그 화가들에 대한 경멸에서 나온 말이었지만, 이는 주지하다시피 인상파라는 이름을 만들어 준 계기가 되었다. 그러나 전시회의 그림을 싫어하면서도 전시회 개최의 의의만은 인정하는 여론도 많았다. 즉 그것은 단순히 살롱의 대안이 아니라 "예술이 발전하기 위해서는 행정기관이 허용하는 것 이상의 자유가 필요하다고 생각하는 사람들을 위한 새로운 길"을 제시했고, 그 화가들은 "미래 회화의 개척자들"이라는 평가였다. 그 대부는 마네였다. 그래서 마네는 인상주의자들의 왕으로 불렸다. 하지만 일반 여론은 나빴다. 임산부와 도덕 질서를 위협한다는 경고까지 나올 정도였다. 차라리 '미치광이들'이라는 비난이 평범하고 흔한 축에 속했다.

　다행히도 〈목맨 사람의 집〉이 300프랑에 팔려 다른 화가들에 비해 좋은 결과를 낳았다. 제1회 인상파전 참가는 결과적으로는 세잔에게 화가로서의 자신감을 느끼게 해 준 계기가 되었다. 특히 모네와 르누아르를 평생 친구로 사귀게 되었다. 그러나 전시회 전체는 재정적으로 실패였다.

종래 제1회 인상파 전시회에 대해 졸라는 언급하지 않았다고 알려졌으나, 실제로는 전시회가 열린 지 3일 뒤인 4월 18일 자의 《마르세유 통신》에 쓴 글에서 그 전시회에 대해 상세하게 언급하면서, 특히 세잔의 위 풍경화를 독창적 작품이라고 극찬하고 "폴 세잔 씨는 오랫동안 고투를 계속해 왔지만, 참으로 대화가의 기질을 보여 주고 있다."(Ecris268)라고 격려했다. 이 글은 평균 40만 명이 입장하는 살롱에 비해 3,500명 정도밖에 입장하지 않은 인상파전을 대중에게 알리는 데 기여했다. 그러나 게재 신문이 파리 신문이 아니라 남부의 지방지였기 때문에 크게 영향력을 발휘하지는 못했다. 졸라는 전시회가 끝나기 약 2주 전인 5월 3-4일에도 앞의 기사보다 4배가 긴 글을 발표했는데, 그 글에서는 특히 모네의 〈생 라자르 역〉을 극찬했다.

졸라는 1875년 살롱에 출품되어 비난을 받은 마네의 〈아르장투이유〉를 변호하는 글을 《마르세유 통신》 5월 2일 자에 발표했다. 그리고 러시아의 생페테르부르크에서 간행된 월간지 《유럽 메시지》에 긴 글을 발표했다. 투르게네프의 소개로 알게 된 그 잡지에 졸라는 1875년부터 1880년까지 파리의 문화에 대한 글을 실어 살롱의 역사부터 시작하여 마네를 회화의 혁명가로 극찬했다.

3회 인상파 전시회의 세잔 출품작

제1회 인상파 전시회는 1874년 4월 15일부터 5월 15일까지 한 달간, 파리 번화가인 카퓌신 대로(Boulevard des Capucines) 35번지에 있는 사진가 나다르(Félix Nadar, 1820-1910)의 옛 사진 스튜디오에서 열렸다. 나다르는 1년 전에 그곳을 떠났지만, 꼭대기 층 작업실은 계속 빌려 사용하고 있었다. 그는 3만 프랑에 이르는 연간 임대료 때문에 거의 파산 상태였으나 인상파전에 그곳을 무료로 빌려주었다.

이 전시회에 모네, 드가, 르누아르, 피사로, 모리조의 주도로 화가, 조각가 등 30명이 165점의 작품을 전시했다. 그러나 그 뒤로는 참가자 수가 줄어들었다. 하우스만 대로(Boulevard Haussman)의 펠레티어가(rue le Peletier)에 있는 듀랑-루엘(Durand-Ruel) 화랑에서 열린 제2회 전시회에 참가한 미술가는 20인이었다. 제1회 때보다 10명이나 줄었다. 그러나 출품작은 크게 늘어 252점이었다. 제7회에는 9명이 참여했으나, 마지막 제8회에는 17명이 참가했다.

8회의 전시회 중 그 이름에 '인상파'라는 말이 들어간 것은 제4회뿐이었다. 참가자 중에는 인상파와 무관한 사람들도 많았다. 특히 제1회 전시회에 많았다. 그것이 살롱에 반대하는 전시회나 살롱 낙선자들의 전시회로 보이게 하지 않으려고 드가가 지인들을 많이 참가하게 한 덕이었다.

반면 인상파에 속하는 화가들인 모네, 르누아르, 피사로, 시슬레, 드가, 모리조 중에 8회 전시회 전부에 참가한 사람은 피사로뿐이었다. 그중에 인상파를 대표하는 모네, 르누아르, 드가가 모두 참가한 것은 제3회까지고, 제4회 이후에는 드가가 참가하면 모네와 르누아르가 불참하고, 모네와 르누아르가 참가하면 드가가 불참했다. 이는 두 파의 화풍이 달랐기 때문이다.

세잔은 모네와 르누아르 쪽이었다. 르누아르가 자기 작품의 수집가인 빅토르 쇼케(Victor Chocquet, 1821-1891)에게 세잔의 그림을 구매하게 권하여 탕기 상점에 있는 세잔의 작품 3점을 사게 한 것이 1875년이었다. 그러나 세잔은 제2회 전시회에 불참했다. 그 이유는 1876년 세잔이 살롱에 출품한 것에 대해(결과는 낙선이었으나) 드가가 불만을 품고 출품을 방해했기 때문이다. 반면 세잔은 졸라와 마찬가지로 살롱에 응모하여 살롱을 공격해야 한다고 생각했다.

1876년, 졸라는 제2회 인상파전에 대해 신문 잡지에 소개하면서, 그 화가들을 자신은 '인상파'라는 말보다 '자연에서 직접 제작한 자연주의 미술가'라고 부르고 싶다면서 그들에 의해 프랑스 미술이 바뀔 것이라고 예언하고, 살롱에서 마네의 그림이 거부된 것을 비판한다.

1877년 제3회 전시회를 위한 준비 모임에는 세잔과 졸라가 함께 참석하고 유화 13점과 수채 3점을 출품했다. 이는 모네(〈라자라 역〉을 포함한 30점), 드가(25점), 피사로(22점), 르누아르(21점)보다는 적은 수였으나(전체는 18명의 화가가 241점의 작품을 전시),

세잔의 작품들은 전시회장(제2회와 같은 곳) 중앙의 가장 큰 방의 한쪽 벽 전부에 걸렸을 정도로 중시되었다. 유화 작품에는 〈빅토르 쇼케의 초상〉과 〈사과와 과자〉 등이 포함되었다. 빅토르 쇼케는 1875년에 세잔이 만난 세관 검사관이자 미술 수집가로 르누아르의 소개로 세잔의 작품을 3점 구입한 뒤로 세잔 작품 수집가가 되었다. 그러나 그의 초상화는 비난을 받았다. 가령 루이 르루아는 "이 기이하게 생긴 머리, 낡은 부츠의 색은 세상에 나오기 전에 [임산부]의 자궁에 있는 아기에게 충격을 주어 황열병을 일으킬 수 있다."라고 썼다. 1872년부터 1877년까지의 세잔 작품 경향을 인상주의 시기라고 한다.

리비에르와 졸라의 비평

제3회 인상파전이 열리는 가운데 기관지인《인상파》라는 주간지가 발행되었다. 르누아르의 친구인 비평가 조르주 리비에르는 거기에 「세잔 그 생애와 작품 졸라에 대한 우정」이라는 제목의 글을 썼다.

최근 15년, 저널리즘이나 대중으로부터 가장 거센 비난을 받고, 가장 극심하게 취급당한 예술가는 세잔 씨이다. 그의 이름에 주어진 정도의 모욕적인 형용사는 이제까지 본 적이 없다. 그의 작품은 정도를 넘어서는 조소를 받았다. (…) 작품 속에서 세잔 씨는 황금시대의 그리스인이다. 캔버스는 고대 회화나 고대 도자기가 지닌 정적과 영웅적인 맑음을 보여 준다. 가령 저 <목욕하는 사람들> 앞에서 웃는 무지한 사람들은 나에게 파르테논을 비방하는 야만인처럼 보인다. 세잔 씨는 화가이다. 위대한 화가이다. 붓이나 연필을 가진 적도 없는 자들은 그가 데생을 모른다고 하고, 그 불완전함을 논란거리로 삼곤 하지만, 그 불완전함이야말로 탁월한 기술에 의해 얻어진 세련된 결과이다. 또 색조와 색조의 관계가 매우 아름답고, 지극히 정확한 그의 정물화는 진실성 속에 무엇인가 엄숙한 것이 있다. 모든 작품 속에서 그는 감동하고 있다. 자연 앞에서 그 자신이 격렬한 감동을 느끼고, 그 기술이 그 감동을 화폭에 이입하기 때문이다.

졸라도 1877년 4월 19일 자에서 세잔을 일컬어 "그 그룹에서 최고의 위대한 색채 화가"이며 "이 전람회에 그는 최고로 아름다운 프로방스의 풍경화를 여러 점 출품했다. 그 작품들은 너무나도 강렬하고 너무나도 생생해서 도리어 부르주아의 조소를 사고 있다. 그 작품들은 매우 위대한 화가의 특질을 적지 않게 보여줌에도." 라고 썼다. 그리고 세잔이 완전히 자기를 실현하면 너무나도 훌륭한 작품을 낳을 것이라고 했다.(Ecris358)

졸라가 찬양한 화가는 세잔만이 아니었다. 모네, 르누아르, 드가, 시슬레, 카유보트도 칭찬했다. 그들은 당시 공중에게 널리 인정받은 예술가들이 아니라 도리어 비난과 조소의 대상이었다. "오늘, 인상파가 결정한 운동은 조만간 착실하게 열매를 맺을 것이다. 몇 년 뒤 그들의 영향은 공식 살롱에까지 미칠 것이다. 프랑스 미술의 미래는 그들에게 달려 있다."(Ecris359) 그 뒤의 미술사는 졸라의 예언이 적중했음을 보여 준다.

이처럼 극찬도 있었지만 세잔은 그 뒤로 인상파전에 참가하지 않았다. 드가가 주장한 것처럼 살롱 응모와 인상파전 출품이 양립할 수 없다고 생각했기 때문이다. 그러나 모네, 르누아르, 피사로와의 우정은 유지되었다. 1878년 졸라는 세잔을 찬양하는 글을 썼고, 파리 만국박람회의 일부로 열린 살롱에 출품된 구스타프 모로의 작품을 예찬하면서 살롱을 변혁할 수 있는 것은 인상파뿐이라고 강조했다.(Ecris363-393)

제4회 인상파전 이후의 세잔과 졸라

1878년 3월, 세잔의 아버지는 세잔에게 보낸 쇼케의 편지를 뜯어보고 세잔의 아내와 아들에 대해 알게 된다. 아버지는 세잔에게 보내는 돈을 3분의 1로 줄였고, 세잔은 졸라에게 재정적 도움을 요청해야 했다. 졸라는 매달 60프랑을 지원했다. 『싸구려 술집』의 성공으로 경제적 여유가 생긴 졸라는 기꺼이 세잔을 도왔다.

『싸구려 술집』으로 막대한 인세를 받은 졸라는 1878년 센강 하류 강폭이 넓고 섬들이 있는 메당에 있는 별장을 구입했다. 파리에서 서쪽으로 40킬로미터 떨어진 메당의 센강 맞은편에 있는 졸라의 집은 흔히 사치스러웠다고 비난받지만, 실제로는 전혀 그렇지 않은 서민용 주택이다. 졸라는 그 뒤에도 작품으로 인세를 받으면 주변의 땅을 구입하고, 건물을 증축했다. 손님용 공간과 요리에 쓰는 소와 닭, 토끼를 키우는 농장, 그리고 산책용 정원도 만들었다. 졸라는 섬을 사들여 '파라두'라고 명명하고 거기에 북구풍 오두막을 지었다. 또 뱃놀이용 보트를 사서 '나나'라는 이름을 붙였는가 하면, 요리사, 세탁부, 정원사 등을 고용하기도 했다.

졸라의 작업실 벽난로에는 "한 줄도 쓰지 않는 날은 없다."(Nulla dies sine linea)라는 라틴어 글귀가 적혀 있었는데, 그만큼 졸라는 집필에 열중했다(영화 〈나의 위대한 친구 세잔〉에는 그 글귀가 벽에 붙어있다). 그 집은 졸라가 죽을 때까지 문학과 예술을 도모하는 살롱으로 여러 친구에게 개방되었다. 졸라가 20대부터 매주 목요일에 만났던 이들은 뉴마 코스테, 테오도르 뒤레, 오타브 미르보, 공쿠르, 도데, 샤르팡티에 부부 등이었다. 주로 초여름부터 가을까지 그들은 얼마든지 그곳에 머물면서 작품을 쓰거나 그림을 그렸다. 심지어 졸라가 없을 때도 자유롭게 드나들었다.

세잔도 1879년, 1880년, 1881년, 1882년, 그리고 1885년[*]에 메당의 졸라 집을 방문해 체류하면서 그림을 그리기도 하고, 졸라

---

[*] 1883년에 세잔은 파리나 메당에 가지 않았음이 편지를 통해 분명히 알 수 있고, 편지에서 이듬해에는 파리에 간다고 했지만, 1884년에는 편지가 없어서 파리나 메당에 왔는지 알 수 없다.

에게 돈을 빌리기도 했다. 세잔에게는 한곳에 오래 머물지 않는 독특한 생활 패턴이 있었다. 1880년대 전반에는 10월부터 2월까지는 마르세유 부근의 에스타크에서 작업을 하고 가족은 마르세유 시내에 살게 했다. 앞에서 보았듯이 1869년부터 동거한 오르탕스와 1872년에 낳은 아들 폴의 존재를 아버지에게는 숨기고 있었기 때문에, 아버지가 세잔의 집에 찾아와도 모르게 하려고 별거한 것이다. 그래서 세잔은 에스타크와 마르세유, 그리고 부모가 사는 엑스를 바쁘게 오가며 생활했다. 그리고 살롱이 시작되는 3월에는 파리로 가서 시내의 아파트를 빌리거나 파리 근교에 있는 무랑이나 퐁트와즈에 하숙하면서 그림을 그리다가 날씨가 추워지는 10월에는 에스타크로 돌아갔다. 이처럼 7개월은 파리나 그 부근, 5개월은 남쪽에서 살았다.

파리에 있을 때 세잔은 메당을 방문했는데 언제나 혼자였고, 몇 주 동안 머물기도 했다. 1880년 8월에는 유화 1점과 수채 여러 점을 그릴 정도로 장기 체류했다. 그때 그린 〈메당의 집〉은 '나나'호를 타고 '파라두'섬으로 건너가 그린 그림으로 '구조적 스트로커'라는 넓고 평행하는 터치가 전형적으로 드러난다. 졸라는 세잔의 초기 작품 11점을 소유했으나, 1870년대 이후 세잔의 작품은 구입하지 않았다. 이는 그가 인상파를 싫어해서가 아니라 미술비평을 하는 자로서 현존 화가의 작품을 구입해서는 안 된다고 생각했기 때문이다. 그래서 메당에는 골동품만 있었다. 그가 세잔 작품을 메당 집의 벽에 걸지 않은 것도 그런 이유 때문이지 세잔 작품을 혐오해서가 아니었다. 그러나 영화나 책에서는 반대로 묘사되는 것이 보통이다.

〈메당의 집〉은 고갱이 탕기를 통해 구입한 것이다. 당시 세잔은 화구 대금용으로 그림을 탕기에게 맡겼다. 탕기는 일찍부터 세잔의 그림을 좋아했으며, 그의 화랑에 걸린 세잔 작품을 보고 고갱이나 반 고흐가 세잔을 연구했다. 볼라르가 등장하기 전에 세잔의 그림은 쇼케나 가세, 모네나 피사로가 구입했으나, 당시 주식중개인이었던 고갱이 1881년부터 세잔 그림 구입에 나섰다. 그해 5월, 세잔이 퐁트와즈에서 작업할 때 피사로를 통해 고갱은 세잔을 알았으나, 세잔은 고갱을 좋아하지 않았다. 그래서 뒤에 자신의 작은 '감각'을 고갱이 훔쳤다고 볼라르에게 말하기도 했다. 또 베르나르에게는 고갱에 대해 다음과 같이 말했다.

> 그자는 날 제대로 이해하지 못했어. 나는 색조의 변화나 입체감이 없는 작품을 용서할 수 없소. 그건 난센스지. 고갱은 화가라 할 수 없어. 기껏 중국 그림을 흉내 낼 뿐이지.(세잔217)

그러니 세잔이 고갱에게 자기 그림을 팔 리 없었다. 당시 졸라에 비해 세잔은 명성이랄 것도 없었으나, 그들 사이의 편지를 보면 졸라가 세잔에게 항상 자기를 낮추는 듯한 인상을 받을 수 있다. 두 사람 다 세속적인 성공은 예술가에게 타락이라고 생각했는데, 이런 공통점 덕분에 두 사람의 우정이 가능했을 것이다. 그 관계는

〈메당의 집〉
폴 세잔, 1880, 58×72cm, 영국, 글래스고 미술관

졸라가 1886년 『작품』을 발표할 때까지 변하지 않았다. 그사이 졸라는 책이 나오면 바로 세잔에게 보냈고, 세잔은 그것을 즉시 읽고 책에 대한 소감을 편지에 적어서 보냈다. 그래서 두 사람의 브로맨스는 최고도에 달했다. 1885년 졸라가 『작품』을 준비할 때도 세잔은 메당에 2주간 머물면서 졸라와 그 소설에 대해 여러 가지 이야기를 나누었다.

1886년 9월에 세잔의 아버지는 세잔에게 매월 400프랑을 주기로 결정했다. 세잔은 1880년대 초 아버지가 세잔을 위해 스튜디오를 지을 때까지 파리 지역과 프로방스 사이를 계속 이동했다. 세잔은 에스타크에서 르누아르와 함께 그림을 그렸다.

1879-1882년의 살롱

1879년에 세잔은 시슬레, 르누아르와 함께 인상파전에는 불참하고 살롱에 응모했으나 르누아르만이 입선했다. 그해 제4회 인상파전에는 모네도 본인은 출품하지 않고, 대신 카유보트(Gustave Caillebotte, 1848-1894)가 소장자로부터 빌린 29점을 전시했다. 같은 해 졸라는 인상파와 살롱을 연결하던 마네와 함께 여러 문제를 종합적으로 논의하면서 문학과 마찬가지로 미술에서도 자연주의의 승리가 확실하다고 주장했다.

1880년에도 모네, 르누아르, 세잔, 시슬레는 제5회 인상파전에 불참하여 드가파가 주도하는 전시회가 되었다. 모네는 살롱에 두 점을 출품했으나 한 점만 입선하고, 르누아르는 출품작 두 점이 모두 입선했지만, 세잔은 입선하지 못했다. 그러나 모네와 르누아르의 작품은 구석에 전시되었다. 그들은 세잔을 통해 졸라에게 부탁해 미술장관에게 항의하게 했다. 그 덕분에 졸라가 쓴 장문의 「살롱의 자연주의자들」은 파리의 유력 신문인 《르 볼테르》에 4회에 나누어 실리게 된다. 이는 그 전에, 즉 졸라가 1874년부터 1879년까지, 파리에서 멀리 떨어진 지역에서 발행되는 신문 잡지에 썼던 인상파 옹호 비평보다 영향력이 컸다. 특히 다른 인상파 화가들과 함께 제2장에서 세잔을 쿠르베나 들라크루아에 가깝게 "구조의 연구까지 고투하는" "대화가의 기질을 지녔다."라고 칭찬하였다.

앞에서 보았듯이 1881년 정부는 살롱을 민영화했다. 같은 해 제6회 인상파전이 열렸으나, 세잔, 모네, 르누아르, 시슬레는 불참했다. 피사로와 고갱을 제외하면 드가와 그 제자들의 작품으로 전시회가 열렸다. 졸라는 「살롱을 산책한 뒤에」라는 글을 유력지인 《르피가로》에 실어 코로, 밀레, 쿠르베가 사라진 살롱을 비판했다.

1882년에는 카유보트가 인상파다운 전시회를 열려고 노력한 결과, 그해의 제7회 전시회 참가자는 9명으로 늘었지만 모네, 르누아르, 피사로의 작품들은 모두 뤼엘 화랑의 재고품들이었다. 그 전시회에 세잔은 초청조차 받지 못했으나, 살롱 응모 17년 만에 처음으로 살롱에 입선했다. 민영화된 살롱에 출품할 의미는 없었지만, 속물인 아버지에게 경제적 원조를 받기 위해서는 살롱 입선이라는 간판이 필요했다.

1886년의 마지막 제8회 인상파전에는 세잔은 물론 모네나 르누아르가 불참하는 대신 스라와 시냑과 같은 점묘파들이 출품하고 피사로도 점묘파적인 작품을 출품하여 마지막 인상파전답게 끝났다.

1882년 살롱의 세잔 작품

세잔이 1882년에 살롱에서 입선한 것은 통상의 심사에 의한 것이 아니었다. 심사위원이었던 세잔의 친구 규메(Antoine Guillemet, 1841-1891)가 심사위원의 특권, 즉 심사위원이 제자 작품 1점에 한해 심사위원단 과반수의 동의 없이 입선시키는 제도에 따른 것이었다. 그러나 이 제도에 문제가 있다는 논의가 제기되면서 이듬해 폐지된 터였다. 당시의 편지를 보면 세잔이 규메에게 심사위원의 특권을 행사해 줄 것을 부탁했음을 알 수 있다.

규메는 졸라의 소설 『작품』에 화가 파쥬롤로 등장한다. 파쥬롤처럼 규메는 1881년 살롱 민영화와 함께 실시된 심사위원 선거제도 개혁에 따라 처음으로 심사위원이 된다. 규메는 마네가 1868년에 그린 〈발코니〉에도 등장하는데, 이는 그가 마네의 충실한 추종자였음을 상징한다. 규메는 아카데미 쉬스에서 세잔과 알았고, 이어 세잔의 소개로 졸라와 알게 된 뒤 졸라의 숭배자가 되어 졸라의 『작품』 집필에 필요한 많은 자료를 제공했다.

『작품』에서 파쥬롤은 기술은 뛰어나서 살롱에 입선하지만, 자기가 클로드와 같은 강렬한 개성을 갖지 못했음을 자각하고, 인상파전에는 참가하지 못하고 클로드를 부러워하는 화가로 나온다. 그러나 실제의 규메는 세잔과 졸라, 그리고 인상파 화가들과 평생 친하게 지냈다.

세잔이 살롱에서 입선한 작품명은 〈L.A.씨의 초상〉이지만, 그것이 어떤 그림인지는 지금까지 밝혀지지 않았다. 혹자는 세잔의 아버지 이름인 Louis-Auguste의 약자라고 보고, 세잔의 〈레벤망을 읽는 화가의 아버지〉가 그 그림이라고 보았지만, 명확하지 않다.

1885년 세잔의 사랑

1885년 봄, 세잔은 사랑에 빠진다. 다음 편지에서 이를 알 수 있다. 빈의 알베르티나 미술관이 소장한 세잔의 저택 자드부팡의 데생 뒤쪽에 있는 편지인데, 그것이 상대방에게 전해졌는지는 확실하지 않다.

나는 당신을 만났습니다. 당신은 내게 키스했지요. 그 뒤로 나는 깊은 혼란에 빠졌습니다. 불안에 사로잡힌 친구가 이렇게 편지를 쓰는 것을 양해하세요. 당신은 이를 무례하다고 생각할지 모르지만 나는 달리 말할 방법을 모릅니다. 나를 압도하는 이 생각을 어떻게 말하지 않을 수 있을까요? 감정을 숨기기보다는 도리어 밝히는 편이 더 좋지 않을까요?(Correspondance216-217)

상대 여성이 누구인지에 대해서는 여러 가지 추측이 있지만 확실한 것은 없다. 그 무렵 5월부터 7월 사이에 세잔은 졸라에게 10통의 편지를 보냈다. 앞에서 보았듯이 세잔은 결혼할 생각은 없이 피케와 동거 중이었는데 이는 아버지의 반대뿐만 아니라 그 자신이 오르탕스와 사이가 좋지 않았기 때문이기도 했다. 따라서 세잔이 새로운 여성을 사랑하는 것이 크게 이상하지는 않았다. 그러나 새로운 사랑은 이루어지지 않았다.

졸라의 미술비평

졸라의 미술에 관한 비평은 1865년에 시작되어 1896년에 끝난다. 그 뒤로는 죽을 때까지 미술에 관심을 두지 않았다. 졸라의 생애에서 1898년의 드레퓌스 사건 관여가 너무나도 큰 비중을 차지하기 때문인지, 아니면 그의 문학작품이 미술비평에 비해 더욱 중요하게 여겨진 탓인지 어쨌든 그의 미술비평은 그다지 중시되지 못했다. 그래서 프랑스에서도 미술비평사에 졸라가 언급되는 경우는 드물다. 전문적인 미술비평가로 보지 않기 때문이다. 사실 졸라는 짧은 신문 기고문 형식으로 비평을 썼고, 미술비평에 대한 독자적인 이론을 내세운 단행본을 내지도 않았다. 그러나 그의 비평은 당대의 일반적인 비평과 달리 독창적이었다. 또한 그 누구보다도 일찍이 마네를 비롯하여 당시로서는 전위적이었던 인상파를 대변했다는 점에서 미술비평사나 미술사에서 중요하지 않다고 말할 수 없다. 특히 졸라는 25세의 나이로 당대의 저명한 비평가로 졸라보다 20세 연상이었던 보들레르 등보다도 먼저 마네를 인정했다.

졸라의 미술비평이 당대 미술비평의 경향과 특별하게 구별되는 점으로는 당대의 화가들에 대한 비평에 집중했다는 점이었다. 졸라도 과거의 미술에 관심이 전혀 없었던 것은 아니다. 『작품』에도 과거의 미술작품에 대한 평가가 나오지만, 미술비평으로 과거의 작품에 대해 쓴 것은 1865년에 쓴 「3000년 전의 이집트 *L'Egypte il y a trois mille ans*」라는 글 한 편뿐이다. 반면 당대 미술비평에는 과거 미술, 특히 대가들에 대한 찬사의 글이 많았다. 1870-1880년대 졸라의 미술비평은 다음과 같이 요약할 수 있다.

첫째, 19세기 프랑스 미술의 대세는 앵그르, 들라크루아, 쿠르베, 마네, 그리고 자연주의를 표방한 인상파화가들이다.
둘째, 살롱에서 정당하게 평가되지 못한 사실주의 및 자연주의 경향의 화가들이 인상파전을 조직한 것은 대단한 용기로 평가할 수 있고, 이는 상당한 성과를 올렸으나, 지향점이 일치하지 않아 1886년에 끝났다. 즉, 지적인 생활 관찰을 주제로 삼는 실내 제작파인 드가와, 자연의 생명 찬양을 주제로 삼는 외광 제작파인 모네, 르누아르, 세잔으로 갈라졌으나, 인상파의 본질과 미래는 외광파에 있다.
셋째, 예술을 혁신하고자 하면 대중과의 접점인 살롱을 포기해서는 안 되고, 혁신파의 유일한 전장인 살롱에 복귀하여 살롱을 정복해야 한다.
넷째, 인상파의 양식은 아직 완성되지 못하고, 전형적인 대표작들도 아직 나오지 못하고 있으니, 화가들은 습작인 소품이 아니라 전형적인 대작 제작에 매진해야 한다.

이상의 견해는 졸라 개인의 견해가 아니라 세잔, 르누아르, 모네 등과의 대화를 통해 형성된 것이었다. 따라서 그들 모두의 공통된 견해였다고 할 수 있다.

세잔과 졸라의 마네

마네는 파리의 부유한 판사 집안에서 태어났다. 공부를 잘하지 못해 집안이 기대한 것처럼 법을 전공하지는 못하고, 선원이 되려고 했으나 포기하고, 18세에 미술 교육을 받았다. 언뜻 보아 세잔과 비슷한 길을 걸은 것 같지만, 마네의 파리 집안은 세잔의 시골 집안과 비교할 수 없을 정도로 우월했다. 세잔은 졸라와 함께 마네를 신처럼 숭배했다. 반면 앞에서 보았듯이 마네는 졸라는 좋아했으나 세잔을 싫어했다. 세잔이 무례하다고 싫어했지만, 그 이유 중 하나가 집안 탓일지도 모른다.

마네는 스페인의 벨라스케스와 고야의 영향을 받고 당시 유행한 리얼리즘의 소재인 거지, 가수, 무용수, 집시, 카페 손님, 소싸움 등을 간결하게 그려 살롱에 응모했으나 낙선하고, 1863년에 생긴 낙선전에 출품한 〈풀밭 위의 식사〉로 악명이 높아졌다. 앞에서 보았듯이 마네는 인상파 형성에 중요한 역할을 했다. 그러나 그는 본래 전통주의자로서 인상파전에는 아예 참석도 하지 않았음에도 어떻게 개혁파의 기수가 되었을까? 그 이유는 그가 비평가와 관중들로부터 격렬한 비난을 받았기 때문이다. 그런 비난은 물론 그의 밝은 그림이 던진 충격 때문이었지만, 실제로 그의 그림에는 어두운 부분도 많아서 살롱의 전통주의에서 벗어났다고 보기 어렵다. 사실 그는 평생 살롱에만 집착하고, 인상파전에는 아예 참석조차 하지 않았다.

앞에서 19세기 이전과 달리 19세기는 문학이나 음악이 아니라 회화의 시대가 되었다고 말했다. 19세기 이전의 회화는 그 주제를 문학으로부터 얻었으나, 19세기의 쿠르베 이후 회화는 문학과 결별하고 자연과 시대를 스스로 표현하게 되었다. 게다가 이제는 문학이 회화로부터 주제를 얻는다는 역전 현상까지 생겨났다. 졸라의 『작품』은 그러한 대표적 결과물이다. 플로베르의 만년 작품인 『순박한 마음』*(1877)도 쿠르베, 마네, 르누아르 등이 그린 〈여인과 앵무새〉에서 영감을 얻어 쓰인 단편소설이다. 반대로 마네는 앞에서 보았듯이 낙선전부터 시작하여 자신을 옹호하는 졸라의 미술비평으로부터 대단한 도움을 받았다. 그래서 앞에서 본 졸라의 초상화도 1868년에 그렸다.

졸라는 여러 소설의 시작 부분이나 끝부분, 또는 클라이맥스 부분에 회화적인 묘사를 즐겨 넣었다. 가령 토지에 대한 농민의 집착을 그린 『대지』의 첫 부분은 밀레의 〈씨뿌리는 사람〉(1850)을 연상시킨다. 졸라는 밀레와 개인적으로 친교를 맺지는 않았으나, 마네를 비롯한 인상파 화가에게서 밀레 이야기를 익히 들었고, 『대지』를 집필하는 1866년에는 이미 밀레가 농민 화가로 유명했으니 『대지』를 쓰는 졸라로서는 충분히 참작하고도 남았을 터다.

그러나 마네의 그림으로 졸라 소설에 가장 큰 영향을 준 것은 마네가 1877년에 그린 〈나나〉이다. 이 그림은 흔히 졸라의 소설 『나

---

* 귀스타브 플로베르, 『순박한 마음』, 유호식 옮김, 민음사, 2017

나』를 읽고 마네가 그린 작품으로 소개되곤 했으나, 나나라는 여인은 1879년에 신문에 연재된 『싸구려 술집』의 주인공 제르베즈의 딸로 처음 나오므로 마네가 그 그림을 그린 뒤에 졸라가 그것을 보고 만든 여인상이다. 그러나 소설에서 나나는 마네의 그림에 나오는 고급 창부가 되기 전 14세 소녀로 나오고, 그림에 나오는 화려한 장식의 저택을 배경으로 한 고급 창부 나나는 1780년의 신문 연재소설과 소설책에 나온다.

사실 졸라는 『나나』를 쓰기 전에 고급 창부의 이미지를 그려달라고 마네에게 부탁했다. 왜냐하면 마네는 이미 〈올랭피아〉에서 고급 창부를 그렸기 때문이다. 그런데 올랭피아는 동안이라는 점에서 나나와 공통되지만, 소년과 같은 딱딱한 팔다리를 가진 점에서, 풍만한 색기로 뭇 남자들을 유혹하는 나나와는 다르다. 실제로 마네는 자기 아틀리에에 고급 창부가 사는 아파트 같은 무대를 설치하고 팔등신의 매혹적인 여배우를 모델로 삼아 〈나나〉를 그렸다. 그림에서는 나나의 한창때를 보여 주지만, 도덕적인 졸라는 소설에서 나나의 마지막을 천연두에 걸려 추악한 모습으로 죽여 버린다. 마네는 1877년 살롱에 〈나나〉를 출품했으나 부도덕하다는 이유로 낙선한다. 이에 분노한 마네는 카퓌신 대로의 고급 여성 모자 집의 진열장에 그림을 전시하여 화제를 낳았고, 졸라의 소설도 성공했다.

세잔과 졸라의 드가

마네처럼 드가도 부유한 은행가 집안에서 태어나 법학을 공부하다가 19세에 보자르에 입학해 앵그르 제자 밑에서 아카데미즘 미술을 공부했다. 아버지가 은행가이고 특히 이탈리아계라는 점이 세잔 아버지와 유사했고, 어머니가 뉴올리언스 출신 크레올이고 아버지와 나이 차이가 컸다는 점도 유사했다. 드가는 마네와 친해 마네 부부의 초상화도 그렸지만, 마네 이상으로 세잔을 싫어했다. 세잔도 드가처럼 은행가의 아들이었지만, 거칠고 촌스러운 세잔과 달리 드가는 차가운 위트와 냉담하고 거만한 매너의 소유자로 두 사람은 너무나 달랐다. 드가가 농촌을 혐오한 파리지앵이라는 점도 세잔을 싫어한 요인일 수 있다.

드가는 처음부터 아카데미즘에 가까웠기에 쿠르베 등의 리얼리즘을 싫어했다. 앞에서 보았듯이 실내파인 드가는 아카데미즘 회화에 반발하여 인상파전에 참여했으나, 외광파인 모네와 대립했다. 사실 그는 인상파라는 용어도 싫어하고 독립파(앙데팡당, Indépendants)라는 말을 선호했다. 드가는 현대생활을 그리는 고전주의 화가가 되기를 바랐다.

세잔과 졸라는 모네가 인상파를 대표하며 현대 회화는 모네가 주도한다고 생각했으나, 드가를 무시하지는 않고 드가의 세탁부나 무용수를 그린 섬세하고 적확한 그림을 찬양하고, 무명의 민중에 대한 드가의 시선에 공감했다. 드가가 그린 세탁부나 카페 여성들 그림은 졸라가 『싸구려 술집』을 쓰기 전에 그려졌다. 따라서 졸라가 그 소설을 쓰기 전에 드가의 그림으로부터 영감을 받았을 수 있다. 마찬가지로 드가가 그린 부르주아 군상은 졸라가 1891년에 쓴 『돈』과 같이 자본주의 사회의 돈에 대한 욕망을 주제로 삼은 작품에 영향을 주었을 수 있다. 이와 반대로 드가가 졸라의 영향을 받았다고 볼 수 있는 그림들도 있다. 가령 드가가 1868년경에 그린 〈실내(강간)〉는 졸라의 『마들렌 페라』의 스토리에서 영감을 받았다

세잔과 졸라의 피사로

앞에서 보았듯이 세잔과 졸라는 인상파 화가 중에서 누구보다도 먼저(1861년부터) 피사로를 알았고, 어떤 화가보다도 그를 좋아하여 평생 친구로 지냈으나, 피사로가 1903년에 죽기까지 마지막 20년간 서로 만나지 않았다. 세잔이 피사로에게 보낸 편지는 1865년에 시작되어 1879년에 끝나는데, 단체브가 편집한 『세잔의 편지』에 포함된 세잔이 피사로에게 보낸 7통의 짧은 편지들의 내용은 일상적인 것들이고 특기할 만한 것이 없다. 앞에서 나는 피사로가 아나키스트라고 말했으나 그가 세잔에게 보낸 편지에는 아나키즘에 대한 언급이 거의 없다. 졸라가 피사로의 〈외딴집〉(1868)에 대해 다음과 같이 평했을 때도 그런 언급은 없다.

<외딴집>의 전경에는 활짝 펼쳐지다 사라져 가는 대지가 보인다. 이 대지 끝에 커다란 나무들이 작은 숲을 이루고 있고, 그 안에 건물의 본채가 있다. 그게 전부다. 그러나 이 얼마나 생생한 대지이고, 얼마나 활기에 넘친 초록이며, 얼마나 광활한 지평선인가! 몇 분간의 분석 뒤에 나는 내 앞에 초원이 펼쳐지는 것을 본다고 믿었다.(Ecris204-205)

졸라는 피사로의 초기 그림들에 대해 그 밖에도 몇 편의 글을 썼으나, 아나키스트로서의 피사로에 대한 언급은 없다. 피사로가 아나키즘에 기운 것은 1876년 전후로, 당시 그가 구독한 좌파 계열 잡지인 《라 랑테른La Lanterne》에 아나키스트인 프루동을 비롯한 아나키스트들의 기사가 났다.

피사로는 아나키스트로 프루동 계의 신문을 받아보고 자본주의를 비판하는 그림을 그렸다. 졸라는 프루동의 미술관에 대해 비판적인 글을 썼음을 앞에서 보았지만, 의견을 같이한 부분도 많았다. 세잔이 피사로의 아나키즘을 어떻게 생각했는지 알 수 없으나, 피사로가 아나키즘에 기울었음을 몰랐을 리 없다. 피사로의 아나키즘은 그가 1883년 12월 28일, 아들인 뤼시앵에게 보낸 다음 편지를 통해 알 수 있다.

자, 보아라, 진짜 부르주아들이 얼마나 어리석은지. 한 걸음 한 걸음 나락으로 내려가고 있지 않느냐. 한마디로 말해 아름다움이라 할 만한 건 모두 잃어버리고 오류투성이지. 판사를 보내어야 할 대상에다가는 고함을 질러 입도 뻥긋 못 하게 하고는 조금도 인정치 않아! 혐오감에 등 돌리고 싶을 만큼 어리석고 감상적인 일에는 기쁨에 날뛰거나 기절할 정도고, 그들이 '지난 50년간 칭송'한 것이라곤 이제 모두 잊혀 구식이 되어 버리고 비웃음을 살 뿐인 그런 것들이지. (…) 이들은 밀짚으로 만든 장갑, 모자, 꼬리 장식으로 치장한 줄루족이야. 굴러떨어지는 바위 같지. 여기에 부딪히지 않으려면 끝없이 되굴러야 해.(덴버159)

다음은 1885년 12월 12일, 영국의 총선거에서 토리당이 승리하자 이를 통탄하며 피사로가 조카인 에스터 아이작슨에게 보낸 편지, 그리고 다시 22일에 보낸 편지의 몇 구절이다.

열심히 일하고서도 굶주림에 죽어가는 사람들에게야 그게 그거지. 에스터야. 자유로워지는 최선의 방법은 네가 가진 힘을 남에게 위임하지 않는 거란다. 잘 알아두거라. 영국도 우리가 걸린 크레틴병에 걸린 거지. 어리석은 프로테스탄트 교육 체계 때문에 잘못된 가치, 잘못된 도덕관, 잘못된 자유의 겉모습에 눈먼 것만 빼면 말이다.(덴버167)

보통선거권은 부르주아가 경제를 통제하는 무기일 뿐이야. 그러니 당연히 사라져야 하지 않겠니. 10년, 20년 안에, 아니 그보

다도 빨리, 자본몰수에 덧붙여, 이것이 일반 요구 사안이 될 게 다.(덴버170)

세잔과 졸라의 모네

모네는 마네나 드가와 달리 식료품 집안의 아들로 태어나 어려서부터 시골에서 캐리커처를 그리다가 19세부터 아카데미 쉬스에서 그림을 그렸다. 앞에서 보았듯이 그곳은 독단적이고 경쟁심이 강하며 반항적인 모네에게 맞았다. 그러나 이듬해에 징집당해 군에 입대한다. 알제리에서 복무하면서 전염병에 걸린 모네는 1년 만에 파리로 돌아와 다시 그림을 그리면서 그의 우상인 쿠르베를 만났다. 그 뒤 퐁텐블로 숲 부근에 살면서 코로와 밀레의 영향을 받고 인상주의식 그림을 그려 1866년에 응모한 살롱에 처음으로 입선했다. 그 뒤로 르누아르나 시슬레 등과 함께 그림을 그리면서 뒤에 인상파를 형성했다.

마네는 모네를 처음에는 싫어했지만, 평생 친구로 지냈다. 르누아르와도 절친했다. 세잔은 모네를 "신의 눈을 가진 유일한 인간"이라고 극찬했다. 졸라의 소설에 모네의 그림이 구체적으로 등장하지는 않지만, 모네가 그린 자연의 생명력은 졸라의 자연주의 소설과 같은 이미지를 풍긴다. 이는 졸라가 1868년의 「나의 살롱」에서 모네의 〈르아브르 선창가를 떠나가는 배〉에 대해 다음과 같이 평한 것에서 읽을 수 있다.

우리는 대양을 마주하고 있다. 우리 앞에는 역겨운 냄새의 연기로 가득한 역청을 칠한 한 척의 배가 있는데, 그 배가 숨 가쁘게 내뿜는 소리를 우리는 희미하게 듣는다. 나는 그 생생한 색조를 보았고, 그 짭짤한 냄새를 맡았다.(Ecris208)

졸라는 제3회 인상파 전시회에 대해 1877년에 쓴 글에서도 모네를 찬양하며 다음과 같이 말한다.

클로드 모네 씨는 이 그룹 중 개성이 가장 돋보이는 사람이다. 올해 그는 기차역 내부의 대단한 장면들을 전시했다. 그의 작품 속에서 우리는 밀려드는 기차들의 기적 소리를 듣고, 광대한 역사 내부에 뿜어져 나오는 연기가 난무하는 것을 본다.(Ecris370)

세잔과 졸라의 르누아르

르누아르는 인상파 화가 중에서 유일하게 빈곤한 시골 노동자 집안의 출신이다. 아버지는 석공이고 어머니는 여공이었다. 어려서 파리로 이사한 뒤 13세부터 도자기 공장에서 견습공으로 일하며 그림을 공부한 뒤 21세에 보자르에 입학했으나 2년 뒤 중퇴했다. 르누아르는 세잔과 친했으나 특별한 편지 왕래는 없었다. 르누아르는 졸라의 소설 『싸구려 술집』 1878년판을 위해 4점의 흑백 판화도 그렸는데 낙관적인 그림을 그리는 르누아르에게 졸라가 비관적인 소설의 삽화를 부탁한 이유는 여성의 건강미를 부각하고 싶어서였다. 1866년 르누아르의 살롱 출품작을 극찬한 졸라는 1884년에 쓴 『삶의 기쁨』에서도 르누아르가 그린 소녀의 건강미를 구현한다. 졸라가 묘사한 소녀인 폴린느 크뉘(Pauline Quenu)는 열 살 때 고아가 되어 사촌 집에 맡겨지지만 막대한 유산을 받아 주변 사람들에게 선행을 베푼다. 그러나 사촌 가족과 마을 사람들에게 방해를 받는다. 게다가 폴린느가 많은 재산을 바친 염세주의자 라자르(Lazare)는 그녀를 배신하고 다른 상속녀인 루이즈(Louise)와 결혼한다. 루이즈가 가사 상태에서 낳은 아이를 폴린느가 회생시켜 기르면서 삶을 있는 그대로 받아들인다. 그러나 르누아르가 그린 소녀상이 졸라가 그린 소녀상과 부합하는지는 의문이다.

한편 세잔과 르누아르는 모두 평생을 그림에 바쳤지만 그들의 예술 운동, 그림의 주제와 영향은 서로 완전히 반대되는 것처럼 보인다. 세잔의 새로운 발상과 강력한 화풍은 미술사를 바꿔 놓았기에 그는 현대 미술의 아버지로 불리는 반면 르누아르는 유쾌하고 즐거운 삶을 예찬한다. 세잔은 인상파를 벗어나려고 하는 후기인상파 화가이자 입체파로 알려진 추상 미술의 창시자로 유명하다.

반면 오귀스트 르누아르는 같은 시대의 화가였지만 그의 작품은 인상주의에 머물렀다. 따라서 두 사람 모두 초상화와 누드 여성을 많이 그렸음에도 그 화풍은 다르다. 그러나 르누아르도 만년에는 빛의 효과를 포착하고 대담한 붓놀림을 사용한 전통적인 인상주의 스타일에서 벗어났다. 물론 그것은 세잔과 달리 18세기 프랑스 미술의 관능성으로 회귀한 것이었다.

제4장

졸라의 노동소설과 세잔의 구조주의

1870-1880년대의 위고와 졸라

　제3장 앞에서 보았듯이 젊은 세잔과 졸라에게 위대한 스승은 미술 스승인 쿠르베와 함께 문학 스승인 위고였다. 위고의 『파리의 노트르담』(1831)과 『레 미제라블』(1862)은 그들의 청소년기에 성경과 같았으나, 1870년대의 졸라에게 위고는 과거의 스승이었다. 그러나 대중은 여전히 위고를 메시아로 여겼다. 그래서 제2제정이 몰락한 직후인 1870년 9월, 망명 19년 만에 파리로 돌아온 위고는 대중의 열렬한 환영을 받았다. 그러나 파리는 엄청나게 변했다. 앞의 두 작품에 묘사된 파리는 1860년에 시작된 오스만의 도시계획에 의해 대부분 없어졌다.

　코뮌 봉기 직후인 3월 18일, 위고는 아들의 장례식을 치르고 파리를 급하게 떠났다. 마음으로는 코뮌 편이지만 극단으로 변할 것을 우려하여 브뤼셀로, 이어 룩셈부르크로 갔다가 9월에 파리로 돌아왔다. 그 뒤에 쓴 『무서운 해』(1872)에서 그는 프로이센-프랑스 전쟁과 파리코뮌을 묘사하면서 전 국민이 순교자가 되었다고 썼다.

1871년 졸라는 프로이센-프랑스 전쟁 이전의 제2제정을 묘사한 『쟁탈전』을 신문에 연재하면서 많은 사람으로부터 비난을 받는다. 그러나 그 비난은 1876년부터 신문에 연재한 『싸구려 술집』으로 받은 비난에 비교할 수 없었다. 그 상스러운 언어와 인물들의 비참한 삶에 충격을 받은 독자들 때문이었다. 그러나 마네는 열광한다. 그래서 자신이 그린 초상화에 『싸구려 술집』 여주인공의 딸인 나나라는 이름을 붙이기도 한다.

1876년 『싸구려 술집』의 출간 후 성공 덕분에 그는 경제적으로 매우 풍족해졌고 빅토르 위고보다 더 높은 원고료를 받는다. 그러나 평단의 평가는 좋지 못했다. "『싸구려 술집』은 행동에 있어서는 도덕적이며… 인민에 대한 최초의 이야기이자 참된 인민의 냄새를 지니는 작품이다."라는 식의 평도 나왔지만 대체로 비난 일색이었다. 물론 그전까지 평론가들은 졸라의 책은 거들떠보지도 않았다. 20세기 초엽까지 그런 경향은 유럽만이 아니라 미국에서도 일반적이었다. 그래서 당시 미국의 소설가이자 평론가인 싱클레어는 『힘의 예술』에 이렇게 썼다. "내가 어렸을 때 이 프랑스 사람의 이름은 모든 혐오해야 할 것들과 같은 뜻으로 쓰였다. (…) 평론가들은 다만 한 가지 설명만을 발견할 수 있었는데, 곧 그는 비열한 근성을 가진 녀석이라는 것이다." 심지어 최근까지도 졸라는 문학적인 가치를 지니지 못한 작가로 대접받아왔다. 특히 한국에서 그렇다.

『싸구려 술집』 서문

에밀 졸라는 1876년 『싸구려 술집』을 단행본으로 냈을 때, 이전에 '오물덩어리'니 '포르노그래피'니 하는 등의 혹독한 비판을 받으면서 잡지 연재를 7회도 못 채우고 중단했던 것을 회고하며 초판 서문에 다음과 같이 썼다.

나의 죄는 민중의 언어를 모아서 그것을 무척 공들여 만든 거푸집에 붓는 문학적 호기심을 가졌다는 데 있다. 아! 형식, 거기에 대죄가 있다니.(목로상8)

여기서 문제가 된 하나의 문장을 읽어보자. 작품에서 가장 중요한 상징적인 모티브인 삶의 절정을 보여 주는 것이자 몰락의 전주곡이 되기도 하는 제르베즈의 생일 파티를 묘사한 제7장의 일부이다.

술잔은 단숨에 비워졌고, 마치 폭우가 쏟아지는 날 빗물이 홈통을 따라 내려가듯 술이 목구멍을 따라 콸콸 내려가는 소리가 들렸다. 포도주의 비야 이건, 어라! 처음엔 낡은 술통 맛이 나더니 자꾸 마시니까 고소한 개암 냄새가 나네. 와! 빌어먹을! 예수회 수도사들이 탓해 봐야 소용없어. 어쨌거나 포도즙은 정말 멋진 발명품이야! 좌중이 웃으며 옳소! 하고 외쳤다.(목로상307)

지금이야 아무런 문제가 되지 않는 너무나 자연스러운 표현이지만, 당대에는 이런 표현이 상스럽고, 졸렬하고, 타락하고, 부도덕한 표현으로 낙인찍혀 엄격한 비판의 대상이 되었다. 당시에도 졸라를 옹호하는 사람들이 있기는 했다. 가령 프랑스 상징주의의 시조 말라르메는 "에밀 졸라가 그 작품에서 사용한 민중 언어는 그가 문학에 부여한 절대적 참신성"이라고 찬양했다.

그러나 그 내용은 더욱 큰 비난을 받았다. '끔찍한 포르노'이자 '불결하다'라고 비난한 우파는 물론, 민중의 참상을 폭로할 것이 아니라 민중을 영웅화하기를 바란 좌파도 졸라를 비난했다. 빅토르 위고마저도 빈곤이 진실이라고 해도 그것을 '시장바닥의 구경거리로 전락'시켜서는 안 된다고 하면서 그 작품이 불량하다고 비난했다. 이에 대해 졸라는 다음과 같이 썼다.

그렇다고 여기서 나 자신을 변호할 생각은 추호도 없다. 나의 작품이 나를 변호해 주리라. 이것은 진실의 작품이요, 거짓말을 하지 않는, 민중의 냄새가 나는 최초의 민중소설이다.(목로상8)

여기서 '민중의 냄새'란 민중의 말투로 표현했을 뿐 아니라 그 내용이 민중의 비참함을 다루었다는 뜻이다. 사실 졸라야말로 최초의 민중소설가였다. 발자크나 빅토르 위고 등과 같이 민중을 주인공으로 삼은 작품을 쓴 작가는 졸라 이전에도 있었고 또한 당대에도 있었다. 그러나 지식인의 모습을 한 민중이 아닌, 현실에서 만나는, 있는 그대로인 민중의 말과 생각을 생생하게 표현하여 그들의 목소리를 대변한 사람은 졸라 이전에는 없었다. 위 문장에 이어 졸라는 다음과 같이 썼다. "이 작품을 읽고 민중 전체가 불량하다고 결론지어서는 안 된다. 왜냐하면 나의 등장인물들은 불량한 것이 아니라 단지 무지할 뿐이고 거친 노동과 비참한 가난이라는 환경에 의해 오염되었을 뿐이기 때문이다."

여기서 우리는 졸라가 『테레즈 라캥』에서 강조한 유전적 요소가 『싸구려 술집』에도 나타나지만, 이번에는 환경적 요소가 더욱 강조되었음을 알 수 있다. 이는 그가 그 소설에서 "파리 변두리의 오염된 환경에서 살아가는 한 노동자 가정의 숙명적인 몰락을 그리고자 했다."(목로상7)라고 하는 설명에서도 알 수 있는 점이다. 이어 그는 다음과 같이 덧붙였다.

음주벽과 게으름의 끝에는 가족 관계의 이완, 난잡한 혼거, 성실한 감정의 점진적 망각이 있고, 대단원으로서의 수치와 죽음이 있기 마련이다. 기실 이것이야말로 살아있는 교훈이 아니겠는가.

졸라는 『테레즈 라캥』 개정판에 붙인 에피그래프(epigraph)로 이폴리트 텐의 "미덕과 악덕은 설탕과 황산처럼 하나의 산물이다."라는 말을 붙였다. 철학자, 사상가, 비평가, 역사가인 텐은 19세기 프랑스 실증주의를 대표하는 사상가의 한 사람으로 인간성 연구에 과학적 방법을 가지고 접근했다. 오귀스트 콩트의 실증주의적 방법을 응용해서 과학적으로 문학을 연구하여 인종, 환경, 시대라는 세 요소를 확립하였다.

『싸구려 술집』 줄거리

이야기는 마카르 가문 출신의 제르베즈가 동거남 랑티에게 버림받는 것으로 시작된다. 제르베즈는 자신과 어머니를 매질하던 아버지를 피해 14살에 만난 랑티에를 쫓아 파리로 온 가난한 절름발이 세탁부다. 22살의 나이에 두 아들, 클로드와 에티엔을 키우며 열심히 살아 보려 하지만 돈 한 푼 벌어오지 않으면서 제 몸만 꾸며댈 줄 알던 랑티에는 다른 여자와 눈이 맞아 제르베즈를 떠난다. 어느 날 랑티에가 이웃 여자와 눈이 맞아 도주하고 그런 사실을 비웃는 비르지니라는 여자와 빨래터에서 몸싸움을 벌이는 것으로 제1장은 끝난다.

제2장 처음에 『싸구려 술집』이 등장한다. 제르베즈는 다시는 남자를 만나지 않으려 했으나, 착한 기와 수리공 쿠포의 끝없는 구

혼에 넘어가 결혼하는 것으로 제3장이 시작하여 결혼식 날의 여러 가지 사건이 묘사된다. 이어 제4장은 두 사람이 4년간 열심히 아껴 돈을 모으며, 서로를 사랑하며 행복하게 살았다는 이야기로 시작하여 나나라는 딸도 낳고 알뜰하게 저축하는 것으로 이어진다. 다시 3년이 흐르고 제르베즈는 숙련공으로 돈을 많이 벌게 되어 부의 상징인 추시계도 사고, 원하던 세탁소를 차릴 돈도 마련한다. 그러나 가게를 계약하던 날 쿠포는 지붕에서 일하다 추락하여 크게 다쳐 제르베즈는 세탁소 인수를 포기하고 쿠포를 간호한다. 남편의 치료를 위해 모은 돈을 모조리 써 버렸지만 제르베즈는 자신에게 연정을 품은 또 다른 남자 구제에게서 돈을 빌려 자신만의 세탁소를 연다.

제5장에서 제르베즈는 또다시 열심히 일하고 배부르게 먹으며 남들에게 베풀며 살아간다. 그러나 사고 이후 성실했던 남편이 주정뱅이가 된다. 그녀는 욕정을 구제와의 우정으로, 엄청난 식욕으로 풀며 마른 몸을 살찌운다. 다시 3년이 흐른다.

제6장에서 과거 제르베즈와 빨래터에서 싸웠던 비르지니가 경찰관 푸아송의 아내가 되어 제르베즈의 옆집으로 이사 오고, 몸이 회복된 쿠포는 사고 이후 술만 마시며 누워 지낸다. 해가 바뀌고 맞은 제르베즈의 생일 파티가 이 소설의 정점이자 중간인 제7장을 차지한다. 그 파티에 랑티에가 나타난다. 제8장에서 쿠포는 랑티에를 반갑게 대하고 랑티에에게 같이 살자고 제안한다. 그래서 세 사람의 어색한 동거가 시작되고 제르베즈는 랑티에르의 유혹에 넘

어가 잠자리까지 같이하게 된다.

　제9장에서는 제르베즈가 진실로 사랑했던 구제가 파업을 주동하다 감옥에 가게 된다. 몇 달 뒤 구제가 풀려나고 제르베즈는 기뻐하지만 그를 떳떳이 대하지 못하게 되고, 제르베즈는 아들을 구제와 함께 떠나보낸다. 두 남자로 인해 세탁소는 점점 어려워지고 결국 비르지니의 계획적인 음모로 가게를 넘기게 된다. 비르지니는 가게를 인수하여 과자가게를 차리고, 길거리로 내몰린 제르베즈는 폐인이 되어간다. 딸 나나도 매춘부가 된다는 것이 제11장의 이야기이다.

　제르베즈의 인생은 점점 더 나락으로 빠진다. 남편은 정신병원을 들락거리다가 끔찍한 발작 뒤에 죽고 자신은 굶주림에 몸뚱이를 팔아야 하게 된다. 그마저도 못나게 살이 쪄 쉬이 해내지 못했고 개집에서 추위를 나며 비참하게 죽어간다. 제르베즈의 꿈은 소박했다. 그저 일하고, 빵을 먹고, 자기 집을 가지고, 아이를 키우며, 매를 맞지 않고, 자신의 침대에서 평온하게 죽음을 맞이하는 것. 그러나 그녀는 어느 것 하나 이룬 것 없이 개처럼 죽는다.

『싸구려 술집』의 배경과 노동

　『싸구려 술집』의 시대는 산업화가 극성을 이룬 19세기 중반이다. 제1장은 "요전 날 사람 좋은 외젠 슈가 당선되었을 때"(목로상14) 직후를 배경으로 한다. 외젠 슈(Eugène Sue, 1804-1857)는 소설가로 1850년 센 지역의 사회주의 의원으로 당선되었던 만큼 1850년을 기점으로 하는데, 당시 소설의 주인공 제르베즈는 22세이다. 그러니 그녀는 1828년생이다. 그리고 소설은 20년 뒤까지 이어진다. 즉 1870년까지이다. 장소는 파리이다. 제르베즈가 고향 플라상에서 파리로 갓 올라온 것으로 시작되어 20년을 파리에서 살다가 파리에서 죽는다.

『테레즈 라캥』에서와 마찬가지로 『싸구려 술집』에서도 공간은 매우 중요하다. 주변 환경이 자세하게 묘사되는 것은 자연주의 작품의 특징이지만, 특히 졸라는 인간 본성에 관해 탐구할 때 개인의 환경과 과거 배경을 중시했다. 인간의 본성은 주변 환경에 의해 만들어지며, 그러한 사회화 과정을 겪으며 인생의 틀이 만들어진다는 것이다.

노동 이야기는 제8장에서 랑티에의 입을 통해 표현된다. 노동자로 인생을 출발하는 아들 에티엔에게 그는 다음과 같이 말한다.

> 생산자는 노예가 아니고, 생산하지 않는 자는 모두 기생충이라는 걸 명심해 둬.(목로하351)

사실 그는 진보주의자이다.

> 나는 군국주의의 소멸, 인민의 우애를 원해…. 나는 특권, 지위,

독점의 폐지를 원해…. 나는 급료의 평등, 이익의 재분배, 프롤레타리아 계급의 영광을 원해…. 일체의 자유, 알겠어? 일체의 자유! … 그리고 이론의 자유도!(목로상349)

그러나 실제로 그는 사기꾼이다. 제르베즈의 유전적 특질은 『루공 가의 번영』에서 그녀의 아버지가 만취 상태에서 임신을 시키는 '야수적인 유전적 생식'으로 인해 태어나면서부터 다리가 휘었고 창백하고 허약했으며, 그런 허약한 체질을 건강하게 만들기 위해 어머니가 어려서부터 술을 먹였는데 그럴 때마다 제르베즈가 황홀해했다는 것으로 묘사된다. 즉 그녀가 뒤에 알코올 중독이 되는 것은 아버지와 어머니로부터 유전된 것이다. 이는 제르베즈의 남편이 되는 쿠포의 경우에도 아버지가 "술에 취한 채"(목로상62) 죽었다는 것과 같다.

제르베즈 부계의 신경증, 음주벽, 폭력성, 그리고 제르베즈 모계의 감성적 기질은 제르베즈의 자녀들에게 고스란히 유전된다. 제르베즈는 14세에 오귀스트 랑티에와 동거하면서 클로드와 에티엔을 낳았고, 랑티에에게 버림받은 후 쿠포와 결혼하여 나나를 낳는다. 제르베즈는 아이들에게 유전적 결함을 물려주는데, 이 결함은 아이들에게서 여러 양상으로 나타난다. 『작품』에서 클로드는 천재적이지만 광기 어린 화가가 되어 자살로 생을 마감한다. 『제르미날』에서 파업을 이끄는 광부가 되는 셋째 아들 에티엔은 한 방울의 알코올만 마셔도 폭력의 욕망에 시달린다. 『나나』에서 화류계의 여왕이 되는 나나는 특히 섹스의 유혹에 민감하다. 그리고 『싸구려 술집』에는 등장하지 않지만 나중에 창작상의 필요로 창조된 둘째 아들 자크는 『인간 짐승La Bêehumaine』에서 거부할 수 없는 살해의 욕망에 굴복한다.

『사랑의 한 페이지』

1876년 『싸구려 술집』이 출간된 뒤 이듬해 트라프 식당(diner Trapp)에 모인 옥타브 미르보와 기 드 모파상 등은 플로베르, 공쿠르와 함께 졸라를 "현대 문학의 3대 대가"라고 칭송했지만, 중심은 졸라였다. 그 뒤 그 자리는 문학사에서 자연주의 운동의 출발점으로 불린다. 졸라는 계속 성공의 길을 달렸다.

『싸구려 술집』에 이어 1878년에 《루공-마카르총서》 제8번 소설로 발표한 『사랑의 한 페이지Une page d'amour』는 기이한 광증을 앓는 미망인 엘렌느 무레(Hélène Mouret)와 유부남 의사 드베를르(Deberle) 사이의 불륜과 그것을 질투하는 딸 잔느(Jeanne)의 죽음을 다룬 것인데, 앞 작품과 마찬가지로 평가도 좋지 않았다. 졸라와 같은 리얼리즘 작가인 플로베르가 졸라에게 "내가 어머니라면 나는 내 딸에게 이 소설의 독서를 권하지 않겠소!!!"(유75)라는 내용의 편지를 보냈을 정도였다.

세잔은 『사랑의 한 페이지』를 받고서 병든 어머니를 돌보느라

열심히 읽을 여가가 없었다고 변명하면서 작품에 대해 다음과 같이 지적한다.

이 소설은 그 앞에 쓴 『싸구려 술집』보다도 평온한 묘사를 제시하는 한 장의 그림 같이 나에게는 생각되었다네. 그러나 기질이나 창조력에는 변함이 없어. 나아가 상식 밖의 것을 말하지 않고, 주인공들의 정열의 추이가 정말 잘 묘사되고 있어. 이러한 지적은 옳다고 생각해. 게다가 묘사된 장소가 등장인물을 밀어붙여 움직이게 하는 정열을 담고 있고, 따라서 그들과 혼연일체를 이루고 있으며, 작품 전체 속에 더욱 잘 녹아 있어. 장소가 생명을 지니면서 사람들의 고뇌에 참여하고 있는 것처럼 보여.(Correspondance206-207;Letters169)

세잔이 위 편지에서 말하는 것은 묘사의 회화적 힘이다. 파리의 서쪽인 파시(Passy)를 무대로 하여 전개되는 이 소설에서 여주인공인 엘렌느 무레의 방에서 보이는 파리의 풍경이 반복적으로 묘사되어 강렬한 인상을 주는 것을 세잔이 지적한 것이다. 또한 남녀 주인공의 사랑과 그것이 전개되는 공간이 유기적으로 연결되어 있음을 지적한 것은 화가인 세잔의 혜안이기에 가능하지 않았을까?* 졸라가 묘사하는 파리의 풍경은 계절마다 바뀐다. 제1부

---

* 세잔의 평은 당대 최고의 시인인 말라르메가 소설을 읽고 졸라에게 보낸 편지에서 졸라의 탁월한 풍경 묘사만을 칭찬하는 것보다 훨씬 깊이가 있다.

5장에 나오는 2월의 파리 묘사를 보자.

> 그날 아침, 파리는 깨어나면서 미소 짓듯 게으름을 피우고 있었다. 센강 계곡을 따라 올라온 수증기에 양안이 잠겨 있었다. 점점 커지는 태양이 우윳빛 엷은 김을 비추고 있었다. 계절의 빛깔인 듯 둥둥 떠다니는 모슬린에 감싸인 도시에서는 아무것도 분별되지 않았다. (…) 그것은 대양처럼 깊이를 알 수 없고 변화무쌍하였으며 아침에는 말쑥하고 저녁에는 타오르는 듯하였으며 하늘빛에 따라 슬프기도 하고 명랑하기도 하였다. (…) 그곳은 항상 새롭게 변했다. (…) 엘렌느는 거기서 향수와 넓은 세상에 대한 희망을 맛보았다.(사랑76-77)

위 표현은 시시각각 변하는 자연을 묘사하는 모네가 그린 집단이나 루앙 대성당의 연작을 연상하게 한다. 또 "아래쪽 센강 양안의 보도와 광장을 지나는 행인들은 벌레처럼 꼬물거리며 움직이는 수많은 검은 점으로 보였다."(사랑82)라는 묘사는 모네의 〈카퓌신 대로〉나 피사로의 〈데아트르 프랑세즈 광장〉 등을 연상하게 한다. 이러한 인상파적이거나 인상파 그림을 연상하게 하는 파리에 대한 졸라의 묘사는 『사랑의 한 페이지』를 가득 채우며 주인공들의 심리와 어우러진다. 소설의 마지막까지 말이다.

> 엘렌느는 마지막으로 냉정한 도시를 감싸듯 응시하였다. 이 도

시 역시 그녀에게는 미지의 것으로 남아 있었다. 이곳을 떠날 때처럼, 3년 동안 매일 바라보던 때처럼, 도시는 눈 속에서 고요하게 불멸의 모습을 지니고 있음을 그녀는 다시 발견하였다. 파리는 그녀의 과거로 가득 찬 곳이었다. 파리와 함께 그녀는 사랑하였고, 파리와 함께 잔느는 죽었다. (…) 오늘, 그녀는 너르고 무심한 이 도시가 여전히 알 수 없는 것임을 느꼈다. 그것은 그냥 펼쳐져 있었다. 그것이 인생이었다.(사랑397)

위에서 말한 플로베르의 편지는 소설의 내용을 말한다. 어머니가 딸에게 권하지 않을 정도의 내용이라고 하면서 플로베르는 "내 나이에도 불구하고 이 소설은 나를 뒤흔들었고, 나를 흥분시켰소. (…) 내가 그걸 안 게 어제오늘의 일은 아니지만, 당신은 정말 진짜 수컷이구려."(유75)라고 말했다. 플로베르는 "누구라도 사족을 못 쓰고 엘렌느를 원할 것이오. 당신의 의사 선생을 정말 잘 이해할 수 있소."라고도 했다.(사랑15) 사실 졸라는 그가 그전에 쓴 소설들과 달리 감미로운 서정적인 사랑의 이야기를 쓴다고 그 제목도 『사랑의 한 페이지』로 정한 것이었는데, 플로베르는 그럼에도 그 소설이 '수컷'의 것이라고 평했다. 『사랑의 한 페이지』는 흔히 플로베르의 『보바리 부인』과 비교되기도 한다. 불륜 이야기이기 때문이다. 그러나 그 주인공들에 대한 독자의 반응은 다르다. 보바리는 이해할 수는 있지만 동화되기 어렵고, 엘렌느는 이해는 물론 동화될 수도 있는 여성이라고 여겼기 때문이다.

『제르미날』

『제르미날』은 1885년 출판된, 《루공-마카르총서》의 13번째 소설이다. 제르미날이란 프랑스 대혁명 당시의 공화력에서 3월 21일부터 4월 19일까지의 '싹 나는 달'을 뜻한다. 노동자들이 파업에 실패하지만 그 싹은 다시 난다는 의미를 담고 있는데, 다음과 같은 소설 마지막 구절로 집약된다.

> 사람들이 싹트고 있었다. 서서히 밭고랑을 가르고 있는 복수의 검은 군대는 다가올 세기의 추수를 위해 자라나고 있었다. 돋아나는 이 사람들의 싹은 머지않아 대지를 터뜨릴 것이었다.(제르미날하299)

그리고 이는 다음과 같은 소설의 첫 구절, 주인공 에티엔이 그곳을 찾아가는 장면과 대비된다.

> 별도 없는, 짙은 잉크 빛 어둠이 덮인 밤이었다. …하도 어두워 사내는 눈앞에 펼쳐져 있을 벌판의 흙조차 가늠하기가 힘들었다. 다만 불어오는 3월의 바람을 통해 거대한 평원의 지평선을 느낄 뿐이었다.(제르미날상11)

『제르미날』은 프랑스 북부 지역 탄광에서 1884년에 터진 56일간의 파업을 묘사한 것으로, 당시 이 파업에는 1만 2천 명이 참가했다. 프랑스를 비롯한 유럽 전역에서 노사관계는 1860년대에 극심한 갈등을 빚었고 1864년의 제1인터내셔널 결성으로 국제화되었다.

이 소설은 7부로 구성되는데, 제2부는 노사 갈등, 제3부는 노동자의 의식화, 제4-5부는 파업, 제6부는 군대의 파업 진압, 제7부는 패배를 주제로 한다. 제2제정기를 배경으로 하지만, 1880년대 말 제3공화국의 혼란과 격변을 더 잘 반영한 이 소설은 『나나』 이후 시들해진 졸라 책의 매상을 단숨에 끌어올리고 졸라를 민중의 대변자로 만들었다. 반면 그의 반대자들은 그가 파업의 파도에 책임이 있다고 비난했다.

이 작품을 집필하기 위해 졸라는 광산 노동 현장을 다방면으로 취재했다. 소설은 제르베즈와 랑티에의 아들인 젊은 에티엔이 고용주의 따귀를 때린 것 때문에 해고당하는 것으로 시작한다. 에티엔은 실업자 신세로 일을 찾아 북프랑스로 떠나 몽수의 광산에 취직, 그곳의 열악한 노동환경을 보게 된다. 그리고 광부 가족인 마외 일가를 알게 되고 그들의 딸 카테린과 사랑에 빠진다. 그러나 카테린은 난폭한 일꾼 샤발의 애인이었고, 에티엔의 마음을 몰라주는 것은 아니지만 모호한 태도를 취한다.

광산회사가 경제난을 이유로 들며 임금 삭감을 선언하자 에티엔은 광부들을 파업으로 선동한다. 광부들의 체념에도 불구하고 설득에 성공하고 자신의 정의롭고 평등한 이상을 그들에게 전파한다. 파업이 시작되자 광산회사는 강경한 태도를 취하고 어떠한 협상도 거부한다. 몇 주에 걸친 투쟁에 굶주린 노동자들의 기세는 점점 활기를 잃어가고, 군인들이 질서를 회복하려 하나 파업은 계속된다. 소요 도중에 많은 광부가 시위자들에게 발포하는 군인들에게 맞서는데, 이때 에티엔의 하숙 주인 마외가 살해당한다.

광부들은 결국 다시 일하기로 한다. 그때 아나키스트인 수바린이 광산을 파괴하고, 몇몇 광부들이 사망한다. 에티엔과 카테린과 그 애인 샤발은 광산에 갇힌다. 샤발은 에티엔을 도발하고 결국 그에게 살해당한다. 비로소 자신의 연인이 된 에티엔의 품 안에서 카테린은 구조원들이 도착하기 전에 사망하고, 에티엔은 이 지옥에서 빠져나와 좀 더 평온하게 살기 위해 파리로 떠난다. 언젠가는 노동자들이 불의를 꺾으리라는 확고한 희망을 안고서.

번역본으로 600쪽이 넘는 방대한 졸라의 소설에는 막장 묘사가 많지만 여기서는 제5부의 처음에 나오는 막장의 묘사와 제7부에 나오는 사고 묘사를 읽어보자.

이 외떨어진 갱도는 환기가 제대로 되지 않았다. 거기에서는 종종 램프를 켤 수 없을 정도로 많은 양의 수증기가 수원의 부글거리는 작은 소리와 함께 석탄으로부터 뿜어 나오고 있었다. (…) 그녀는 광부들이 죽음의 공기라고 부르는 이 나쁜 공기를 잘 알고 있었다. 갱도의 밑에는 질식할 것만 같은 무거운 가스가 가득 차 있었다.(제르미날하23-24)

비참하게 버려진 광부들은 채탄공 아래에서 공포로 울부짖었다. 이제 물은 배 위에까지 차오르고 있었다. 쏟아지는 거센 물소리가 그들의 귀를 멍멍하게 하는 한편, 방수벽이 무너지는 소리가 마치 이 세상의 종말을 고하는 것처럼 들려 왔다.(제르미날하 257)

그러나 그 소설의 백미는 소설의 클라이맥스인 제4-5부의 파업 장면이다. 그중 한 구절을 보자.

그들은 빽빽한 밀집 대형을 이루면서 혼잡하고도 거대한 덩어리로 흘러가고 있어서 그들의 퇴색한 바지도, 넝마가 다 된 윗도리도 전혀 구분할 수 없이 광포한 단조로움 속으로 지워지고 있었다. (…) 수많은 머리 위로 쇠몽둥이들이 비죽비죽 솟아 있었고, 하늘로 향해 우뚝 솟은 도끼 한 자루가 그 한가운데를 가르고 있었다. (…) 핏빛이 감도는 세기말의 저녁, 군중들 전체를 숙명으로 이끌어가고 있던 것은 바로 혁명이라는 붉은색 전망이었다.(제르미날하74)

『제르미날』은 졸라의 작품 중에서 가장 유명하고 논란이 끊이지 않는 작품이지만, 우리나라에서는 1989년에 와서야 처음으로 번역되었다. 그만큼 우리나라 불문학이라는 것이, 그리고 한국 현실이 노동이나 혁명과는 무관한 전통 속에 있었다. 졸라의 이 소설이 나오기 전의 프랑스도 마찬가지였다. 노동자는 『레 미제라블』의 경우처럼 불량한 노동자가 사제의 설교를 듣거나 모범적 행동을 보고 급속히 교화되고 급속하게 훌륭한 시민으로 바뀌는 경우이거나, 아니면 본능적인 마초로 노골적인 성교를 즐기는 존재로 부각되었다. 반면 졸라는 이 소설에서 노동자들의 우정과 연대, 사랑과 가족애 등을 사실 그대로 묘사하여 성적인 구경거리나 교훈적인 설교 거리가 아니라, 지배계급을 향해 도발적인 질문을 던졌다.

그 소설은 여러 차례 영화화되었는데, 특히 1993년에 영화화된 클로드 베리의 작품은 졸라의 원작을 훌륭하게 재현하고, 졸라가 수동적으로 묘사한 여성들을 능동적으로 묘사한 점에서 더욱더 현대적인 감각으로 재현한 것으로 높은 평가를 받았다.

반 고흐가 가장 사랑한 작가 졸라

1882년 7월 반 고흐는 테오에게 보낸 편지에서 졸라에 대해 처음으로 언급했다. 입원 중에 읽은 졸라의 소설 『사랑의 한 페이지』가 '회색투성이의 파리'를 너무나도 훌륭하게 묘사해서 앞으로는 그의 작품이라면 무엇이나 읽겠고, 그의 소설에 자신이 삽화를 그리고 싶다는 내용이었다.(편지 1882.7.6) 그 뒤 졸라의 자본주의 비판 소설인 『파리의 배』, 창녀의 삶을 다룬 『나나』, 『쟁탈전』, 노동자의 삶을 다룬 『싸구려 술집』 『여인들의 행복백화점』 『제르미날』 『작품』 등 여러 작품을 읽었다는 편지들이 이어졌다. 아마도 반 고흐가 평생에 걸쳐 지속적으로 읽은 사람은 졸라가 유일할 것이다. 특히 『제르미날』에 대해 반 고흐는 자신의 광산 체험을 통해 공감했다.

그 대부분은 졸라가 1871년부터 1893년까지 20권으로 출판한 《루공-마카르총서》에 속했다. 반 고흐는 발자크와 졸라 그리고 영국의 삽화가나 소설가들이 "월요일 아침과 같은 진지한 열의, 신중한 절제, 산문과 분석은 매우 건실하고 본질적인 것으로서, 나약해질 때마다 의존할 수 있는 것"이라고 평했다.(편지 1882.10.22)

반 고흐가 졸라의 소설을 읽을 때 그 내용을 자신의 삶과 결부시킨 점은 매우 흥미롭다. 가령 『파리의 배』에 나오는 여주인공 프랑수아가 정치적 망명가인 플로랑을 사랑하는 것을 두고 "그 휴머니티는 생명의 소금이야. 그것 없이는 살고 싶다고도 생각하지 않아. 문제는 그것뿐이야."라고 하며 자신이 창녀를 사랑하는 것에 비교하면서 다음과 같이 썼다.

나는 누구라도 구원해야 한다는 휴머니티의 기획이나 계획을 하는 것은 아니야. 그러나 휴머니티라는 말에 적절하지 않지만, 나의 경우 누군가 동류를 사랑할 필요를 언제나 느꼈고, 앞으로도 느끼리라는 것을 나쁘지 않다고 생각해. 동류라고 했으나 도리어 이유에 관계 없이 불행한, 버려진, 또는 고독한 사람이야.(편지 1882.7.23)

이어 반 고흐는 창녀를 보살피는 것이 보리나주에서 불쌍한 광부를 보살폈듯이 "너 자신처럼 너의 이웃을 사랑하라."라는 계명을 따른 것이라고 썼다. 반 고흐는 평생 졸라 소설을 사랑했지만, 반드시 그와 같은 생각을 한 것은 아니었다. 특히 밀레에 대한 생각이 달랐다.

마네는 예술에 관한 현대의 관념에 대하여 새로운 미래를 연 사람이라고 하는 졸라의 결론에 나는 동의할 수 없어. 많은 사람에게 새로운 지평을 열어준 본질적으로 현대적인 화가는 마네가 아니라 밀레라고 생각해.(편지 1884.1.24)

그림을 평가할 때 엄청난 실수를 했던 졸라가 『나의 증오』에서는 예술 일반에 대해 아주 아름다운 말을 했어. "그림(예술작품) 속에서, '인간-예술가'를 찾고, 사랑한다."(편지 1885.7)

그러고는 "졸라와 발자크는 그들이 묘사한 시대 전체를 끌어안기 때문에, 그들을 사랑하는 사람들 가운데, 어떤 사회, 그 전체 자연 속에서의 화가로서의 자질을 통해 진귀한 예술적 감흥을 불러일으키지. …공화국 전체의 화가라기보다도 도리어 초상이라는 단순한 방법에 의한 인간성의 화가라는 점이야. 그것이 첫째이고 가장 중요해."라고 편지를 맺는다.(편지 1888.7.25)

『실험소설론』

1880년 졸라는 『실험소설론』을 쓴다. 졸라는 당시 유행한 과학적 결정론에 입각한 자연주의가 프랑스식 생활에서 탄생한 프랑스 고유의 것이라고 주장했다. 그러면서 자연주의의 창시자로 18세기 작가인 드니 디드로와 16세기 수필가인 미셸 드 몽테뉴를 들었다. 19세기 프랑스의 철학자인 이폴리트 텐은 유전과 환경에 대한 견해로 졸라에게 더 깊은 영향을 미쳤다. 그리고 19세기의 잊힌 과학자 프로스페르 뤼카스는 유전에 대한 논문의 저자로서 졸라의《루공-마카르총서》의 마지막인 제20권에 나오는 의사 파스칼 루공이라는 인물의 모델이 되었다. 졸라는 자신의 방법론이 주로 19세기 프랑스의 생리학자인 클로드 베르나르의 『실험 의학 입문『Introduction à l'étude de la médecine expérimentale』(1865)에 바탕을 두었다고 주장했지만, 사실 그는 1878년까지 이 책을 읽지도 않았다.

여기서 리얼리즘과 자연주의를 살펴보자. 자연주의(naturalism)는 예술과 철학에서 과학의 영향으로 나타난 사상이자 운동이다. 자연주의자는 실제의 사물과 현상을 자연 세계의 범위 안에 있다고 보고, 초자연적인 존재나 힘을 신뢰할 수 없는 가설이라고 거부한다. 특히 연극 및 영화, 문학 분야에서 자연주의는 믿을 수 있고 현실에서 일어날 수 있는 매일의 실제 일상을 작품에 담으려고 하는 운동이다. 이는 주체들이 고도로 상징적이고 이상적이며 초자연적이기까지 한 낭만주의 또는 초현실주의와는 정반대 방향의 운동이다.

사상사에서는 이오니아의 소크라테스 이전 철학자들의 글에서 자연주의를 찾지만, 근대에 와서 갈릴레이, 뉴턴, 베이컨, 볼테르 등에 의해 확립되었다고 보는 것이 일반적이다. 볼테르는 루소나 디드로와 함께 계몽주의 사상가로서 1789년에 대혁명을 낳는다. 19세기에는 그전의 고전주의를 비판하는 낭만주의가 등장한다. 졸라가 청소년 시절에 탐독한 위고, 라마르틴느, 뮈세 등이 낭만주의를 대표한다.

낭만주의에 이어 등장한 리얼리즘은 현실을 있는 사실 그대로 묘사하여 사물의 본질이나 의미를 포착하려는 문예사조나 철학사상을 말한다. 따라서 이를 보통은 사실주의라고 번역하지만, 현실주의라고 번역할 수도 있다. 여기서는 그 두 가지를 다 포함하는 의미에서 리얼리즘이라는 말을 사용하도록 한다.

자연주의는 리얼리즘에서 나아가 과학적 방법론에 따라 분석, 관찰, 실험, 검토한 객관적인 상황을 묘사하려 한 것이다. 따라서 리얼리즘과 자연주의는 구별된다고 볼 수도 있지만, 자연주의는 리얼리즘의 연장에 불과하므로 그 둘을 엄격하게 구분하기란 힘들다고 볼 수도 있다. 그런 견해를 대표하는 사람이 우리에『문학과 예술의 사회사』로 알려진 헝가리 출신의 예술사회학자인 아르놀트 하우저(Arnold Hauser, 1892-1978)이다.

문학사에서 자연주의는 졸라에서 시작된다. 앞에서 보았듯이 졸라는 1864년 전후로 자연주의로 기울게 된다. 자연주의는 등장인물을 실제의 인간이 아니라, 하나의 기능으로 본다. 가령 졸라가 『작품』에서 보여 주고자 하는 것은 당대 화가들의 실제 모습이 아니라, 당대 사회에서 화가들이 맡았던 기능을 형상화하는 것이다. 따라서『작품』의 주인공이 세잔이냐 아니냐, 또는 당대 화가의 삶과 일치하느냐 않느냐 하는 것은 처음부터 문제가 되지 않는다.

리얼리즘과 자연주의는 프롤레타리아 예술 운동에서 시작한다. 그 첫 대가는 쿠르베인데, 그는 서민 대중 출신이며 부르주아적 범절에 대한 존중심이 전혀 없는 예술가이다. 앞에서 보았듯이 세잔과 졸라는 쿠르베를 존경했다. 세잔과 졸라 역시 서민 출신으로 부르주아적 범절을 무시했다. 쿠르베의 리얼리즘을 단적으로 드러내는 에피소드가 있다. 천사를 그려달라는 누군가의 요청에 "난 천사를 본 적이 없다. 천사를 내 눈앞에 데려다 놔라. 그때 그려주겠다."라고 답한 것이다. 앞에서 보았듯이 파리코뮌에 참가할 정도로 정치와 사회에 지대한 관심을 보인 쿠르베는 파리코뮌이 무너지자 스위스로 망명해 그곳에서 사망하였다.

그런데 인상파 화가가 모두 쿠르베나 리얼리즘을 좋아한 것은 아니다. 가령 드가는 쿠르베가 그린 그림을 보고 "그래서 어쩌라고? 차라리 사진을 찍으면 될 거 아냐?"라고 하면서 비아냥을 쏟아냈다. 쿠르베는 1859년에는 국제박람회에 점잖은 그림을 낸다는 조건으로 작품을 출품해 보라는 정부 미술관장의 권유가 있었으나 단호하게 거절하고, 박람회장 정면에 자리를 마련해 개인전을 열었다. 관람객이 없어서 실패했으나, 그중 유명한 작품이 〈화가의 아틀리에〉였다.

세잔의 성숙기

앞에서 본 제3회 인상파전(1877)에 참석했을 때 세잔은 38세로 파리에서 살면서 퐁트와즈와 잇시 등에서 그림을 그렸다. 이듬해 3월까지 파리에 살다가 그 뒤 엑스와 그 부근의 해변에서 지내며 아버지와의 불화, 그리고 어머니의 병환으로 고달픈 세월을 보냈다. 졸라에게 경제적 도움을 받았고, 인상파에서 서서히 벗어났다.

1879년 3월에 다시 파리로 가서 무랑에서 가족과 함께 살았다. 그 해부터 1882년까지 매년 메당으로 졸라를 방문했다. 이듬해 르누아르가 세잔의 초상을 그렸고, 위스망스(Joris-Karl Huysmans) 등과 알게 되었다.

1881년 봄, 여름에 퐁트와즈(Pontoise)에서 고갱(Paul Gauguin), 피사로와 함께 그렸다. 나중에 세잔은 고갱이 자신의 "작은 감각"을 훔쳤다고 비난했으며 고갱은 다른 한편으로는 시누이 시리즈만 그렸다고 비난했다.

1882년 1월, 레스타크에서 르누아르와 함께 작업하고 2월에는 폐렴을 앓는 르누아르를 어머니와 함께 간병했다. 심사위원 기욤의 제자로 살롱에 처음으로 입선했다. 2월부터 9월까지 파리에 머물다가 10월에 엑스로 돌아왔다. 이듬해 5월에는 파리에서 마네 장례식에 참석하고 그 뒤로는 엑스에 머물렀고 종종 몽티셀리를 찾았다. 12월에는 모네와 르누아르가 엑스를 찾아왔다.

1884년에도 엑스와 레스타크에서 작업했다. 1년 뒤인 1885년 여름에는 연애 사건에 휘말려 북프랑스를 전전했다. 8월 말부터 엑스와 부근 가르단에 머물면서 이미 입체파 스타일을 예상하는 다면적 형태의 여러 그림을 그렸다.

1886년은 세잔의 가족들에게 전환기가 되는 해였다. 그의 나이 47세로 4월 말에 세잔은 오르탕스와 결혼식을 올렸다. 그러나 그 결혼식은 당시 열네 살인 아들 폴을 사생아라는 불명예에서 구제하기 위한 절차에 불과했고, 세잔은 그전에도 그 후에도 그들과 함께 살지 않았다. 4월에는 또한 졸라의 소설 『작품』이 발간되었고, 같은 해 8월에는 세잔의 아버지가 사망하면서 세잔에게 3백만 프랑이라는 엄청난 재산을 남겼다. 1888년에 세잔은 넓은 땅이 있는 대저택으로 옮겼다. 이 저택은 현재 땅이 줄어들었지만 시 소유로 공공을 위해서 개방되어 있다.

세잔의 구조주의 시기

1880-1883년 사이에 생트빅투아르 산을 배경으로 그린 초기 그림들과 1885-1888년 가르단린(Gardanne)에서 그린 그림들은 종종 '건설기' 작품이라고 불리기도 한다. 또는 1878년부터 1887년 사이를 구조주의나 고전주의 또는 고전적 구성의 시기라고도 한다. 이 시기의 대표적인 작품은 뒤에서 보는 다섯 점의 〈카드놀이 하는 사람들〉이다.

그 뒤로 세잔의 작품들은 직관적인 관찰과 빛을 이용한 화풍을 띠게 된다. 그러나 한층 성숙해진 작품들에서 그는 거의 건축에 가까운 견고한 스타일을 추구했다. 한평생 실제로 눈에 보이는 것에 가장 가깝게 표현할 수 있는 화법을 찾으려고 노력한 결과였다. 그가 당시 작품에 구조적으로 간단한 형태와 간단한 색채를 사용한 배경이다. "나는 무언가 단단하고 박물관 속 미술처럼 오래가는 인상을 만들고 싶다."라고 말한 것과, 푸생(Poussin)의 '자연을 따라서'를 재구성한 작업 역시 세잔이 전통적인 구성과 자연을 관찰하는 것을 통합하고 싶어 했던 열망을 강조한 것이다.

제5장

『작품』의 세잔과 졸라

『작품』의 주제와 배경

졸라는 1885년 12월 23일부터 1886년 3월 27일까지 《질 블라스 *Gil Blas*》지에 『작품』을 연재하고, 1886년 4월 1일 이를 총서 중 열네 번째로 발간한다. 신문 연재 전에 쓴 『작품』의 초안에서 그 소설의 주제를 다음과 같이 말한다.

나는 자연에 대항하는 예술가의 투쟁, 예술 작품의 창조를 위한 고통, 작품에 자신의 살과 생명을 부여하기 위한 피눈물 나는 노고, 언제나 진실에 싸움을 걸면서도 언제나 지고 마는 예술가의 투쟁, 이를테면 천사와의 투쟁을 그리고 싶다. 한마디로 예술가로서의 나의 내면적 삶을 기록할 것이다. …그런데 결코 만족하지 못하고, 스스로 재능을 실현할 수 없는 것에 분노하여 결국 자신의 미완성된 작품 앞에서 자살하고 마는 클로드의 드라마를

통하여 나는 주제를 확대할 것이다.(Coieu, xi)

나는 1885년 여름에 메당을 방문한 세잔이 졸라에게서 『작품』의 구상에 대한 설명을 들었으리라고 짐작한다. 그렇다면 그 소설에 자신을 비롯하여 많은 화가의 이야기가 나올 것으로 당연히 짐작했을 것이고, 세잔 자신이 적극적으로 자신의 이야기나 다른 화가들에 대해 아는 것을 설명해 주었을 가능성이 있다. 따라서 그 소설이 단행본으로 출판된 뒤 보낸 편지가, 그 소설의 내용을 처음으로 알고 놀라서 쓴 것이라는 일반적인 견해에는 문제가 있다고 생각한다.

나는 『작품』의 주제를 내가 쓰는 이 책의 제목인 '반항과 창조의 브로맨스'라고 본다. 물론 『작품』의 내용과 이 책의 내용은 다르다. 『작품』은 세잔과 졸라 두 사람에게만 초점이 맞추어져 있지 않다. 그런 점에서 『작품』의 내용은 여러 화가의 '반항과 창조의 브로맨스'라고 할 수 있다.

지금까지 알려진 대로 『작품』에는 세잔을 비롯한 당대 화가들의 모습도 나오지만, 더욱 중요한 점은 그것이 졸라 자신의 이야기라고 하는 점이다. 소설가를 등장인물로 제시하는 것보다는 화가를 주인공으로 제시하는 것이 더 효과적이라고 하는 점 외에 특별하게 화가들을 등장시킨 이유가 있다고 보기는 힘들다. 그것이 화가들을 모욕해서, 특히 세잔을 모욕해서 그와 결별하기 위해 그런 소설을 썼다고는 볼 수 없다. 앞에서 몇 번이나 말했듯이 그런 이야기는 화가들이 아니라, 화상이나 비평가들이라는 자들이 지어낸 이야기에 불과하다.

『작품』은 7월의 어느 날, 새벽 두 시의 비 오는 장면 묘사로 시작되는데(작품7), 몇 년도의 7월인지는 명시되어 있지 않다. 대체로 1862년이라고 짐작된다. 그때 클로드는 크리스틴을 만나는데, 세잔이 알렉산드린을 만나는 것은 1864년이니 서로 다르다. 또 세잔은 그 전 해 9월에 엑스로 돌아가서 그해 12월에 파리로 돌아왔으니 사실에 해당하지 않는다.

첫 장면의 공간은 파리 센강 부근이고 클로드의 아틀리에이다. 그의 아틀리에는 "야외에서 직접 자연을 관찰하며 그림을 그리는 젊은 화가라면 학술원의 화가들이 꺼리고 있는, 햇빛이 강하게 드는"(작품18) 곳이다. 이어서 상도즈의 집에서 목요일마다 모이는 세 번의 식사 장면이 나오는데 상도즈의 집은 졸라의 집이 있던 몽파르나스에 있는 것으로 묘사된다.

그리고 제5장에는 1863년에 열린 낙선전의 이야기가 나오고 거기에 클로드의 작품도 출품된다. 그러나 거기에 걸린 작품의 화가들은 마네, 피사로, 휘슬러 등이었고 세잔의 작품은 없었으므로 이 점은 실제와 다르다(이때 걸린 마네 작품에 대한 대중의 부정적인 반응에 대한 『작품』의 묘사에 대해서는 앞에서 보았다).

이어 1864년은 2월에 태어나 1876년 12세의 나이로 죽는 아들 클로드의 아들 자크, 그리고 같은 1876년에 36세의 나이로 자살하는 클로드 이야기로 소설은 끝난다. 결국 소설은 14년이란 아주

기나긴 시간 동안 전개된다. 크리스틴과 알렉산드린은 전혀 다른 사람으로 묘사되며, 클로드의 아들 자크와 세잔의 아들 폴도 전혀 다르다.

졸라는 사계절이라는 단순한 상징을 사용하기도 한다. 소설의 첫 부분은 여름 소나기 속에서 클로드와 크리스틴이 첫눈에 반하는 사랑으로 시작한다. 사랑의 보금자리인 벤느쿠르로의 이사도 봄에 행해지는데 그곳은 세잔과 졸라가 1866년에 살았던 곳이다. 그러나 벤느쿠르의 똑같은 풍경은 클로드의 권태와 환멸을 의미한다. 다시 파리로의 귀환은 가을에 이루어진다. 소설은 묘지에서 '살을 에는 듯한 겨울의 혹한 속에서 참석자들의 포옹'으로 막을 내린다.

『작품』의 주인공 클로드

앞에서 보았듯이 졸라가 『작품』을 낸 1886년 4월 1일보다 한 달 반 뒤인 5월 15일에 마지막 인상파전인 제8회 전시회가 열렸다. 그 전시회에 모네도, 르누아르도, 세잔도 불참하고 드가파만이 참여했으나, 1880년에 졸라가 쓴 『살롱의 자연주의자들』이 주장했듯이 인상파의 승리가 1880년대 마지막쯤에는 분명해졌다. 그렇다면 졸라의 예언처럼 『작품』도 인상파 화가 클로드의 승리로 끝나야 했다. 그러나 클로드는 실패한 천재로 자살하는 것으로 나온다. 이는 그 소설이 속하는 전체인 《루공-마카르총서》에서 클로드는 마카르 계의 정신병적 기질과 알코올 중독 체질을 이어받았기 때문에 총서가 구상되는 1870년대 초에 처음부터 예정된 것이었다.

그는 『싸구려 술집』의 제르베즈와 랑티에 사이에서 태어난 3형제 중 장남이었다. 차남 자크는 『인간 짐승』의 주인공인 기차 운전사로 격정에 사로잡혀 살인을 저지르고, 삼남 에티엔은 『제르미날』의 주인공인 탄광 파업의 주모자로 낙반 사고의 혼란 속에서 역시 살인을 범한다. 그리고 아버지가 다른 여동생 나나는 『나나』의 주인공으로 많은 남자를 파멸시킨 창녀로 천연두에 걸려 죽는다. 그러니 장남 랑티에의 인생도 해피엔드로 끝날 수 없다.

랑티에가 실패하는 원인 중의 하나는 가난이다. 가난 속에서 천재가 나올 수 없다. 그래서 『싸구려 술집』에서 랑티에는 9세 때 고향 플라상의 부잣집 노인에게 양자로 간다. 아름다운 자연과 풍부한 교육적 환경 속에서 랑티에는 7년간 재능을 발휘한다. 랑티에가 16세 때 노인이 엄청난 유산을 남기고 죽자 그는 파리로 가서 아무 걱정 없이 화가 수업을 받는다. 이러한 이야기는 『작품』에도 나온다.(작품44-45)

그러나 『작품』에서는 클로드에게 크리스틴과 자크라는 가족이 생기면서 경제적으로 문제가 생겨난다. 그의 월수입은 80프랑인데, 이는 당시 세잔이 아버지에게 받은 200프랑이나 반 고흐가 동생에게 받은 150프랑에 훨씬 못 미치는 액수이다. 벤느쿠르 시대에 클로드의 그림을 즐겨 구매한 유(쇼케가 모델)는 공무원으로 클로드를 도울 만큼 부유하지 않다. 그런 와중에도 3년 연속 살롱에 실패한 클로드는 대작을 그리려고 한다. 가난 속에서도 걸작을 만들려고 하는 현대 화가의 전형이다. 르누아르나 모네처럼 가난 속에서도 성공한 화가들도 있고, 세잔처럼 만년에 성공하는 사람도 있지만, 그들은 예외에 불과하고 고갱이나 반 고흐에서 보는 그 전형적 모습을 졸라는 클로드를 통해 그린 것이다.

『작품』의 주인공 클로드 랑티에는 졸라가 1873년에 낸 《루공-마카르총서》 제3권인 『파리의 배』에 처음으로 등장한다. 그 속에서 랑티에는 다음과 같이 묘사된다. "그는 큰 머리에 뼈대가 굵지만 앙상한 젊은이로, 수염을 길렀고, 미묘한 코와 작지만 반짝이는 눈을 가졌다." 아버지 공장에서 만든 검정 펠트 모자를 쓰고 있어서 나이를 알 수 없게 한다.(Le Ventre49) 『작품』에서도 비슷하게 다음과 같이 묘사된다.

> 몸이 마른 이 청년은 관절 마디가 굵었고, 수염이 난 강한 인상이어서 그녀에게 무서운 느낌을 주었다. 검은색의 펠트 모자와 비에 젖어 초록색으로 보이는 낡은 밤색 윗도리를 입은 그의 모습은 마치 악당의 이야기에 나오는 사람 같아 보였다.(작품14)

그런 랑티에를 세잔과 비슷하다고 볼 수도 있지만, 반드시 그렇다고 볼 수 없는 요소도 많다. 『작품』 첫 부분에 나오는 랑티에의 작품이 세잔의 초기 작품과 비슷하다는 점은 앞에서도 보았다. 『작품』이 출간되었을 때 평단의 초점은 랑티에가 아니라 상도즈였고, 랑티에도 마네를 모델로 한 점으로 주목되었을 뿐 세잔이 언급되지는 않았다. 심지어 모네는 자신을 모델로 한 것이라 생각했고, 미라보도 같은 생각이었다. 필립 길은 《르 피가로》 1886년 4월 5일 자에 랑티에가 마네, 피사로, 세잔, 모네를 합친 인물이라고 했다.

『작품』에 묘사된 낙선전과 인상파전

『작품』의 주인공인 화가 클로드는 주로 세잔을, 그리고 작가 상도즈는 졸라 자신을 형상화한 것이라는 점은 이미 널리 알려진 사실이다. 그러나 『작품』에서 클로드가 낙선전에 대작을 출품하여 스캔들을 일으키는 점과 관련해서는, 1863년 살롱전에도 낙선전에도 세잔은 응모하지 않은 반면, 마네가 낙선전에 출품한 〈풀밭 위의 식사〉가 스캔들을 일으켰으므로 그 부분에 관한 한 클로드는 세잔이 아니라 마네라고 보는 것이 옳다.

졸라가 『작품』을 집필한 1885년경에 세잔은 아직 유명하지 못했지만, 마네는 이미 낙선전 등으로 세간에 알려졌고, 그 전 1881년에 살롱 화가로서 레지옹 도뇌르 훈장까지 받은 영광의 화가였다. 그래서 졸라는 주인공을 그리면서 독자의 흥미를 끌기 위해 어린 시절의 세잔에다가 성인 마네의 요소를 추가했다. 그런데 세잔에 대해 모르는 독자들은 졸라가 세잔의 어린 시절을 묘사한 부분까지도 마네의 것으로 착각할 수 있었다. 바로 반 고흐가 그러했다. 그는 당시 신문에 연재된 『작품』을 읽고 클로드를 마네라고 생각했다. 반 고흐만이 아니라 모두 그렇게 생각했다. 사실 마네는 이미 1883년에 죽었기 때문에 클로드가 마네라고 해도 졸라가 입을 손해는 없었다. 그리고 독자들은 연재소설의 마지막에는 실제의 마네처럼 클로드가 영광을 차지하리라고도 기대했을 것이다.

『작품』에 나오는 클로드의 〈야외〉(작품69) 그림은 누가 그린 것으로 보아야 할까? 그 그림에 대한 『작품』의 서술 부분을 읽어보자.

그것은 가로 5미터, 세로 3미터의 그림으로 거의 채워져 있었으나 몇몇 부분만은 아직 밑그림을 겨우 면한 상태였다. 이 밑그림은 한눈에도 매우 난폭하였고, 색채는 강렬한 활기로 넘쳤다. (…) 유월의 초목 한가운데 펼쳐진 풀밭 위에 벌거벗은 한 여인이 한쪽 팔을 베고 가슴을 부풀리며 누워있었다. 그녀는 미소를 지으며 그 어디에도 시선을 두지 않은 채 눈꺼풀을 내리고 있었다. 금빛 햇살이 그녀의 벗은 몸을 가득 적셨고, 그림 뒤편에는 각각 갈색 머리와 금발의 키 작은 여인이 역시 벗은 채로 웃으면서 장난을 치고 있었다. (…) 그런데 화가는 전경에 검은색의 대비를 넣을 필요를 느끼고 그 자리에 간소한 벨벳 윗도리를 입은 신사

를 그려 넣었다. 신사는 등을 돌리고 앉아서 풀을 짚고 있는 왼손만을 내보일 뿐이었다.(작품42-43)

〈야외〉는 〈풀밭 위의 식사〉와 비슷한 부분이 없지 않지만, 반드시 일치하지는 않는다. 그 밖에 세잔 등의 그림에 유사한 그림이 있지도 않다. 따라서 〈풀밭 위의 식사〉와 가장 유사하다고 볼 수밖에 없다.

클로드와 세잔의 그림 비교

클로드가 벤느쿠르에서 머문 4년과 그 뒤 돌아온 파리에서 보낸 3년은 인상주의의 특징이 두드러진다. 어두운 화실이 아니라 바깥에서 찬란한 빛의 효과를 강조했다는 점, 형태에 중요성을 두지 않았다는 점, 일상적인 주변의 풍경 및 당대의 풍속을 사실적으로 다루고 있다는 점 등이다. 이러한 특징을 보면 이 소설이 다른 어떤 작품들보다도 인상주의 기법을 소설의 차원에서 적용하고 있음을 알 수 있다. 파리를 비롯한 벤느쿠르에 대한 묘사는 인상주의 화가들이 선호했던 '연작 시리즈'를 연상시킨다.

그러나 그 그림들을 세잔의 작품으로 여길 수는 없다. 최초로 그리는 "센강을 전경에 넣은 주포스 언덕" 그림은 도비니의 〈벤느쿠르 풍경〉(1860)을 연상시킨다. 아이가 태어난 뒤 클로드는 벤느쿠르에서 세잔이 정물화와 인물화를 그렸듯이, "쟁반 위에 놓인 네 개의 사과와 병, 도자기 항아리로 구성된 정물화"(작품255)를 그린다. 그러나 클로드가 그 뒤 벤느쿠르 근교에서 그리는 "한낮의 햇빛 아래에서 옷을 입고 있는 인물화"(작품255)는 세잔이 아니라 모네의 그림들을 연상시킨다.

> 그는 그녀를 수없이 반복하여 그렸다. 어떨 때는 흰옷을, 또 어떨 때는 빨간 옷을 입고 초원 한가운데 서기도 하고, 걷기도 하고, 또 풀밭에 반쯤 눕기도 하였다. 시골에서 쓰는 커다란 모자를 쓰기도 하고, 모자를 벗고는 양산을 받치기도 했는데, 버찌 색 비단이 그녀의 얼굴을 분홍빛으로 물들였다.(작품255-256)

클로드는 벤느쿠르에서 네 번의 여름과 세 번의 여름을 보낸 뒤 파리로 돌아간다. 클로드가 바티뇰에서 그린 그림은 마네의 〈튈르리 정원에서의 음악회〉를 연상시킨다. "강렬한 녹색의 벤치 위에 마을의 선량한 사람들과 소시민들이 앉아, 모래 장난을 하는 세 명의 여자아이를 바라보는 그림이기 때문이다.(작품340) 마네의 그림에는 녹색 벤치가 아니라 철제 의자로 묘사되어 있고 여자아이도 두 명이지만, 전체 분위기는 비슷하다.

　클로드가 그리는 다음 그림은 "태양이 수직으로 내리쬐는 오후 1시의 카루셀 광장의 한 모퉁이" 그림이다.

마치 술에 취한 듯이 보이는 보행인 중 오직 한 젊은 여인만이 양산을 쓰고, 자기가 당연히 살아가야 할 빛 속을 걷는 듯이 느긋하게 여왕처럼 걷고 있었다. 그러나 무엇보다도 이 그림을 특히 두드러지게 하는 것은 다름 아닌 빛에 대한 새로운 파악 방식이었다. (…) 그것은 누구에게도 생소한 파랑, 노랑, 빨강의 원색을 강조하며 우리 눈의 모든 습관에 저항하였다. (…) 도로는 피를 흘리고 있었으며, 보행인들의 단순한 표정, 너무 강렬한 빛에 먹힌 어두운 얼룩들에 지나지 않았다.(작품341)

이 그림은 모네의 〈튈르리 정원〉을 연상시킨다. 다른 인상파 화가들도 즐겨 그린 주제이지만, 그 정원의 따뜻하고 아름다운 분위기는 모네의 그림에서 가장 분명하게 드러난다. 한편 클로드가 그리는 〈죽은 아이〉라는 그림은 세잔은 물론 인상파 화가들이 그린 어떤 그림과도 비교될 수 없는 그림이다. 그러므로 『작품』에서 클로드가 그리는 그림 중에 벤느쿠르에서 그리는 정물화 외에는 세잔의 그림으로 볼 수 있는 그림들이 거의 없다.

부르주아와 화상 비판

그림을 사고파는 화상이라는 직업은 1850년경에 화랑이 생겨나면서 나타났다. 화상은 그러니까 화랑을 운영하는 사람이었다. 과거에는 왕족과 귀족이 화가들을 후원하고 정기적으로 미술작품을 소비했다. 그들은 제단화나 초상화, 거실 장식이나 별장을 꾸미는 데 필요한 벽화를 요구했고 화가들은 일정에 맞춰서 그림을 그렸다. 그러고는 후원자들로부터 돈을 받아 생활했다. 그런 식의 개인적인 후원이 근대적 제도로 발전한 것이 국가에서 운영하는 아카데미가 살롱을 통하여 입선자에게 지급하는 아틀리에와 연금이었다. 그것이 대혁명 이후 축소되면서 화랑과 화상 그리고 비평가가 생겨났다.

『작품』에서도 클로드는 화상인 말그라(Malgras, 탕기를 모델로 함)에게 작은 그림을 파는데 "그 교활한 미술상은 그림값으로 한 번에 10-12프랑을 지불하였다." 그러나 앞에서 보았듯이 클로드는 "부르주아들의 초상화나 싸구려 종교화, 식당의 차양이나 조산원 간판 같은 것에는 손도 대지 않았다."(작품58)

졸라는 말그라를 다음과 같이 묘사한다.

게다가 그는 혹독한 거래를 했는데, 평소 탐내던 작품을 아주 싼 값에 손에 넣는 데 비상한 재주가 있었다. 게다가 그는 20퍼센트에서 기껏 30퍼센트의 정직한 이율로 만족하였다. 그 이유는 많지 않은 그의 자본을 빨리 회전시킨다는 사업 신조 때문이었다. 그는 저녁에 자기의 고객이 무엇을 살지 알기 전에 결코 아침에 물건을 사지 않았다. 뿐만 아니라 그는 거짓말을 하는 데 명수였다.(작품81-82)

그래도 말그라는 전통적인 화상으로서 '미술 투기꾼'인 노련한 화상 노데(Nodet)와는 다르다.

그는 오직 성공에 대한 직감으로 부상할 화가를 알아맞혔다. 그런 화가는 위대한 명작의 괄목할 만한 소질을 보이는 작가가 아니라, 대담한 허위에 의해 부풀린 거짓 재주로써 부르주아들의 시장을 석권할 수 있는 사람이어야 했다. 그는 이런 식으로 예전에 취미로 그림을 모으던 애호가들을 멀리하고 돈은 많은데 그림에 대해서 아무것도 모르는 허영 삼아 재산증식의 수단으로 증권을 사듯이 그림을 사는 애호가들하고만 거래함으로써 그림시장을 뒤엎었다.(작품307)

실제의 화상인 뒤랑 뤼엘을 연상시키는 노데와 계약한 파주롤(Fagerolles)은 결국 미술학교에서 "부르주아들의 기호에 맞추기 위하여 가르쳐준 공식"대로 그림을 그린다.

그들은 한결같이 모든 화상을 욕하였다. 정말로 화나는 일은 미술애호가라는 사람들이 화가들을 신뢰하지 않고, 조금씩이라도 싸게 사보려는 희망에 중개인을 통하고 싶어 하는 것이었다. 이 돈의 문제는 그들을 더욱 흥분시켰지만, 클로드는 매우 경멸하는 듯한 태도를 취하였다.(작품142-143)

졸라는 제2제정 시대의 지도자가 된 부르주아의 행동이 그 규모와 분야를 막론하고 한결같이 이기주의, 기회주의, 유물주의에 바탕을 두고 있음을 비판한다. 화상들도 그 하나이다. 현대 한국의 부르주아나 화상들도 마찬가지다.

저널리즘 비판

졸라는 시시한 대중신문 《탕부르》에 기사를 쓰던 조리(Jory)를 통해 저널리즘을 비판한다. 조리는 상도즈와 클로드의 동향인 플라상의 치안 판사의 아들로서 가수와 함께 파리로 줄행랑을 친 인물이다. 그는 생계를 유지하기 위해 '여자의 육체를 찬미하는 낭만적인 소네트'로 문학에 데뷔하여 미술비평을 쓰는 기자이다. 조리는 말그라의 화랑에 전시되었던 클로드의 그림을 비평하여 물의를 빚었는데, 이는 졸라가 마네를 비평하여 물의를 빚었던 것과 비슷하다.

그는 평에서 '대중에게 사랑받는 화가'가 아닌 클로드를 격찬하며 그를 야외파라고 하는 새로운 유파의 대장으로 선언하였기 때문이다. 언제나 철저한 실리주의자인 그는 자기에게 유리한 일이 아니라면 그 어떤 일도 할 사람이 아니었다. 그의 평은 단지 친구들에게서 주워들은 이론을 되풀이하는 것뿐이었다.(작품

107-108)

당시 저널리즘에 대한 비판과 우려는 특히 45세의 원로 화가 봉그랑(Bongrand)과 조리와의 대화 속에 잘 드러난다. 졸라의 초안에서부터 변하지 않은 일관적인 인물 '봉그랑'은 들라크루아, 밀레, 마네, 쿠르베 등을 섞은 인물로 등장하지만, 그중에서도 가장 유사한 사람은 쿠르베이다. "부르주아로 농민의 혈통"(작품140)이라는 점도 그렇고, 소설 속에서 그의 걸작으로 나오는 〈시골의 결혼식〉과 〈시골의 장례식〉은 쿠르베의 〈화가의 아틀리에〉와 〈오르낭의 장례식〉을 연상시키는 점에서 그렇다.

졸라는 소설 속에서 조리를 통해 저널리즘이 갖는 장점에 대해 우호적인 주장을 하고, 봉그랑을 통해서는 당시 과도한 정보 인쇄물에 대한 비판을 서슴지 않는다. 먼저 조리의 주장을 들어보자.

"신문이야 이용하자고 있는 것이죠. 그리고 대중은 자기네에게 위대한 인물을 제시해 주는 걸 좋아해요."(작품304)

이에 대해 봉그랑은 다음과 같이 말한다.

"그럴 거야. 대중의 어리석음은 끝도 없으니까. 자네가 그걸 잘 이용해 줘. (…) 이 정도의 작품을 발표하기 위해서는 10년을 일과 싸워야 했거든. 이제는 유치한 인물화를 그리는 기술을 갓 배운 애송이들까지 대대적인 선전광고를 이용하여 거창하게 데뷔하고 있으니 이젠 선전의 시대야! 프랑스 방방곡곡에 큰 소동이 일고, 명성이 하룻밤 사이에 사람들 입에 오르내리고 마치 아무것도 모르는 군중 한복판에 우레가 떨어지는 격이야. 작품에 대한 논의 등은 다 젖혀두고, 조잡하기 짝이 없는 작품도 사람들이 기다리다 지친 틈을 노려서 일제히 폭죽을 터뜨리며 예고되지. 파리는 그걸 가지고 일주일 동안 떠들어 대다가 다시 영원한 망각 속으로 떨어뜨리는 거야!"(작품304)

그러자 조리가 답한다.

"지금 정보 인쇄물에 대한 고발을 하시는 거군요." (…) "장단점이 있겠지만, 시대의 흐름을 무시할 수는 없습니다."(작품305)

졸라는 조리를 비판적으로 묘사하면서도 자신을 포함한 저널리스트들의 고뇌를 묘사한다. 졸라는 젊어서부터 대중은 무지하고 무교육이어서 아무것도 모른다고 생각했다. 그래서 대중의 의견이나 사고를 인정하지 않고 그 판단을 믿지 않았다. 그렇다고 해서 대중을 적대시하거나 대중과 완전히 단절된 고고한 생활을 하지는 않았다. 그는 대중의 판단이나 의견에 동조하거나 영합하지는 않았으나 대중의 힘을 믿었다. 대중에게 인정받지 못하는 문학이나 미술은 그에게 무의미했다. 그들의 뒷받침과 환영에 기댈 때 작품은 생명을 갖는다고 생각했다.

따라서 대중을 배척하거나 적대시하지 않고 대중을 자기 편으로 만들어야 했다. 그들의 무지를 방치해서는 안 되고, 그들을 적극적으로 이용해야 한다고 믿었다. 그러나 그들을 적극적으로 설득하고자 해도 받아들이지 않으므로 소용이 없다. 따라서 그들을 내 편으로 만드는 효과적인 방법은 그들에게 충격을 주어 혼란 상태에 빠트리는 것이다. 즉 그들을 도발한다는 것이다. 졸라는 소설이든 논설이든 기사든 간에 화약에 불을 붙이는 것으로 보았다.

『작품』에 나오는 거대한 풍경화의 꿈

제9장에서 살롱에 계속 실패한 클로드는 9월 초에 센강에서 바라본 풍경이 파리의 심장이라고 생각하고 그 풍경을 일생의 대작으로 그리고자 마음먹는다. 그것은 5×8미터나 되는 대작으로 보통의 아파트에서는 도저히 그릴 수 없어서 과거 염직물 건조장이었던 넓고 높은 목조건물을 빌려 자신이 바라본 풍경을 그린다.(작품379) 그러나 그 거대한 화면의 그림은 제대로 진행되지 못한다. 그 크기는 가령 쿠르베가 그린 〈화가의 아틀리에〉가 3.61×5.98미터이고, 피카소의 〈게르니카〉가 3.51×7.82미터인 것과 비교해 보면 얼마나 거대한 것인지 알 수 있다.

그림을 시작한 지 4년이 지나도록 완성될 희망이 없자 화가는 구도를 근본적으로 바꾸려고 한다. 화면 중앙에 세 명의 나부를 그린다는 것인데 그 밑그림을 본 상도즈는 파리의 중심부에 나부라니 있을 수 없는 일이라고, 그의 그림은 환상에 불과하다고 생각한다.

사실만을 그린다고 자부하는 현대 화가가 어떻게 그림에 이런 상상적인 산물을 도입하면서 그림을 타락시킬 수 있는가? 누드를 그리고 싶다면 얼마든지 다른 주제를 찾을 수도 있을 것이다. 그러나 클로드는 고집을 꺾지 않았고 명확하지 않은 설명을 해가며 거칠게 우겼다. 왜냐하면 그는 진짜 이유를 말하고 싶지 않았을 뿐 아니라, 자기 생각도 명료하지 않아 적확하게 설명할 수가 없었기 때문이다. 은밀한 상징주의에 대한 충동, 이 소생된 낭만주의가 다름 아닌 파리의 육체를 이런 누드를 통해 구현하도록 만든 것이었다.(작품388-389)

상도즈가 클로드의 구도 변경을 비판하는 이유는 클로드가 본래의 과학적인 자연주의를 버리고 환상적인 상징주의로 나아갔기 때문이다. 상징주의는 당시 졸라가 맞서야 했던 새로운 풍조였다. 졸라가 1880년에 『메당의 저녁』을 함께 쓴 위스망스가 자연주의를 버리고 1884년 『거꾸로 A Rebours』[*]를 발표한 것이 졸라에게는

---

[*] 유진현 옮김, 문학과지성사, 2007

충격이었다. 그것은 '세기말 문학의 정수' '원조 컬트 소설' '데카당의 지침서'로 불리는 위스망스의 대표작이었다. 미술에서도 구스타프 모로의 상징주의 그림이 나타났다. 졸라는 1878년 살롱에 대한 글에서 모로의 독창성을 칭찬하면서도 반동적이라고 비판했다. 그런데 세잔은 아직 상징주의에 이른 것이 아니었다. 베르나르 등이 세잔을 상징주의의 스승으로 내세우게 된 것은 훨씬 이후의 일인데, 졸라는 이미 그렇게 될 가능성을 알았던 것일까.

클로드가 〈외광〉을 그리던 인상주의에서 상징주의로 기운 것은 끊임없는 좌절 탓이라고 할 수 있다. 현실의 좌절을 그림 속의 환상을 통해 이겨 내려고 한 것일 수도 있다. 따라서 클로드는 더욱더 의욕에 불타 크리스틴에게 모델을 서게 한다. 그런데 나부상이 완성되어 감에 따라 자신은 생명력을 잃는다고 느낀 크리스틴은 질투를 느낀 나머지 다음과 같이 외친다.

> 당신을 알게 된 후 내 목을 조르고 나를 죽이려 하던 정체에 대해 말해야겠어요. 아! 바로 저 그림이에요. 맞아요! 당신의 그림이 나를 죽이고 내 인생을 망쳐 놓았어요. (…) 10년 동안 하루도 눈물 흘리지 않은 적이 없었어요. (…) 10년 동안 당신은 나를 내팽개쳤고, 숨도 못 쉬게 했어요.(작품561)

당시 유행한 피그말리온 신화를 연상하게 하는 그 에피소드는 상징주의를 비판한 것이다. 졸라는 『실험소설』에서 "우리는 지금

서정주의에 중독되어 있다. 위대한 문체는 지금도 정신착란에 빠질 만큼 숭고한 경이로움에 의해 만들어진다고 믿는다면 그것은 분명 잘못이다. 위대한 문체는 논리와 명석함에 의해 얻어진다."라고 말했다.

클로드의 장례식장에서 상도즈는 클로드에 대해 "자기가 가지고 있는 예술의 신조를 실현하지 못"(작품587)했다고 말한다. 이 말은 졸라가 이미 1880년에 쓴 「살롱의 자연주의자들」이라는 글에서 자연주의자들이 "새로운 양식을 강력하고 결정적으로 재현해 내지 못했다."라고 비판한 것을 되풀이한 것이다. 결국 졸라가 『작품』에서 하고 싶었던 말은 새로운 양식을 추구하던 화가들이 좌절함으로써 그 정신이나 표현이 애초 마음먹었던 것과 달라지게 되었다는 점이었다.

화가들의 반응과 졸라의 반발

매콜리프는 『벨 에포크, 아름다운 시대 Dawn of the Belle Époque』에서 『작품』에 대한 화가들의 반응과 졸라의 반발을 다음과 같이 전한다. 즉 모네는 찬사를 하면서도 "당황스럽고 다소 걱정스럽다."라고 하며 특히 언론과 대중이 "마네의 이름, 또는 적어도 우리들의 이름에 먹칠을 하고 실패자로 몰 것"을 우려했다. 그리고 "이제 겨우 목표에 이르기 시작한 시점에, 우리의 적들이 우리에게 마지막 타격을 입히는 데 이 책을 이용할지도 모른다는 점이 염려스럽다."라고 했다.

그리고 『작품』 출판기념회 자리에서 졸라는 "현대의 흐름 속에서 작업하는 어떤 화가도, 같은 미학을 가지고 같은 사상에 영감을 받아 같은 흐름 속에서 작업하는 적어도 서너 명의 소설가들이 성취한 것에 맞먹는 결과를 성취하지 못했다."라는 것이 소설의 주제라고 설명했다. 그러자 청중 중에 누군가가 드가가 그런 화가라고 하자 졸라는 "평생 틀어박혀 발레리나 그리는 사람을 플로베르, 도데, 공쿠르 등과 위엄에서나 역량에서나 동급으로" 여길 수 없다고 경멸하듯 말했다는 것이다.(매콜리프277-278)

세잔과 졸라의 결별 이야기

에밀 베르나르는 세잔과 졸라의 결별에 대해 「세잔을 회상함」이라는 글에서 세잔이 다음과 같이 말했다고 회상했다.

졸라의 명성이 올라갈수록 그는 야박해졌고 마지못해 나를 받아들이는 듯했지요. 나는 비위가 상해서 몇 년 동안 그를 찾지 않았습니다. 그러던 어느 날 그가 보낸 『작품』을 받아 보았지요. 정말 충격적이었습니다. 그가 친구들을 어떻게 생각하고 있었는지 알 수 있었어요. 결정적으로 그것은 거짓말로 가득 찬 형편없

는 소설이었어요.(세잔206)

위 이야기에는 문제가 있다. 왜냐하면 세잔은 『작품』을 받기 1년 전에도 메당으로 졸라를 방문했기 때문이다. 그리고 『작품』을 받은 뒤에 쓴 편지에서 그 작품을 거짓말이라고 하지 않았고, 실제로 거짓말이 없었다. 세잔은 다음과 같이 말하기도 했다.

그의 지식이란 보잘것없고 친구로서도 형편없지요. 한마디로 자기밖에 몰라요. 나를 묘사한답시고 『작품』이란 소설을 썼지만 말짱 거짓말들이오. 자기에게 영광을 돌리기 위해 거짓을 꾸며낸 겁니다.(세잔205)

다시 말하지만 『작품』은 소설이지 거짓말이 아니다. 그리고 졸라는 그 소설을 씀으로써 "자기에게 영광을 돌리"지 않았다. 볼라르에 의하면 세잔은 졸라와 인연을 끊은 이유에 대해 졸라 사후인 1903년경 다음과 같이 말했다.

"우리 사이에는 거친 말이 오간 적도 없었소. 먼저 발길을 끊은 건 바로 나였죠. 더는 편한 마음으로 졸라를 방문할 수 없었다오. 그 집에 가면 바닥에는 고급 양탄자가 깔려 있고 하인이 시중을 들었죠. 에밀은 둥근 곡선을 이룬 나무 책상 뒤에 군림하듯 앉아 있었소. 그러한 모든 것이 마치 내가 장관이라도 방문하는 듯한 인상을 주었소. 그는, 용서하세요. 볼라르 씨—거친 말은 옮기지 않겠다— 더러운 부르주아가 되어 버렸답니다." "그즈음 나는 아주 드문 경우에만 졸라의 집을 방문하곤 했소. 그가 어리석게 변해 가는 모습을 지켜보는 것이 고통스러웠기 때문이죠. 어느 날은 하인이 나오더니 주인이 외출하셨다고 하더군. 그래서 누구도 볼 수 없다고. 그 같은 지시가 특별히 나에게만 해당된 것인지는 잘 모르겠소. 하지만 그 후로 내가 그곳을 방문하는 횟수는 훨씬 줄었어요." "그 하녀는 내가 졸라의 응접실에 들어가기 전 신발을 매트에 닦을 때마다 날 험악한 얼굴로 노려보곤 했소."(볼라르268-271)

위에서 세잔이 졸라 집에 양탄자가 깔려 있고 하인이 시중을 들고 졸라는 둥근 책상 앞에 앉아 있는 꼴을 부르주아가 된 것이라고 생각해 발길을 끊었다고 하지만, 양탄자나 하인이나 책상은 세잔 자신의 집에도 있었던 것이고 당대 프랑스의 가정에 일반적인 것이었지 유독 졸라의 집에서만 보는 특별한 것은 아니었다. 게다가 하인이나 하녀를 원망하는 세잔이 정상적으로 보이지는 않는다. 나아가 세잔은 졸라 집에서의 대화도 다음과 같이 비난하는데 당시 졸라를 방문한 다른 문인들의 이야기는 당연히 다르다.

"졸라의 집에는 많은 사람이 모이곤 했지. 하지만 그들이 이야기하는 주제는 정말 구역질 나는 것이었소. 나는 보들레르에 관한 주제로 주위의 흥미를 끌어보려고 했죠. 그러나 아무도 그에 대해선 관심이 없었다오. (…) 그 후 졸라는 『작품』을 썼습니다."(볼라르269-270)

한편 세잔은 졸라가 그 뒤로 자기와 만날 노력을 전혀 하지 않았다고 말한다. 파리에서는 물론 1892년과 1896년 졸라가 엑스를 방문했을 때도 만날 생각을 하지 않았다는 것이다.

"비록 졸라의 집을 다시 찾지는 않았지만 나는 그와의 우정을 과거의 일로 여기지는 않았소. 발뤼가(rue Ballu)에서 그의 이웃으로 이사 갔을 때는 우리가 만난 지 여러 달이 지났을 때였소. 나는 가까운 곳에 사니까 함께할 기회가 자주 생길 거라는 희망을 품었소. (…) 졸라가 엑스에 있다는 기쁜 소식을 들었을 때 마침 난 훌륭한 모티브를 잡아 들에서 작업 중이었소. (…) 난 그림과 그 밖의 모든 것들을 팽개쳐 버렸소. (…) 그가 머무는 호텔로 뛰어갔지요. 그곳으로 가는 길에 한 친구와 우연히 마주쳤지. 그 친구가 말해 주더군. 그 전날 어떤 사람이 졸라에게 떠나기 전에 나와 한두 번 식사를 같이하겠느냐고 물었다고. 졸라는 '이미 죽은 사람과 뭣 때문에 다시 만나겠냐'고 대답했다는군요. 그 이야기를 들은 나는 다시 그림을 그리기 위해 발걸음을 돌렸소."
세잔의 두 눈에 눈물이 가득 고였다. 그는 애써 감정을 숨기려고 코를 풀었다.

"졸라는 악의는 없었습니다. 하지만 그의 인생은 수많은 사건으로 점철되었죠."(볼라르271-272)

1885년 세잔이 메당을 방문한 것이 두 사람의 마지막 만남이었다. 그리고 졸라가 죽기까지 17년간 그들은 만나지 않았다. 그러나 이를 꼭 나쁘게 볼 필요는 없다. 세잔은 스승이라고 숭배한 피사로도 20년간 만나지 않았다.

졸라의 미술비평에 대한 세잔의 반응

졸라와 세잔의 결별과 관련하여 30년에 걸친 전자의 미술비평에 대한 후자의 반응을 통해 살펴볼 점이 있다. 졸라가 1866년에 낸 최초의 미술평론집인 『나의 증오』에서 보인 프루동 비판은 세잔에게도 영향을 끼쳤다. 그리고 세잔의 아버지를 그린 초상화가 1866년 《레벤망》에 발표한 글에서 언급되고 이듬해 출판되면서 세잔에게 헌정되자 세잔은 흥분했다. 그러나 점차 졸라의 비평에서 세잔은 중요하게 언급되지 않았다. 1866년부터 1896년 사이에 졸라가 쓴 글에서 세잔은 여섯 번만 언급되었고, 그의 그림에 대한 독립적인 글은 전혀 쓰지 않았다. 반면 마네에 대해서는 1867년의 대논문 외에도 100회 이상 언급했고, 개별 작품에 대해서도 상세히 분석했다. 그 평가의 내용이 어떻든 간에 누가 보아도 마네는 졸라가 가장 좋아하는 화가였다.

세잔도 마네를 좋아했다. 그러나 세잔이 1870년대와 1880년대에 그린 자화상은 마네의 고상한 그림들에 대한 세잔의 거부를 보여준다. 특히 1873년 세잔이 마네의 〈올랭피아〉를 개작한 것이 그렇다. 졸라는 마네의 〈올랭피아〉를 걸작으로 찬양했다. 세잔은 1870년 초에 마네의 1863년 낙선전에 걸린 마네 작품을 개작하기도 했다. 볼라르는 세잔의 독창성을 찬양했다.

베르나르는 졸라의 비평에 대해 적대적이었고, 볼라르는 더욱더 그러했다. 그 동기는 명백했다. 1914년의 회상기 이래 더욱 심해졌다. 따라서 세잔의 위대성을 평가하는 데 졸라가 실패한 점은 개인적 취향보다 더 문제가 되는 것이었다.

제6장

『작품』 이후의 세잔과 졸라

『작품』 이후 세잔에 대한 졸라의 태도

1886년 『작품』을 출판한 이후에도 졸라는 죽을 때까지 세잔에게 관심을 가지고 언론을 통해 그에 대한 자신의 주장을 발표했다. 가령 1896년 그림과 화가들에 대한 고별사를 출판하면서 세잔에 대해 다음과 말했다.

나는 내 친구인 폴 세잔과 거의 같은 요람에서 자랐다. 오늘날에 와서야 사람들은 그에 대해 위대한 화가의 천재성이라는 것이 수포로 돌아갔음을 알기 시작한다."(Ecris468)[*]

세잔은 1896년 5월 21일, 가스케(Joachim Gasquet, 1873-1921)에

---

[*] 원래는 『Le Figaro』, 1896년 5월 2일자에 실린 「Peinture」라는 제목의 글.

게 보낸 편지에서 그 글이 실린 신문을 받지 못했다고 했는데, 이는 그 전에 가스케로부터 그런 기사가 실렸다는 이야기를 들은 후의 반응인 것 같다. 졸라는 세잔을 실패자라고도 했다. 그러나 뒤에 가스케와의 대화를 통해 졸라는 1900년경 자신이 세잔의 그림을 과소평가한 것은 실수라고 말했다.(Gasquet147) 이 이야기는 가스케나 다른 친구들을 통하여 세잔에게 전달되었을 것으로 짐작된다.

1891년 문인협회는 로댕에게 발자크 흉상의 제작을 의뢰했는데, 그 전에 졸라가 로댕을 그 일의 적임자로 적극 추천했다. 그리고 로댕의 발자크 상이 완성된 뒤 '형체를 알 수 없는 덩어리'라는 등의 비난이 일자 졸라는 로댕을 옹호했다. 그 뒤 발생한 드레퓌스 사건과 마찬가지로 로댕 사건도 예술과 문학계에서 문제가 되었다. 로댕 자신은 그런 소동을 싫어하고 특히 졸라가 자신을 돕는 점에 대해서도 싫어했지만, 그 뒤 1세기 이상이 지난 21세기 초인 지금 우리가 보기에는 졸라가 옳았다.

졸라의 새로운 사랑

1888년은 졸라에게 어떤 의미에서 삶의 전환기였다. 새로운 사랑을 하게 된 것이다. 졸라는 1888년부터 쓴 소설 『꿈』의 초안에서 "나에게는 젊은 처녀와의 사랑, 그러나 매우 순수한 사랑이 필요하다." "나는 일, 문학이 나의 삶을 갉아먹었고, 격동, 위기, 사랑 받고픈 욕구, 이 모든 것을 심리적으로 연구해 볼 만하다."라고 썼다.

졸라는 원래부터 몸이 컸지만 40대 후반부터 더욱 뚱뚱해졌다. 그러다가 허리가 약 44인치까지 늘어나자 다이어트를 시작했다. 음식만 먹고 아무것도 마시지 않는다는 이상한 다이어트였지만, 석 달 만에 13킬로그램이 줄었다.(메콜리프287) 그러면서 젊은 여성에 관심을 두게 되었다. 그 전의 그는 일부일처제와 정절을 지켜울 정도로 찬양한 모범 남편이었다. 어쩌면 48세 무렵의 졸라에게 권태기가 찾아온 것인지도 모른다. 상대는 21세의 젊은 하녀 잔느 로즈로(Jeanne Rozerot, 1867-1914)였다. 자신보다 27살이나 어린 그녀에게 졸라는 부근의 아파트를 얻어 주고 선물 공세를 했다. 그리고 그녀에게서 두 자녀를 얻었다.

로즈는 어머니를 일찍 여의고 계모에게 학대를 받으며 수도원에서 성장했다. 1888년에 알렉산드린은 잔느를 하녀로 고용하는데, 그녀를 자기가 버린 딸처럼 생각해 가족의 피서 여행에도 동행시킬 정도로 좋아했다. 그런데 1888년 가을, 잔느는 이유도 없이 집을 나가 버렸다. 그러다 1891년 익명의 편지에 의해 알렉산드린은 졸라가 잔느를 집 부근 아파트에 살게 하면서 두 아이를 1889년과 1891년에 각각 낳았다는 것을 알게 된다. 앞에서 말한 불행한 여성을 구제해야 한다는 졸라의 욕구가 되살아난 것이다. 알렉산드린은 잔느와 두 아이를 인정하고 아이들에게 졸라라는 성을 부여한 뒤 철저히 교육했다. 장녀 드니스는 뒤에 졸라 연구가인 모리스 르 블롱과 결혼했다.

졸라가 쓴 《루공-마카르총서》 마지막 권인 『의사 파스칼』(1893)은 졸라와 잔느의 사랑을 예언한 소설이다. 독신으로 유전과학 연구에 몰두한 파스칼은 60세에 26세의 질녀인 크로틸드(Crotilde)와 사랑하는데, 그녀는 잔느의 모습 그대로 푸른 눈, 가녀린 코, 흰 목, 나긋나긋한 허리라고 하는 일반적인 아름다움의 형용과 함께 '튼튼한 턱'이라고 하는 이질적인 요소를 갖춘 여인으로 묘사된다.(Docteur54) 그리고 박사의 죽음과 함께 태어난 크로틸드의 아이는 비참한 죽음으로 점철된 총서의 마지막을 장식하는, 미래를 향한 희망의 존재로 그려진다.

그런데 '튼튼한 턱'은 『작품』의 크리스틴도 가진 것이었음을 다음 묘사로 알 수 있다.

투명한 이마가 맑은 거울처럼 연결되어 있었고, 작은 코의 측면은 날카롭고 섬세하였다. 그리고 그녀의 감긴 눈꺼풀 아래로 미소 짓는 눈을 느낄 수 있었는데, 얼굴 전체를 환하게 해 줄 것 같은 미소였다. 다만 얼굴의 아랫부분이 이 은은한 광채를 망치고 있었다. 턱뼈는 앞으로 튀어나와 있었으며, 단단한 흰색의 이를 내보이는 지나치게 두꺼운 입술은 새빨간 색을 띠고 있었다.(작품21)

크리스틴은 『작품』 제4장에서 중부 지방인 스트라스부르 출신으로 아버지와 같은 튼튼한 "주걱턱"을 가졌고, 어머니가 죽은 뒤 클레르몽 교외에 있는 '성모 방문회 수녀원'에서 15개월을 보낸 것으로 나오는데(작품154-157) 이 점도 잔느의 과거와 유사한 것들이었다. 그래서 이미 『작품』을 집필하게 되는 1884년 정도부터 잔느가 메당에 와서 졸라와 사랑을 나눈 것이 아닌지 의심된다. 실제로 잔느의 이력 중에 1884년부터 몇 년간이 공백이기 때문이다. 또한 그 무렵 세잔과 사랑을 했는데 결국은 졸라의 여자가 되었기에 세잔이 졸라와 결별한 것이라고 보는 견해도 있다.

『꿈』

잔느와의 사랑과 관련하여 졸라는 『꿈』을 썼다. 그 소설의 본래 구상이, 학문에 몰두한 탓에 사랑을 해 본 적이 없는 사십 대 남자가 16살의 소녀를 사랑하지만, 그녀는 그의 친척인 청년에게 반하여 소녀와 청년의 사랑을 허용한다는 이야기였다는 점도 잔느와 관련된다. 그러나 졸라는 그 같은 뼈대를 포기했고, 결국 지금의 내용처럼 변경했다.

졸라는 앞에서 본 5인의 비판에 대응하지 않았지만, 틀림없이 충격을 받았을 것이다. 그래서 그 뒤 1888년에 새로운 스타일로 쓴 작품이 『꿈』이다. 《루공-마카르총서》의 16번에 해당하는 이 작품의 줄거리는 다음과 같다.

어느 추운 날 아침, 위페르(Hubert) 부부는 보몽(Beaumont) 성당 정문 앞에서 앙제리크(Angélique)를 발견하고 그녀를 양녀로 키운다. 부부에게 자수와 성당 장식을 배운 앙제리크는 유전으로 받은 급하고 격한 성격을 순화하며 성녀들의 삶에 열광한다. 그러다가 성당의 스테인드글라스 수선공인 펠리시앙(Félicien)과 사랑하게 되지만 그의 아버지인 주교는 그들의 결혼에 반대한다. 병들어 죽어가는 앙제리크를 보고 부모들은 결혼을 허락하지만 결혼식 후에 그녀는 죽는다. 이 소설에서 졸라는 종교의식에 대한 광신이 생물학적 성향과 환경에 의해 생긴 망상에 불과하다고 비판한다. 이 점에 대해서도 세잔은 졸라에 공감하지 못했다.

이 소설의 배경인 보몽은 다음과 같이 두 개의 지역으로 완전히 분리된 점에서 앞에서 말한 엑스를 연상시킨다.

보몽은 완전히 분리된 두 개의 독립된 도시로 이루어져 있었다. 언덕 높이 위치한 보몽-교회 구역은 고색창연한 12세기 성당과 17세기에 와서야 지은 주교 관저를 정점으로 그 아래로 겨우 1천여 명의 영혼들이 좁은 길 구석구석에 조밀하게 숨죽이며 살고 있었다. 그리고 보몽-도시 구역은 언덕 아래 리뇰강을 따라 형성되었는데, 레이스와 곱게 짠 흰 리넨 제조업의 융성과 함께 확장된 옛 성의 외곽 지역으로서, 거의 1만여 명의 인구를 헤아릴 정도였고, 널찍한 광장과 신식으로 지은 근사한 시청이 있었다.

이렇게 남쪽과 북쪽에 자리한 두 공동체 구역은 행정적인 것 외에는 어떤 관계도 없이 공존했다.(꿈26)

졸라는 이 소설을 준비하면서 자신의 관점을 이렇게 설명했다.

나는 이 시리즈 속에서 저 너머 미지의 세계를 오직 우리 육체의 물질성 속에 담겨 있기는 하지만 우리가 알지 못할 뿐인 어떤 힘의 효과로서만 인정할 뿐이다. 앙젤리크는 자신이 미처 깨닫지 못한 욕망에서 자양분을 얻은 상상력으로 저 너머의 세계를 지어 내고, 자신을 스스로 그 속에 가두었다. 결국 세계를 만들어 내는 것은 우리 자신이고, 모든 것은 우리에게서 출발하여 다시 되돌아온다는 것을 확인할 수 있다.

〈마르디 그라〉

앞에서 보았듯이 1886년 세잔의 아버지가 죽고, 세잔은 엄청난 유산을 물려받았다. 1888년부터 그는 아버지가 물려준 저택에서 살았는데, 그해 파리에 나가서 5개월 정도 샹티에 체류하면서 그린 것으로 짐작되는 〈마르디 그라〉는 '참회 화요일'이라는 뜻이다. '사육제 마지막 날'이라는 제목이 붙기도 한다. 마름모꼴 무늬(또는 다이아몬드 문양)의 옷을 전신으로 감싸 입고 있는 아를르캥

(Arlequin)의 모델은 세잔의 아들인 폴이고, 흰옷을 입은 어릿광대의 모델은 루이 기욤이다. 16세기에서 18세기 사이에 이탈리아에서 유행한 즉흥극인 희극 콤메디아 델라르테(Commedia dell'arte)에 등장하는 익살스러운 시종인 아를르캥은 대체로 게으르고 탐욕스러우며 교활하고 인기 있는 사람으로 등장한다. 반면 어릿광대인 피에로는 순수하고 순진하여 주변으로부터 조롱과 놀림을 당하는 인물로 나온다. 그림에서 어릿광대가 아를르캥의 지팡이를 훔치려고 하는 것 같은데 그 의미가 무엇인지는 알 수 없다. 장난을 거는 것 정도가 아닐까? 여하튼 그림의 전체 분위기는 밝다.

이 그림에서 아를르캥은 세잔이고, 어릿광대는 졸라로 보는 견해가 있고, 나도 그렇게 생각한다. 그러나 세잔 자신이 이 그림에서 아를르캥을 교활한 인물로, 즉 자신을 교활한 인물로 그린 것은 아닐 것이다. 세잔은 광대 그림을 즐겨 그린 와토를 좋아했는데, 와토는 현실적이며 세속적인 아를르캥과 대비되어 감성적이고 순수한 인간상을 대변하는 피에로의 모습을 즐겨 묘사했다. 와토처럼 세잔도 자신을 아를르캥이 아니라 피에로로 생각했을 수도 있다. 그러나 나는 두 사람 중 누가 아를르캥이고 피에로인지를 따지는 것은 무의미하다고 생각한다.

도리어 이 그림에서 두 광대는 모든 세속적 차이를 뛰어넘어 오로지 예술에 대한 근원적인 갈망과 추구를 상징하는 소재로 묘사되었다고 본다. 즉 이 책에서 말하는 반항과 창조의 상징들이었다. 세잔이 이 그림에서 표현하고자 한 것도 자신과 졸라가 함께 추구

〈마르디 그라〉
폴 세잔, 1888, 102×81cm, 모스크바, 푸시킨 미술관

한 반항과 창조에 대한 갈망이지 않았을까? 만약 그렇다면 1886년의 『작품』 이후에도 세잔은 졸라에 대한 우정의 브로맨스를 여전히 간직했다고 볼 수 있다. 나는 앞에서 그 브로맨스가 결정적

으로 깨어진 것은 드레퓌스 사건이었고, 그 시작을 예고한 것은 1991년 세잔의 가톨릭 개종이었다고 했다. 이를 보여 주는 그림들이 〈카드놀이 하는 사람들〉 연작이다. 그 그림들은 세잔이 졸라가 1887년에 쓴 소설 『대지』에서 묘사된 폭력적인 농부 상에 대한 반발이라고 주장하는 사람들이 있으니 먼저 그 소설부터 읽어보자.

『대지』

졸라는 1886년 『작품』을 출간한 뒤 『대지La Terre』를 집필한다. 그 전에 그는 자료 수집을 위해 프랑스 북부의 보스(Beauce) 지방을 여행한다. 이듬해 5월 29일부터 『대지』가 신문에 연재된 뒤 3개월이 지나지 않은 1887년 8월 18일, 《르 피가로》에 「5인의 선언Manifeste des cinq」이 실렸다. 폴 본탱(Paul Bonnetain), 조셉 앙리 로스니(Joseph-Henri Rosny), 뤼시앙 데스카브(Lucien Descaves), 폴 마르그리트(Paul Margueritte), 귀스타브 귀슈(Gustave Guiches)가 포함되어 있었는데, 이들은 에드몽 드 공쿠르(Edmond de Goncourt)와 가까웠다. 공쿠르는 그의 저널에서 『대지』를 '장난'이라고 힐난했다. 그들은 그 소설이 도덕과 미학의 균형이 부족하고, 묘사가 저속하며, 대량 판매를 위해 고의적인 외설을 일삼는다고 비난하고, 졸라를 병적이고 무력한 정신병자이며, 인류에 대해 정신적이고 건강한 견해를 가질 수 없는 자라고도 비난하며 정신과 의사와 상의하라고 조롱했다.

그러나 1915년에 『졸라론』을 쓴 하인리히 만(Heinrich Mann, 1871-1950)은 졸라의 작품 중에서 『대지』를 최고 걸작으로 꼽았다. 1915년은 제1차대전 중이었고 당시 프랑스는 독일의 적국이었음에도 만은 적국인인 졸라를 옹호한 것이다. 19세기 말에 몇 년간 프랑스에 머물면서 프랑스 문학의 정신과 사회비판 사상에 정통한 만은 전쟁 중임에도 졸라의 위대함을 독일인에게 알리고자 졸라에 대한 책을 썼다. 그는 졸라가 군중의 운동과 정념을 작품의 소재로 삼은 점을 소설에 대한 가장 큰 기여라고 찬양했다. 특히 공쿠르 형제의 작품이 생리학적 관찰에 머문 것과 달리, 졸라는 민중의 시정이라고 할 수 있는 것을 살려 내어 본질적으로 민주적인 작가라고 했다.

만은 특히 『대지』를 찬양했다. 보스 지방의 작은 마을인 로뉴(Rognes)를 무대로 한 이 소설은 1859년에서 1870년까지 푸앙(Fouan) 일가를 중심으로 대지와 자연의 리듬과 그 속에서 살아가는 농민들의 가혹하고 격렬한 삶을 묘사한 것이다. 늙은 아버지 루이 푸앙(Louis Fouan)은 재산을 자식들에게 나누어 주고 자신과 아내 로즈(Rose)의 부양을 부탁하지만, 자녀들은 재산 싸움에만 몰두한다. 사촌 여동생 리즈(Lise)와 결혼한 뷔토(Buteau)는 동거하는 처제 프랑수아즈(Françoise)에게 눈독을 들인다. 뷔토를 피해 프랑수아즈가 군인인 장 마카르(Jean Macquart, 『싸구려 술집』의 주인공인 제르베제의 동생)와 결혼하고 임신하자 그녀 몫의 유산이 곧 태어날 아기에게 갈 것을 두려워한 리즈 부부는 프랑수아즈를 유산시키려고 하고 뷔토는 그녀를 강간한다. 프랑수아즈는 말없이 죽고, 강간 현장을 목격한 아버지도 부부에 의해 죽는다. 모든 것을 잃은 장은 다시 직업군인의 길을 간다(그는 소설 『패주』에 다시 나온다).

이처럼 졸라의 대지는 농민들에게 자애의 어머니이기도 하고, 반대로 폭군의 아버지로 군림하기도 한다. 감동적인 행위도 끔찍한 범죄도, 훌륭한 선행도 부끄러운 악행도 모두 대지 위에서 전개된다. 어떤 행위도 대지와 떨어질 수 없이 대지에 의해 좌우된다. 농민들의 힘겨운 노동도 대지에 항상 보답을 받지 않는 점을 포함하여 현대에 서사시를 부활시킨 기념비적인 소설이라고 만은 찬양한다.

〈카드놀이 하는 사람들〉

1889년 50세의 세잔은 파리와 엑스에 살았다. 쇼케의 노력으로 만국박람회에 〈목맨 사람의 집〉 등을 출품한다. 6월에는 노르망디로 여행을 한다. 이듬해에는 브뤼셀의 '20인전'에 〈목맨 사람의 집〉 등을 출품한다. 여름에 가족과 함께 스위스를 여행하고 엑스로 돌아오지만 당뇨병이 시작된다. 그리고 〈카드놀이를 하는 사람들〉 연작을 시작한다. 1891년에 그는 경건한 가톨릭 신자가 되었다.

1887년 이후 세잔과 졸라는 만나지 않은 것 같지만, 두 사람은 그들을 함께 알았던 친구 알렉시나 코스테 등과 같은 사람들을 자주 만나서 서로의 소식을 잘 알고 있었다. 세잔은 졸라의 소설도 계속 읽었고, 그것들에 반응했다. 세잔이 1890년과 1895년 사이에 그린 〈카드놀이 하는 사람들〉은 졸라가 1887년에 쓴 소설 『대지』에서 묘사한 폭력적인 농부상에 대한 반발이라고 볼 수 있다. 즉 졸라의 농부들은 폭력적이고 알코올 중독이며 무례한, 그야말로 저주받은 사람들이지만, 세잔의 카드놀이 하는 사람들은 존엄하고 금욕적이며 사려 깊은 신사들로 보인다.(Danchev261; Schapiro16) 반면 이 그림에 등장한 농부들을 졸라의 『제르미날』에 나오는 노동자들과 함께 특히 감동적이라고 보는 사람들도 있다. 파이프를 문 사람은 졸라라고 보는 견해까지도 있다.

나는 이러한 비교가 타당한지 의문이다. 도리어 1891년 경건한 가톨릭 신도로 돌아선 세잔이, 그전의 자신처럼 졸라가 보여준 가톨릭에 대한 반발과 함께 특히 1894년에 낸 『루르드』와 1896년에 낸 『로마』에서 표명한 가톨릭에 대한 격렬한 비난에 대한 응수로 볼 수도 있다는 견해에 나는 찬성한다. 1991년 세잔이 왜 가톨릭으로 돌아섰는지는 알 수 없다. 나는 그전부터 세잔이 세상살이에 지친 탓으로 본다.

어쩌면 세잔의 카드놀이 그림에 대해 특별한 의미를 부여하려고 하는 시도 자체에 문제가 있는지도 모른다. 카드놀이는 가장 흔한 놀이였기 때문에 그것을 소재로 한 그림은 프랑스나 네덜란드에서 흔했다. 그러나 그런 작품들이 인물의 이야기에 초점을 맞추어 소일의 의미나 도박의 어리석음을 강조한 것이었던 반면, 세잔의 그림은 그런 의미를 부여하지 않고 오로지 그림의 구성이나 색채에 초점을 맞춘 점에서 달랐다. 게다가 다른 그림들이 서민이나 귀족을 등장시킨 데 비해 세잔은 자기 집인 자드부팡 부근의 들판에서 일하는 농부와 일용 노동자를 모델로 삼았다. 일상의 장면을 보여 주지만, 장르적 그림이 아닌 〈카드놀이 하는 사람들〉의 소재는 색상과 형태의 엄격한 법칙에 따라 구성된다. 세잔은 이 주제로 다섯 가지 버전을 그렸는데, 같은 사람들을 다른 변형으로 표현한다.

첫 번째 버전은 다섯 명, 두 번째 버전은 네 명을 그렸지만, 세 번째부터는 두 명으로 줄였다. 첫 번째 그림에는 세 명이 카드놀이를 하고 두 명은 구경한다. 인물이 많아서 역동적이고 전체적으로 밝고 명랑한 분위기이다. 주변 벽면도 커튼이나 액자, 항아리 등이 분명하게 보인다.

두 번째 버전은 네 명인데, 앞 그림의 여성이 사라지고, 앞 그림에서 유일하게 모자를 쓰지 않은 중간 인물이 모자를 쓰고, 그의 다리를 책상 밑에서 거의 보이지 않게 그린 것 외에는 변화가 없지만 초점이 인물들에게 맞추어져 집중하게 만든다. 벽면 묘사에서도 액자와 항아리가 없어져 더 간결하다. 전체적으로 색채는 더 짙다.

세 번째 버전부터는 인물을 두 명으로 압축하고, 왼쪽 인물은 파이프를 물었다. 두 사람 사이 화면 중앙에는 술병 하나가 분명하지 않게 그려진다. 식탁보가 덮인 테이블 위나 벽면에는 아무것도 없다. 붓 자국은 거칠고, 주변 벽면을 추상적으로 처리한다. 전체적으로 인물에 집중하게 한다.

네 번째 버전은 두 인물의 대조가 분명해지고, 술병도 명확하다. 다섯 번째 버전은 세 번째 버전과 유사하지만, 색채를 더 단순화하여 역시 두 인물에 집중하게 한다.

자코메티는 이렇게 말한다.

〈카드놀이 하는 사람들〉
폴 세잔, 1890-1892, 65.4×81.9cm, 뉴욕, 메트로폴리탄 미술관

〈카드놀이 하는 사람들〉
폴 세잔, 1892-1893, 97×130cm, 로얄 패밀리 카타르

〈카드놀이 하는 사람들〉
폴 세잔, 1892-1895, 60×73cm, 런던 코톨드 인스티튜트 미술관

〈카드놀이 하는 사람들〉
폴 세잔, ca.1894-1895, 47.5×57cm, 파리, 오르세 미술관

세잔은 일종의 폭탄 같은 것으로 회화의 세계를 폭파시켰다. (…) 그는 이렇게 말했다. "난 두상을 그릴 때 한 짝의 문짝처럼 그 어떤 물건을 그리는 것과 똑같은 방법으로 그렸다."(류334재인용)

제프루아

1992년부터 이듬해까지 세잔은 엑스와 파리에 체류하면서 퐁텐블로에서 그림을 그렸다. 1994년에도 엑스와 파리에 체류했는

데 가을에 지베르니 모네 집에서 제프루아를 만나기 위해서 그곳에 갔다. 미술평론가이자 저널리스트인 제프루아가 《르 주르날 Le Journal》에 세잔을 찬양하는 글을 실었기 때문이다.

제프루아는 인상파의 전모를 논한 최초의 인물로 모네의 평전을 쓰기도 했다. 1855년 파리에서 태어난 그는 1880년부터 클레망소가 주재한 《라 저스티스 La Justice》지에 참가하고, 1884년부터 미술비평을 담당했다. 1876년 9월, 제2제정기에 수감된 오귀스트 블랑키(Louis Auguste Blanqui, 1805-1881)의 평전 저술을 위해 베르 인 앙 메르(Belle-Île-en-Mer) 감옥을 취재하려고 방문했을 때 모네와 알게 되었다. 1892년에는 『예술가의 생애 La Vie Aristique』 전 8권 중 제1권을 내고 「인상파의 역사」라는 논문을 발표했다. 1893년에는 《르 주르날》의 미술비평을 담당하면서 위에서 말한 것처럼 세잔을 찬양하는 글을 썼다.

1894년 11월 말, 세잔은 지베르니에서 로댕(François-Auguste-René Rodin, 1840-1917), 미르보, 클레망소도 만났다. 뒤에 제프루아가 쓴 『클로드 모네, 그의 인생 그의 시대 그의 작품 Claude Monet, sa vie, son temps, son oeuvre』(1922)에 의하면 세잔은 자신과 마찬가지로 가톨릭 신자인 로댕을 극단적으로 숭배하는 반면, 무신론자이고 아나키스트적이기도 한 클레망소는 극단적으로 경멸했는데, 클레망소를 경멸한 이유를 뒤에 제프루아에게 다음과 같이 말했다.

그건 …내가 너무도 연약한 인물이기 때문이오. 클레망소는 결코 나를 보호해 줄 수 없소. 나를 보호해 줄 수 있는 것은 교회뿐이오.(세잔67)

제프루아도 가톨릭이 아니었지만 그는 세잔을 찬양했기 때문에 세잔은 그에게 호의를 갖고 살롱에 출품할 그림의 모델이 되어 달라고 부탁했다. 세잔은 1895년 4월부터 석 달간 몽마르트르 언덕 맞은편인 벨빌 언덕의 꼭대기에 살았던 제프루아의 아파트에서 제프루아의 초상화를 그렸다. 제프루아는 모델을 서는 동안 프랑스 사회주의자인 블랑키의 전기인 『유폐자 *L'Enfermé*』(1896)를 집필했다. 뒤에 세잔은 볼라르에게 당시 제프루아가 "클레망소 이야기만 줄곧 하기에 나는 가방을 챙겨 들고 엑스로 가 버렸지."라고 했다.(화상123-124) 이에 대해 제프루아는 뒤에 볼라르의 이야기가 "터무니없는 소리"라고 반박했다.(세잔67) 제프루아는 세잔에게 클레망소의 초상화를 그려 달라고 요청하기도 했다.

세잔은 1898년 6월, 가스케에게 보낸 편지에서도 제프루아에 대해 "상스럽다"고 하면서 제프루아와 클레망소 초상화 작업을 포기했다고 설명했다. 제프루아는 졸라와 함께 도시적 감각을 지닌 진보파로 정치 사회적 이데올로기와 무신론자로서 서로 통했다. 이는 1991년 이후 세잔이 가톨릭을 독실하게 믿게 되었고, 따라서 졸라처럼 가톨릭에 반하여 드레퓌스를 옹호한 제프루아에게도 반발한 것으로 보인다.

볼라르

앞에서 말했듯이 세잔의 개인전은 1895년 볼라르에 의해 처음으로 열렸고, 그 뒤로 볼라르는 세잔이 죽을 때까지 세잔의 그림 거래를 도맡았다. 세잔은 1995년 볼라르의 초상을 그렸고, 볼라르는 세잔이 죽고 8년 뒤인 1914년 세잔에 대한 회고록을 냈는데, 그 책은 한동안 가장 권위 있는 전기로 통해 한국에서도 일찍부터 소개되었다. 그러나 앞에서도 언급했듯이 가톨릭 보수주의자인 볼라르의 세잔 이해에는 문제가 많다.

볼라르는 인도양에 있는 프랑스 식민지 레위니옹(la Reunion)섬의 생디드에서 태어났다. 섬의 면적은 2,512제곱킬로미터로 제주도의 1.37배이고, 인구는 84만 명(2013년 기준)으로 제주도의 1.42배이다. 이 섬의 경제는 거의 전적으로 설탕 산업에 의지하고 있다. 주민은 절반이 크레올이고, 그 밖에 백인이 1/4, 인도계가 1/4이다. 종교는 가톨릭이 86퍼센트이다. 볼라르는 피부가 검었으므로 크레올일 수도 있었으나, 자신은 순수한 프랑스계라고 항상 주장하면서, 식민주의를 인종 통합에 대한 잠재적 혼혈의 위협으로 보았다. 이는 크레올 출신이 프랑스에서 살기 위한 수단일 수도 있었다.

17세기 프랑스가 이 섬을 차지했을 때 당시 프랑스를 통치했던 왕조의 이름을 따서 부르봉(Bourbon)섬으로 불렸으나, 프랑스 대혁명 이후 그것을 1792년 8월 10일의 봉기를 기념하여 1793년에 현재의 이름으로 바꾸었다. 최초의 프랑스인 식민자들은 17세기의 반란자들이었다. 그러나 볼라르는 자서전 격인 『파리의 화상 볼라르』에서 그곳을 "식민지로 만든 가장 핵심적인 계층은 프랑스에서 건너온 귀족 가문들"이었고(볼라르파19) 그들은 "종족의 순수성과 전통적 관습을 지키기 위해 많은 주의를 기울였고, 특히 자녀들에 대한 교육에 지대한 관심을 쏟았다."(볼라르파20)라고 주장한다.

볼라르는 1885년 법학을 공부하기 위해 프랑스에 와서 몽펠리에 대학교와 파리 법학원(École de droit)에서 공부하고 1888년에 학위를 받았다. 그리고 탕기 상점에서 세잔의 그림을 보고 충격을 받아 화상이 된 그는 1893년 당시 파리 현대미술 시장의 중심지였던 몽마르트르의 라피트 거리(Rue Laffitte)에 자신의 화랑을 열었다.

볼라르는 자신이 드나들었던 1890년 몽마르트르 카페를 설명하면서 미술평론가인 뒤랑티가 인상파 화가들의 기수였다고 전했다. 그러면서 그가 세잔이 석수공의 흙손으로 그림을 그린다고 비난했다(볼라르파38)고 말했다. 하지만 뒤랑티는 1880년에 이미 죽었다. 따라서 그 이야기는 뒤랑티가 죽기 전에 한 것을 옮긴 것이다. 이는 앞에서 보았듯이 마네가 세잔을 비난하며 했던 것과 같은데, 누가 먼저 한 말인지는 알 수 없다.

볼라르는 1894년 이래 반유대주의자들인 드가와 르누아르 그리고 포렝(Jean Louis Forain, 1852-1932)과 친했다. 특히 포렝과는 볼라르가 법학원에 다니던 1880년대 말부터 친해져, 그의 작품을 사진으로 정리하게 했다. 뒤에서 보듯이 포렝과 르누아르와 드가는 드레퓌스에 반대하는 활동을 펼쳤고, 당시 엑스에 칩거한 세잔도 그것에 동참했다.

세잔의 1995년 전시회

볼라르는 1895년에 자기 화랑에서 세잔의 첫 번째 전시회를 열기 위해 세잔의 작품 약 150점을 구매하고, 그중 50점을 전시했다. 전시회에서 있었던 일을 볼라르는 다음과 같이 전한다.

내 상점 앞에서 마치 싸움이 벌어진 것 같은 소리가 들렸다. 그리고 한 젊은 여자가 <목욕하는 사람들>이라는 그림 앞에서 한 남자의 억센 손아귀에 붙들려 있었다.
"기숙학교에서 그림 상을 탄 나에게 이따위 그림을 억지로 보게 하다니!"
"하지만, 이런 그림으로도 전시회가 열리는 것을 보면, 이다음에 나를 얕잡아보진 않을 테지."
항의하던 그 여자는 적어도 미술비평을 하지는 않았다. 하지만, 현대적인 경향 때문에 그녀가 기꺼이 내세우는 글쟁이 한 명은 이 전시회에 대해서, 세잔의 "빈약한 지식이 자신도 모르게 드러나며" 그것이 화가에게 "사면의 간격이 뜨고, 공간이 확장된 듯한 착각이 들게 하는 미술"에 이르게 해서 실패라고 개탄했다.(볼라르파49)

이러한 반응에도 불구하고 1895년 볼라르 화랑에서 가진 최초의 개인 전시회로 세잔의 명성은 확고해졌다. 그리고 젊은 화가들이 그를 찾고 따르기 시작했다. 1886년 이래 세잔은 아버지로부터 유산을 받아 여유가 생기고 작품도 잘 팔렸다. 볼라르는 세잔 작품을 거의 독점하다시피 했다. 1900년까지 세잔 작품의 거의 3분의 2에 이르는 최소한 678점이 그를 통해 거래되었다. 그리고 볼라르가 1914년에 낸 그의 세잔 회상기는 1906년 세잔의 죽음 이후 그의 명성을 올리는 데 결정적으로 기여했다.

볼라르는 그해 12월에 전시회를 열기까지는 세잔을 만나지 못하고 세잔의 아들과 연락을 주고받았다. 그러나 1896년 봄 엑스로 세잔의 화실을 찾아 그를 처음 만난 뒤로는 계속 방문하여 대화하면서 그 내용을 정리했고, 한국에서도 그의 전기로 소개된 회상기를 남겼다. 내가 처음으로 읽은 세잔 전기는 볼라르가 1914년에 쓴 회상기를 50년 뒤 박재삼이 번역해 1964년에 낸 책이다. 그 책은 2005년에 이지선과 한지희의 번역으로 다시 나왔다.

그런데 이 회상기에는 문제가 많다. 그중 하나가 졸라가 죽었을 때, 드레퓌스에 반대한 귀족 출신 작가인 로슈포르(Victor Henri Rochefort, 1831-1913)가 졸라와 세잔을 포함한 화가들을 비판한 글에 대한 것이다. 볼라르가 보기에 당시 로슈포르는 졸라가 세잔의 예술을 찬미한 것으로 오해하고, "졸라와 그의 동료 화가의 눈을 통해 자연을 바라보는 것은 나라의 방위를 적에게 누설한 장교가 애국심과 명예를 생각하는 것과 같다."라고 했다는 것이다.(볼라르268) 로슈포르가 오해했음을 증명하기 위해 볼라르는, 졸라가 드레퓌스 사건에 뛰어든 것은 그가 아카데미 프랑세즈(Académie française) 회원이 되지 못한 탓이라고 세잔이 말했다는 것을 인용한다.

그랬다면 단지 세상 사람들의 입을 딱 벌리고 놀라는 것을 보기 위해 그가 드레퓌스 사건에 휘말리지 않아도 됐을 테니까요. 어쨌든 졸라는 드레퓌스 논쟁에 대해 잘 모르고 있었소. 그러나 사람이 조금은 '헐벗은' 상태에선 자기가 씹을 수 있는 것보다 더 많이 물려고 애쓰게 되는 법이오. 이 세상에서 성공하려면 '조절'을 할 줄 알아야 합니다.(볼라르272-273)

요컨대 세잔은 졸라가 명성을 얻기 위해 드레퓌스 사건에 뛰어들었다고 본 것이다. 그러나 뒤에서 보듯이 졸라는 아카데미 프랑스의 회원이 될 수 있는 마지막 기회조차 박차고 드레퓌스 사건에 뛰어들었다고 보는 편이 옳다. 세잔은 1903년 쥘 보얼리(Jules Borély)와의 인터뷰에서도 졸라의 개입은 "분별없는 돌출행동"이었다고 말했다.*

볼라르는 졸라와의 대화에서 졸라가 세잔에 대해 "위대한 화가의 천부적인 자질을 지녔고" "굉장한 재능의 소유자"이지만 "그 능력을 성취할 끈기는 갖고 있지 않다."라고 하면서 그의 작품을 숨겨 놓았다는 이야기도 했다고 한다.

> 나는 세잔의 그림을 저 멀리 시골에 숨겨 놓았었죠. 그런데 미르보가 작품을 보고 싶어 해서 다시 여기로 옮겨 왔어요. 하지만 그림들을 벽에 걸 수는 없었죠. 내 집은 당신도 알다시피 예술가들이 곧잘 모이는 장소로 애용되고 있어요. 예술가들은 작품을 보는 공정한 마음을 갖고 있지만 서로에게 가혹하게 굴기도 하거든요. (…) 그의 작품을 꺼내 오라는 부탁은 하지 마세요. 세잔의 그림을 보면 그가 자신의 상상력을 통제해 형태를 창조하려고 노력만 했다면 지금쯤 어떤 화가가 되어 있을까 하는 생각이 들어 마음이 아파요.(볼라르262-263)

그러나 앞에서 말했듯이 졸라는 미술비평가로서 생존 작가의 작품은 벽에 걸지 않는다는 신념이 있었으므로 볼라르의 위 회상에는 문제가 있다. 볼라르는 세잔 전시회에 이어 마네, 고갱, 반 고흐(1895.6.4-30)의 전시회를 열었고, 1898년에 두 번째 세잔 전

---

* M. Doran ed, Conversation avec Cézanne, Mascula, 1978, pp. 19-24.

시회, 첫 번째 피카소 전시회(1901), 마티스 전시회(1904)를 열었다. 그는 "싸게 사서 비싸게 팔아라."라는 주문으로 부를 축적한 매우 영리한 사업가였다. 그의 유명한 고객으로는 반스(Albert C. Barnes), 헤브마이어(Henry Osborne Havemeyer), 슈타인 남매(Gertrude Stein과 Leo Stein) 등이 있다.

볼라르는 당대의 많은 예술가와의 관계, 그리고 그들의 경력에 미친 영향의 결과로 일생에 걸쳐 수많은 초상화에 묘사되었다. 이 중 첫 번째는 1899년 세잔이 그린 초상화다. 그 외 1899년 르누아르가 그린 빨간 머리 스카프를 한 볼라르의 초상화, 1910년에 피카소(Pablo Picasso)가 그린 볼라르의 초상화, 보나르(Pierre Bonnard)가 1924년경에 그린 고양이가 있는 볼라르의 초상화 등이 있다.

가스케

세잔과 가스케는 졸라나 제프루아와는 반대로 가톨릭에 충실했고, 같은 엑스인으로서 파리 지식인들에 대해 반감을 품었으며, 세잔과 마찬가지로 반드레퓌스파에 속했다. 그래서 같이 극우 정치인이자 작가인 샤를 모라스(Charles Maurras, 1868-1952)를 비롯한 우파를 지지했다. 가스케는 프로방스 지방에서 발간된 월간지 《황금의 달 Les Mois dorés》에 1896년과 1898년 두 차례에 걸쳐 세잔을 미학적 민족주의와 분리될 수 없는 고전주의 화가라고 찬양했다.

가스케는 1896년 봄에 세잔을 처음 만났다. 그는 세잔의 어릴 적부터의 친구인 앙리 가스케(Henri Gasquet)의 아들이었다. 세잔은 뒤에 가스케의 초상을 그리기도 했으나, 두 사람의 관계는 오래가지 않았다. 가스케는 1921년에 죽기 직전에 세잔에 대한 회고록인 『세잔Cézanne』을 발간했는데, 그 내용은 가상의 대화가 중심이어서 세잔에 대해 왜곡한 부분이 많아 문제가 된다. 그 점을 감안하고 아래에 인용하는 그의 책에 나오는 세잔의 말을 살펴보자. 먼저 세잔의 문명 비판이다.

우리는 태어나면서부터 문명의 이기에 적응하게 되어 있네. 그것을 부수어야 하네. 문명의 이기는 곧 예술의 죽음을 뜻하기 때문이지. 난 사냥하는 꿈을 동굴 벽에 새긴 원시인이나 지하 묘지에 프레스코 벽화로 자신들의 천국을 그린 기독교인들처럼 되고 싶네. (…) 그림을 그리면서 이따금 나는 순수의 상태에 도달하곤 하지. 이럴 때 나는 이제 막 그림을 시작한 사람처럼 되는 거야. 나는 서투름을 통해 양식에 도달하고 싶네. (…) 어디에서나 우린 사회라는 거대한 세속의 학교에 몸담을 수밖에 없다네. 맞네. 이 학교들의 한편에는 고전주의라는 것이 자리잡고 있지. 내가 무엇보다도 혐오하는 게 이것일세. 그래서 난 학문으로부터 조금 멀어지면 신에게로 많이 가까이 갈 수 있다는 말에 동감하네. (…) 상투성은 예술에 있어 문둥병과도 같은 거네. 회화에 등장하는 신화들을 한번 보게나. 한번 훑어보기만 해도 그것이 기교의 몰락의 역사였다는 걸 알 수 있어.(세잔168-170)

여기서 우리는 세잔이 반문명론자임을 알 수 있다. 그리고 원시인의 동굴벽화와 세잔의 그림이 유사하다는 점도 알 수 있고, 그의 그림에 종교적인 요소, 특히 자연 회귀적인 요소가 있음도 알 수 있다. 이는 다음과 같은 불교에 대한 공감으로도 이어지는데, 세잔은 독서를 통해 당시 프랑스에 소개된 불교를 잘 이해하고 있었던 듯하다.

불교의 최고 경지인 열반, 무념무상의 세계, 오직 색만이 존재하는 세계, 그것이 바로 풍경이지.(세잔178)

난 종종 시골 사람들이 풍경이나 나무에 대해 제대로 알고 있을까 의심하곤 했지. 그래 그들은 잘 알고 있어. 하지만 이상하지. 난 가끔 시장에 감자를 팔러 가는 농부의 수레 뒤에 타고 산책을 가곤 해. 하지만 그들은 생트빅투아르는 잘 쳐다보지 않아. 그런데 길 어디에 무슨 씨를 뿌렸고, 내일 날씨가 어떨지, 그래서 생트빅투아르 정상이 보일지 안 보일지 다 알고 있지. (…) 하지만 무의식적인 필요가 아니면 나무가 푸르고 땅이 붉다는 것을, 그리고 붉은색들이 무너져 내린 게 계곡이라는 걸 대부분의 농부는 잘 느끼지도 알지도 못하는 거야. 나는 자아를 잃지 않은 상태

에서 이런 본능을 되살리려 하네.(세잔182)

『돈』

1890년 졸라는 『돈』을 집필하기 위해 증권거래소를 방문하고 신문에 연재하고 이듬해 《루공-마카르총서》 제18권으로 발간한다. 이 소설은 1864년 5월 레셉스(Ferdinand de Lesceps)가 수에즈 운하 건설을 시작하는 시점부터 시작하여 1869년 4월까지를 배경으로 하는데, 소설이 출판된 1891년에는 이미 운하 건설이 파산하여 중단된 시기였다. 당시 유대인 자본가들이 그 사건에 연루되었음이 폭로되면서 '프랑스를 프랑스인들에게'(La France aux Français)라고 주장하는 반유대주의적 정서가 팽배했다. 그러나 반유대주의는 그 전부터 있었다. 가령 소설에 나오는 사회주의자 시지스몽 뷔슈가 신봉하는 카를 마르크스는 1844년에 쓴 『유대인 문제*Le Question juive*』에서 유대인의 돈 숭배를 다음과 같이 비판한다.

유대인은 유대인다운 방식으로 해방되었다. 금융시장의 주인으로 군림하는 것뿐만 아니라 유대인 덕분에, 그리고 유대인에 의해 돈이 세계적 권력이 되었기 때문이다… 돈은 이스라엘의 질투심 많은 신이고, 그 앞에서는 신 이외의 그 누구도 살아남지 못한다… 유대인의 신은 허망한 어음일 뿐이다.*

『돈』 이전에 졸라는 유대인을 소설에서 적극적으로 다루지 않았다. 그러나 『돈』은 주인공인 가톨릭 은행가 사카르(Aristide Saccard)의 반유대주의적 담론으로 시작하여 끝난다. 사카르는 《루공-마카르총서》 제2권 『이전투구 La Curée』(1872)의 주인공이었다. 『이전투구』는 1862년 10월부터 1864년 말까지 벌어진 오스만의 파리 도시 현대화 사업을 배경으로 땅 투기로 부자가 된 사카르를 중심으로 한 '돈과 권력의 격렬한 쟁탈전'을 다루었다. 그 뒤 빈털터리가 된 사카르가 다시 재기를 꿈꾸며 계획한 '은행과 증권계'를 다룬 소설이 『돈』이다. 사카르는 만국 은행을 가톨릭교도의 은행이라고 한다.

"절대로, 아무도 교황에게 손댈 수 없소, 알겠소! 프랑스 가톨릭 전체가 일어나서 교황을 수호할 거요… 우리는 우리가 가진 돈을 교황에게 갖다줄 거요, 그럼! 「만국 은행」이 가진 돈 전부를!"(돈253)

동방 개척 사업으로 교황이 예루살렘에 정착할 수 있게 될 거라는 홍보 내용인데, 여성들은 돈과 종교의 결합에 열광한다.

---

* Vivtor Kouperminc 저, 정혜용 역, 유대인, 웅진지식하우스, 2008, p. 136

"여자들의 표현에 따르면, 그것은 새로운 십자군 원정으로서 아시아를 정복하는 일이었다. (…) 이것이야말로 다시 정복한 에덴동산이요, 해방된 신성의 땅이요, 새 인류를 탄생시키는 종교적 승리가 아니고 무엇일까?"(233)

이처럼 종교적 이유는 투기와 물욕을 신앙심으로 포장해 주는 절묘한 역할을 한다. 그리고 이것은 종교적 증오, 즉 유대인에 대한 증오와 연결된다. 그래서 사카르는 다음과 같이 절규한다.

아! 유대인! 유대인에 대해서 그는 남프랑스인 특유의 오랜 종족적 반감을 품고 있었다. 그것은 육체의 반항, 피부의 혐오와도 같은 것으로서 살짝 스치기만 해도 그가 일체의 논리를 벗어나 자제할 수 없는 염증과 폭력으로 전율하게 했다. (…) 그는 조국도 국왕도 없는 그 저주받은 종족, 여러 나라에서 법을 지키는 척하지만 실은 절도와 피와 분노의 신만을 섬기며 기생충처럼 살아가는 그 저주받은 종족에 대한 논고를 세웠다. (…) 도대체 유대인이 자기 손으로 일을 하며 살아가는 것을 본 적이 있는가? 유대인 농민, 유대인 노동자가 존재하는가? 아니, 그들은 노동이 명예를 훼손한다고 생각하지, 그들의 종교는 노동을 거의 금지하며 타인의 노동을 착취하도록 권장하지. 아! 거지들 같으니라고!(돈122)

나아가 작품의 마지막 장에서 만국 은행장 사카르가 패배하던 순간에 쏟아냈던 기나긴 장광설을 보면 반유대적 감정의 폭발을 볼 수 있다.

"아! 그놈의 군데르만, 그 더러운 유대인, 그자가 이긴 것은 욕망이 없기 때문이야. …유대인들 전체가, 그 집요하고 냉정한 정복자들이 세계를 지배하기 위해, 황금으로 매수한 사람들을 휘하에 두고 한 걸음 한 걸음 전진하고 있어. 수 세기 전부터 발길질을 해도, 침을 뱉어도 그 종족이 우리를 침탈하고 승리를 구가하고 있지. (…) 오래전부터 난 여기저기서 집요하게 그 사실을 알렸지만, 아무도 내 말에 귀를 기울이지 않았어. 내가 피를 토하듯 외쳐도 사람들은 그저 투기꾼의 울분일 뿐이라고 생각했지. 그래, 유대인에 대한 증오, 난 내 살 속에 그 증오를 지니고 있어. 아니, 내 존재의 저 깊고 깊은 뿌리에까지 그 증오를 지니고 있어!"(돈544)

위에서 군데르만이란 유대인 은행가의 상징인 제임스 로스차일드(James Rothschild, 1792-1868)를 모델로 삼아 졸라가 창조한 인물이다. 제임스 로스차일드는 최초의 국제적 금융 은행을 설립한 후 막대한 부를 축적한 독일 출신의 마이어 암셀 로스차일드의 5명의 아들 중 막내였다. 1811년에 파리로 온 그는 권력과 결탁하여 세계 최고의 부자가 되었다.

『돈』에는 돈에 대한 분석과 함께 당연히 따르는 사회주의 혹은 아나키즘에 대한 이야기가 있다. 1장에서 생산수단을 만인의 것으로 삼는 집산주의, 투기도 금융도 없는 집산주의를 설파한 시지스몽은 9장에서 돈의 폐지를 이런 말로 역설한다.

"우리는 돈을 없앨 겁니다. 집산주의 국가에서는 돈이 설 자리가 없는 거죠, 도대체 존재 이유가 없어요. 급료로서 우리는 돈 대신 노동교환권을 줄 겁니다. (…) 노동자에게 굶어 죽지 않을 정도의 생필품만을 구입 가능하게 하는 미미한 임금을 줌으로써 노동자 착취를 감춰 주고 활성화해 주는 돈, 그 돈을 없애야 합니다. 사유재산을 축적하고, 풍요로운 순환의 길을 막아 버리고, 파렴치한 금력을 금융시장과 사회적 생산의 지고한 주인으로 만드는 돈의 소유, 이거야말로 끔찍한 공포가 아니고 무엇이겠습니까? 우리의 모든 위기, 우리의 모든 혼란은 바로 거기서 비롯됩니다. …돈을 없애야 합니다, 반드시 돈을!"(돈399-400)

톨스토이의 『돈과 노동 L'Argent et le travail』의 프랑스어 번역판 서문에서, 졸라는 돈을 예속의 새로운 형식으로 보는 톨스토이와 달리 돈을 자연이 만든 삶의 조건으로 받아들인다. 졸라가 톨스토이나 작중인물 시지스몽의 화폐 폐지론에 공감하지 않는 것은 분명해 보인다. 『돈』의 마지막은 시지스몽의 죽음 이후 카롤린 부인이 "돈이란 내일의 인류가 자라나는 밑거름 역할을 한 것이 사실"

이라고 하면서 식민지 정복 사업에 나서는 것이어서 유쾌하지 못하다.

『패주』

1891년 졸라는 스당(Sedan)에서 『패주』를 집필하는 데 필요한 취재를 하고, 이듬해 그것을 《루공-마카르총서》 제19권으로 출간한다. 이 작품은 졸라 생전 가장 많이 팔린 소설이다. 스당은 1870년 나폴레옹 3세가 10만 명의 군사를 이끌고 전투를 치른 곳이었다. 소설의 주인공은 《루공-마카르총서》 제15편인 『대지』의 주인공인 무학의 농민 장 마카르, 그리고 파리에서 변호사 자격을 취득했으나 방탕했던 자기 삶에 대한 회의와 함께 전쟁에 대한 동경과 이상을 품고 자원입대한 이십 대 지식인 청년 모리스 르바쇠르(Maurice Levasseur)다. 대조적인 두 사람은 각각 보수와 진보를 대표한다.

소설은 중년의 장 마카르 하사가 분대장이고 모리스를 비롯해 총 여섯 명으로 이루어진 분대가 속한 106연대가 총 한 방 제대로 쏴 보지 못한 채 알자스지방에서 후퇴하는 제1부로 시작한다. 사기가 땅에 떨어진 병사들은 무기력한 나폴레옹 3세를 비롯한 수뇌부를 불신한다.

제2부에서는 프랑스가 패배하는 스당 전투의 하루가 상세히 묘

사되고, 제3부 전반에서는 한 주 동안 10만 명 이상의 포로가 풀과 나무껍질, 심지어 시체가 떠다니는 강의 물을 마실 수밖에 없는 극도의 비참한 상황에 내몰린다.

그리고 제3부 후반의 파리코뮌에서 장과 모리스는 적대한다. 모리스는 코뮌에 가담하고, 장은 군에 복귀해 코뮌을 진압하는 베르사유 정부군에 배속된다. 장은 거리의 바리케이드에서 총검으로 모리스를 찔러 죽이고 장은 새로운 미래를 꿈꾸며 발걸음을 옮긴다.

『패주』는 신문에 연재된 지 130년이 지난 2021년에 한국어로 번역되었다. 번역자는『패주』와 톨스토이의『전쟁과 평화』를 비교한다.『전쟁과 평화』는 전쟁의 이야기이자 두 주인공의 이야기지만, 『패주』는 두 주인공의 이야기라기보다 전쟁과 코뮌의 이야기라고 하며, 이처럼 전쟁 자체를 중심으로 설정한 것은 호메로스 이후 졸라가 처음이라고 한다. 그러나 이러한 비교에는 문제가 있지 않을까? 또한 번역자는『패주』를 반전 소설로 읽는 것은 오독이라고 한다. 그러나 그것이 전쟁을 예찬한 소설은 아니지 않은가? 앞에서 보았듯이 졸라는 1871년 전후에 프로이센-프랑스 전쟁에 분명히 반대했고, 파리코뮌을 지지했다.

졸라는 코뮌을 "파괴를 위한 파괴였다. 새로운 사회가 원초적이고 신화적인 지상낙원으로서 행복하고 순수하게 거듭날 수 있도록, 부패하고 노회한 인류를 세계의 잿더미 속에 묻어 버릴 것!"(패주693)이라고 했다. 그리고 소설 마지막에서 "장엄한 노을 속에서 파리가 불로써 소진되는 가운데, 파괴된 집과 건물로부터, 완전히 초토화된 거리로부터, 폐허와 고통으로 신음하는 동네로부터 뭇사람이 살아가는 소리가 새어 나왔다."(패주705)라고 했다.

졸라의 《루공-마카르총서》

《루공-마카르총서》 20권은 1871년에 시작되어 1893년에 끝났다. 그중에 엑스와 같은 시골을 배경으로 한 반 정도가 세잔과 관련된다. 그 목록은 다음과 같다.

1. 『루공가의 번영』(1871)
2. 『쟁탈전』(1871-72)
3. 『파리의 배』(1873)
4. 『플라상의 정복』(1874)
5. 『무레 사제의 과실』(1875)
6. 『외젠느 루공 각하』(1876)
7. 『싸구려 술집』(1877)
8. 『사랑의 한 페이지』(1878)
9. 『나나』(1880)
10. 『살림』(1882)
11. 『여성들의 행복백화점』(1883)

12. 『삶의 기쁨』(1884)

13. 『제르미날』(1885)

14. 『작품』(1886)

15. 『대지』(1887)

16. 『꿈』(1888)

17. 『인간 짐승』(1890)

18. 『돈』(1891)

19. 『패주』(1892)

20. 『의사 파스칼』(1893)

《루공-마카르총서》는 나폴레옹 3세를 왕좌에 앉힌 쿠데타부터 스당 전투(1870.9.1.)와 그 전투에서 패배한 직후에 이르기까지의 프랑스인 생활을 기록한 보고서다. 《루공-마카르총서》의 가장 큰 장점은 그 다양성 속의 통일성이다. 각종 직업과 인간 군상이 등장하고 다양한 이야기가 펼쳐지는 가운데 통일성이 존재한다. 배경이 되는 시기(제2제정), 다루어지는 주제(한 가계)의 통일성일 뿐만 아니라 불과 운동으로 표현되는 이미지의 통일성이자, 역사를 만들고 해체하는 민중이라는 새로운 주체의 통일성이다.

총서의 각 소설을 연결해 주는 직접적인 동기는 가계도를 통해서 순환하는 유전병이다. 즉 아델라이드가 앓는 광기, 마카르의 게으름과 알코올 중독증은 세대에서 세대로 전해진다. 이를 졸라는 과학주의라고 하지만, 지금 우리가 보기에는 다소간 시대착오적이고 과도한 과학만능주의이다. '실험소설'에 대한 졸라의 도식적인 과학주의 이론에도 불구하고 그의 소설들은 실제로 단순한 결정론으로 귀착되지는 않는다. 졸라가 그리는 사회는 정체된 세계가 아니라 끊임없이 움직이고 새로 태어나는 세계이다. 따라서 유전병 등의 과학주의로만 설명될 수 없다.

《루공-마카르총서》는 한 가족의 역사이지만 그 가족은 사회의 축소판과 같다. 기본적으로는 빈자들과 부자들 간의 투쟁이다. 리얼리즘이나 자연주의 문학인들은 모두 사회적 비참으로 고통을 받았고, 사람들을 현실로 이끌어가는 역할을 했다. 졸라는 작품을 쓰기 전에 철저히 취재했고, 스스로 체험하기도 했다. 가령 『제르미날』 같은 광산 배경의 노동소설을 쓰기 위해 광산촌 죽음의 갱도에서 노예처럼 일하며 굶주리기도 했다. 그때 교회는 아무것도 해 준 것이 없었다. 졸라에게 교회는 세습의 특권을 수호하고자 날뛰는 위선의 앞잡이에 불과했다. 그리고 경찰과 군대는 군주주의와 교권주의의 앞잡이였다. 졸라의 소설에는 그런 현실이 그대로 녹아 있다.

'세 도시 이야기'

1891년 졸라는 '문인협회' 회장에 피선된다. 그해 9월에 졸라 부부는 피레네산맥 지방을 여행하면서 소위 '루르드의 기적'

에 강한 인상을 받는다. 1858년 그곳의 마사비엘 동굴(Grotte de Massabielle)에서 14살 소녀 베르나데트 수비루(Bernadette Soubirous)가 18차례에 걸쳐 성모 마리아의 발현을 목격했다고 전해진 이후 루르드는 질병의 치유를 위해 찾는 사람들에게 기적을 선사하고, 동시에 회개와 보속을 통한 내적 치유를 만들어 낸다는 이야기가 퍼져나가 순례지로 인기가 높아졌다. 지금도 루르드에는 약 1만 4천 명이 살고 있지만, 매년 5백만 명 정도의 순례자와 관광객이 찾아오고 있고, 그 기적 이야기는 1943년의 〈베르나데트의 노래〉를 위시하여 2009년의 〈루르드〉까지 여러 차례 영화로도 제작되었다.

　루르드에 대한 졸라의 관심은 1891년이 처음이 아니었다. 그는 이미 1872년에 「루르드의 기적과 정치」라는 글을 신문에 발표했다. 그 글에서 가톨릭 왕당파 의원들이 루르드에서 신의 기적에 매달리는 시대착오적 현상에 대해 그들의 실명을 밝히면서 통렬하게 야유했다. 이러한 졸라의 반교권주의는 그때로부터 다시 최소한 20년이나 더 전인 1852년, 즉 제2제정이 시작되었을 때로 거슬러 올라간다. 당시 20대 초반이었던 졸라는 확고한 반교권주의자로서, 성직자는 종교와 도덕의 영역에서만 활동해야지 정치나 교육 등의 공적 영역에는 개입해서는 안 된다고 하는 사상을 가졌다. 또한 정치와 교육에 종사하는 자는 종교적 권위와의 관련을 끊고 세속적인 차원에서 활동해야 한다고 주장했다. 반교권주의는 1871년 공화국이 수립되면서 더욱 현저하게 나타났다. 졸라는

1872년 신문에 쓴 「비종교적 교육」이라는 글에서 다음과 같이 말했다.

종교 문제를 배제하고 민중을 교육하고자 하는 용기 있는 사람들은 반동적인 신문에 매도당하고, 공화국의 적들에게 모욕과 악의에 노출되어 있다. 책을 기억하고 가톨릭 진영의 감시에 굴복하지 않는 미래의 민중이 자신들에게 위험한 존재라는 것을 왕당파나 나폴레옹파는 알고 있다.

그 뒤 1880년에는 여성의 중등교육이 시작되었고, 1882년에는 페리법에 의해 초등 공교육의 비종교화와 의무화 및 무상화가 정해졌다. 그것은 프랑스 공교육의 기본으로 지금까지 유지되고 있다.

1891년 졸라는 그곳에서 며칠을 보낸 뒤 '환상에 사로잡힌 신도들의 세계'에 대한 소설을 쓸 계획을 세운다. 그래서 이듬해 다시 그곳을 취재차 여행한 뒤 1893년부터 『루르드*Lourdes*』 집필을 시작하고 다음 해 신문에 연재한다. 그러자 즉각 논쟁이 일어나고 소송에 휘말리며 단행본으로 출판된 뒤 결국 금서가 된 점에 대해서는 앞에서 말한 대로다. 그런데도 졸라는 차기작을 쓰기 위해 로마에 가서 취재하고, 1895년 다시 문인협회 회장으로 피선되고, '신비론적 종교의 이야기'인 『로마*Rome*』를 신문에 연재한 뒤 이듬해 출판한다. 그리고 1897년에 '신격화, 사회주의, 20세기를 향해 열려있는 문'에 대한 이야기인 『파리Paris』를 연재하고 이듬해 출판한다.

이 세 권의 3부작을 '세 도시 이야기'(Les Trois Villes)라고 한다. 그것은 졸라가 '그 세기의 종교적, 철학적, 사회적 결산'으로 쓴 것이다. 3부작의 주인공은 사제인 피엘 포르망(Pierre Froment)이다. 『루르드』에서 그는 과거의 사랑이었던 마리 드 게르생(Marie de Guersaint)이 원인 모를 병으로 전신마비가 되자 그녀를 데리고 루르드로 떠나는데, 게르생은 기적처럼 건강을 되찾지만 포르망은 신앙을 되찾지 못하고 새로운 종교에 헌신할 결심을 한다. 이 소설에 대해 가톨릭 측은 허위의식으로 가득 찬 거짓 증언과 협잡이라고 비난했으나, 졸라는 비판적 연민으로 베르나데트 이야기를 다루었다고 답했다. 이 소설은 4년 동안 14만 권 이상이 팔려 『싸구려 술집』의 판매고를 상회했다. 세잔이 그것을 읽었는지를 확인할 수는 없으나, 읽었을 가능성은 충분히 있다고 생각된다. 만일 세잔이 읽었다면 가톨릭에 회귀한 그로서는 틀림없이 분노했을 것이다.

3부작의 두 번째인 『로마』는 교회 권력의 보수성을 비판한 소설로, 포르망이 기독교가 초기의 빈민을 위한 종교로 회귀해야 한다고 주장하는 '새로운 로마'라는 책을 쓰는 것으로 시작한다. 그는 그 책이 로마 가톨릭에 의해 금서로 지정될 것을 알고 로마로 가서 교황을 만나 자기 책을 변호하려고 하지만, 성직 계급의 독단과 보수성으로 인해 좌절한다. 우여곡절 끝에 교황을 만나지만 교황도 그 책을 부정적으로 보는 것을 알고, 신앙심을 완전히 상실한 채로 파리로 돌아온다. 이 책에 대해서도 가톨릭 측은 비난을 퍼부었고, 이에 대해 졸라는 《피가로》에 「소설가의 권리 Le droits du romancier」라는 글로 대응했다.

3부작의 마지막인 『파리』는 신앙심을 상실한 포르망이 빈민구호 사업에 종사하지만, 한계를 깨닫고 우연히 알게 된 아나키즘 단체에 속한 동생 기욤(Guillaume)을 만나는 이야기로 시작한다. 화학자인 기욤이 폭탄테러에 연루될까 두려워하다가 포르망은 기욤이 결혼을 포기한 마리(Marie)와 결혼하여 아이를 낳아 절망에서 구제된다는 이야기이다. 이 소설에서 졸라는 과학만이 혁명적이라고 하며, 파리가 세계에 과학이라는 종교와 정의와 민주주의로 기대되는 새로운 신앙을 준다고 주장한다. 이러한 내용에 우파는 당연히 비난을 퍼부었지만, 좌파인 장 조레스는 과학만이 사회를 개조할 수 있다는 주장에는 이의를 달면서도 소설 전체는 "허위와 굴종에 반대하는 옹골찬 항의"라고 평가했다.(유101)

졸라는 1896년 쓴 「과학과 가톨릭」에서 종교의 한 형태에 불과한 가톨릭이 미래 사회에서 수행할 역할은 극소화한다는 과학과 실증주의라는 입장에서 예언했다. 과학이 종교를 무익한 것으로 폄훼하는 것은 아니지만, 가톨릭이 과학의 파탄을 주장함은 잘못된 것이라고 비판한다.

가톨릭과 같은 구축물은 무엇보다도 먼저 계시와 형이상학과 신앙이 낳은 것이다. 과학의 역할은 분명히, 그것이 진보하고 명석하게 구성되어 있음에 따라 오류를 타파하는 점에 있다. 그러나 적어도 지금은 과학이 완전히 최후의 진리를 말한다고 약속할 수 없고, 그 역할을 논리적으로 계속 답사하는 것에만 한정하고 있다. (…) 과학에 만족할 수 없는 자, 직접적이고 전체적인 인식을 필요로 하는 사람에게는 어떤 종교적 가설도 특별히 본다는 수단이 있다. 단 만일 그들이 옳은 것을 말하고 있다고 생각하고 싶다면, 이미 승인된 진리에만 근거하여 가설을 수립한다는 조건이기는 하지만, 명료한 오류에 근거하여 수립된 것은 모두 붕괴할지 모른다.

그러나 문제는 가톨릭만이 아니다. 졸라는 가톨릭 이상으로 프로테스탄트에 대해서도 교조적이고 억압적이고 개성을 말살하는 불모의 사상에 불과하고 정치와 교육에서 가톨릭 이상으로 반동적이라고 본다. 나아가 스위스와 독일과 같은 프로테스탄티즘 국가에서는 문학이나 예술이 창조성을 결여한다고 비판했다.

제7장

드레퓌스 사건과 졸라

드레퓌스 사건의 배경

 드레퓌스 사건은 프랑스 육군 대위였던 유대인 알프레드 드레퓌스(Alfred Dreyfus, 1859-1935)의 반역 혐의 재판을 두고 12년(1894-1906) 동안 논란이 벌어졌던 사건이다. 그 사건의 배경에는 앞에서 설명한 프로이센-프랑스 전쟁에서 프랑스가 독일에 패배한 쓰라린 역사적 경험이 있었다. 또한 19세기 후반의 수년 동안 프랑스를 휩쓸었던 반유대주의를 둘러싸고 로마 가톨릭교회와 군부 등 보수 세력과 진보 세력이 격돌했다는 사회적 배경이 있었다. 그 보수의 한 사람이 세잔이고, 그 진보의 한 사람, 아니 지도자가 졸라였다. 그러니 드레퓌스 사건은 세잔과 졸라의 대결이기도 했다. 그 사이 1902년에 졸라는 죽고 그 4년 뒤 세잔도 죽었다. 세잔이 죽기 3개월쯤 전에 드레퓌스는 완전히 누명을 벗고 무죄가 되었다. 세잔은 그 소식을 들었을 것이다. 어떻게 생각했을까? 그 직후에 반유대주의 언론이 강력하게 반발했듯이 세잔도 반발했을 것이다. 그 소식이 3개월 뒤 그의 죽음과는 무관했겠지만, 평소에도 세상을 싫어했던 세잔은 그 일 때문에라도 세상이 더욱더 싫다고 생각하다가 죽었을지도 모른다.

드레퓌스 사건이 벌어지기 전 프랑스를 비롯한 유럽 일대에서는 로마 가톨릭교회의 선동으로 반유대주의가 기승을 부리고 있었다. 앞에서 본 『돈』의 사카르와 같이 가톨릭교회는 가톨릭 계열 신문들을 통해 "유대인은 프랑스의 적이다, 매점매석을 한다, 신을 살해한 민족이다, 그들은 저주받았고 우리는 기독교인이다."라고 하면서 매일 반유대주의를 조장했다. 이 반유대주의는 민족주의, 국수주의와 결합하여 온 프랑스를 휩쓸었다. 드레퓌스 사건은 이런 반유대주의가 만들어 낸 정치적 추문이었다. 드레퓌스가 체포된 사실을 맨 처음 특종으로 보도한 신문도 바로 그런 신문이었다. 세잔도 그런 신문들을 읽었다.

프랑스 반유대주의의 역사는 더욱 오래전부터 시작되었다. 중세에는 '가톨릭교회의 장녀'였고 근대에는 강력한 민족주의 이데올로기를 발전시킨 국가인 프랑스에서 유대인에 대한 적대감의 뿌리는 깊고 강력했다. 1789년 프랑스 혁명이 낳은 평등주의 및 '국민 만들기' 그리고 반가톨릭 운동은 기존의 소수파였던 프로테스탄트나 유대인들에게도 제도상의 평등을 보장하게 되어 유대인은 프랑스 내의 이방인이 아니라 '프랑스 국민'의 지위를 갖게 되었지만, 반유대주의적 감정은 프랑스 사회 내에 여전히 뿌리 깊게 존재했다. 프랑스는 유대인에게 시민권을 부여한 유럽 최초의 나라였고, 그래서 유대인의 사회 진출은 다른 나라보다 빨랐지만, 그 점이 도리어 반유대주의를 낳는 원인이 되었다. 특히 유대계인 로스차일드 가문을 비롯한 대금융자본과 정계의 유착을 고발하고 규탄하는 반유대주의적인 애국주의가 민중들 사이에 퍼져 반유대주의의 뿌리를 더욱 튼튼하게 만들었음도 『돈』을 통해 앞에서 보았다.

당시 격렬한 반유대주의로 베스트셀러가 된 『유대인의 프랑스La France juive』를 1886년에 낸 에두아르 드뤼몽(Edouard Drumont, 1844-1917)은 1892년 반유대주의 신문인 《라 리브르 파롤La Libre Parole》을 창간했다. 그는 빈곤, 아나키즘, 도덕의 쇠퇴 등 프랑스의 모든 문제를 유대인 탓으로 돌렸다. 드뤼몽은 프랑스혁명 후 100년 동안 가장 이익을 본 집단은 유대인이므로 프랑스혁명을 계획하고 실행했던 자는 유대인이라고 주장하면서, 프랑스 역사에서 진보적인 사람들은 모두 유대인이라고 공격했다. '드뤼몽의 『나의 투쟁Mein Kampf』'이라고도 일컬어지는 『유대인의 프랑스』에 나오는 그의 끔찍한 육성을 들어보자.

그렇습니다. 프랑스의 어머니들이여, 유대교의 은밀한 우두머리들은 우리의 애국심에 복수하기 위하여, 이스라엘이 내년에는 누룩을 넣지 않은 빵을 먹기로 했습니다. 다만, 다음 해 유월절에는 수백 명의 기독교 어린이들을 희생 제물로 바칠 것입니다. 이런 상태라면, 유대인들을 근절시켜 마지막 한 명까지 우리의 국토 밖으로 쫓아내거나 스스로 절멸하게 내버려 둬야 할 것입니다. (…) 고대의 켈트족들처럼 창조의 모태-밤을 분명히 나타내 보여 줄 대학살을 다시 벌여야 할 것입니다.(이스라엘104재인용)

더욱이 제국주의와 민족주의의 시대에 대대적인 외국인 노동자가 유입되면서 본격적인 반유대주의가 분출했다. 그래서 '벨 에포크'(Belle Époque)로 불리는 세기의 전환기에는 프랑스 내 유대인 인구가 갑자기 늘어났다. 당시 중부 유럽과 러시아를 휩쓸던 유대인 탄압 포그롬(Pogroms)*을 피해서 온 10여만 명의 유대인들이 프랑스에 정착한 탓이었다. 그 상당수는 러시아의 유대인 사회민주당원으로 차르 전제정치와 투쟁을 벌였고, 유형 중에도 이 투쟁은 그치지 않았다. 여기에 1880-1890년대의 경제 불황, 1870년에 프로이센에 당한 굴욕적인 패배로 인해 치솟은 민족주의적 배타심 등이 합쳐져 반유대주의가 극단화되었다. 유대인들의 급격한 이주는 프랑스 사람들의 반발을 살 수밖에 없었다. 당시에는 좌파들도 반유대주의적이었다.

프로이센-프랑스 전쟁에서 프랑스가 패배함에 따라 성립된 프랑스 제3공화국은 1870년부터 1940년까지 약 70년간 프랑스에서

---

* 포그롬이란 특정한 민족집단에 대하여 일어나는 학살과 약탈을 수반하는 군중 폭동을 가리키는 말이다. 대박해라고 부르기도 한다. 넓게는 러시아 민족을 제외한 소수 민족에 대한 박해를 의미하며, 20세기 초에는 혁명운동을 탄압하는 수단으로 이용되었다.(위키백과)

존속하여 1789년 이후 프랑스의 체제 가운데서 처음으로 안정적으로 돌아가던 체제이자 가장 안정적이었던 공화정 체제라고 하지만, 실제로는 확고한 것이 아니라 언제나 좌우익의 극단인 극우와 반체제운동과의 투쟁 속에서 어렵게 유지되었다. 물론 대혁명 이후로 프랑스는 80년간 세 차례의 입헌 군주정, 짧은 두 번의 공화정(각기 12년과 4년씩)과 두 번의 제정, 총 일곱 개의 정치 체제를 겪은 것에 비하면 상대적으로 안정적이긴 했다.

이러한 혼란은 1870년부터 1879년까지 왕정 철폐와 제3공화국 헌법 제정을 위해 생긴 9년간의 국회의 우유부단으로 나타난다. 헌법 제정의 타협으로, 1875년 헌법은 양원제 의회를 확립했고, 공화파들은 프랑스 제2공화국에서 선출된 대통령 나폴레옹 3세의 1851년 쿠데타를 떠올리며 국가 수장의 대의적 역할에 동의한다. 제3공화국은 교육과 정교분리, 동맹파업과 노조결성의 자유를 명시한 위대한 법들이 설명하는, 강력한 민주주의로 대표되는 시대였다.

1879년 공화파는 정치적으로 온건파이며 복지 면에서는 보수적인 중도 좌파, 쥘 페리의 공화파 좌파, 강베타의 공화파 연합, 그리고 클레망소 같은 급진파로 나뉘었다. 1881년 총선에서는 공화파가 보수파를 상대로 국회 의석 457석 대 88석을 차지하며 압승했다. 졸라의 친구인 쥘 페리는 1879년부터 1885년까지 제3공화국 초기의 교육과 외무를 담당한 거물 정치인이었다. 그는 연이어 학교, 사법과, 헌법 개정에 관한 개혁에 참여했다. 그러나 보수 우파가 준동하고, 파나마 운하 스캔들로 더욱 보수화되고 유대인에 대한 국민 정서가 악화되는 가운데 1894년 말, 드레퓌스 사건이 터졌다.

사건의 시작

프로이센-프랑스 전쟁 이후 프랑스에서는 독일인을 잠재적 스파이로 경계하고 그 동향을 철저히 감시했다. 특히 스파이 활동의 거점인 프랑스 주재 독일 대사관에 대한 감시를 철저히 했다. 그런 가운데 1894년 9월, 독일 대사관의 우편함에서 훔쳐낸 한 장의 편지를 프랑스 참모 본부 정보국이 확보한다. 편지의 수취인은 독일 대사관 무관인 슈바르츠코펜(Schwarzkoppen)이고 발신인은 자크 듀보아(당연히 가명이었다)였으며, 내용물은 프랑스 육군의 최신 병기인 120밀리미터 포에 대한 기밀 정보 등이 담긴 프랑스 육군 기밀문서인 '명세서'(bordereau)였다.

참모 본부의 앙리(Hubert-Joseph Henry, 1846-1898) 소령은 '명세서'를 작성한 사람이 참모 본부 내에 있는 자이거나 최소한 그런 자와 가까운 인물이라는 심증을 굳히고 수사를 시작한다. 명세서에 적힌 포에 대한 정보는 포병만이 확보할 수 있고, 정보 유출에 사용된 다른 문건에서 발견된 암호명 'D'로 시작되는 포병부대의 유일한 인물이 유대계 포병장교 알프레드 드레퓌스여서 그에게 혐의가 간다. 그러나 조사 결과 그는 스파이가 되기 힘든 사람임이 밝혀진다. 독일 국경 가까운 알자스지방에서 방직 공장을 경영하는 집안에서 태어나 유복하게 자란 그가 11살이 된 1870년, 프로이센-프랑스 전쟁에서 프랑스가 비참하게 패배함으로써 알자스가 독일 영토로 병합되자 드레퓌스 가족은 프랑스 국적을 유지하고자 서쪽으로 이주한다. 그는 1882년 파리의 이공계 최고 대학인 에콜 폴리테크니크를 졸업하고, 알자스를 독일에서 되찾겠다는 결심으로 직업군인이 되어 1890년 육군 대위로 진급하고 1894년 육군부에 들어간다. 그에게는 빚도 없고 가정생활은 너무나 행복했다. 그러니 스파이 짓을 해야 할 이유가 전혀 없었다. 그는 유대인이었으나 프랑스인 누구보다도 애국자였다. 게다가 당시 개혁으로 인해 실력이 중시된 군대에서 유대인이라는 점은 특별히 문제시되지 않았기에 그는 승승장구하면서 다이아몬드 상인의 딸과 결혼해 두 아들도 두고 있었다.

그런데 귀족이나 보수적인 가톨릭 중산층 출신의 젊은이들도 군대에 많았다. 반면 드레퓌스는 그들과 달리 신흥 산업자본가 출신이어서 차별을 받았다. 게다가 알자스 출신인 그는 독일어에 능숙한 유대인이었다. 결국 그 '명세서' 필적이 드레퓌스의 것과 비슷하다는 이유 하나만으로 드레퓌스는 스파이로 지목되어 10월 15일 국가반역죄 혐의로 체포된다. 오로지 유대인에 대한 편견이 드레퓌스를 간첩으로 몰고 간 것이다. 언제 어디서나 군인이란 그런 편견의 맹종자에 불과한 것인가?

드레퓌스는 범죄 사실을 부인하고 가족들도 끈질기게 그의 무죄를 뒷받침했지만, 참모 본부의 상관들은 자신의 실수를 인정하지 않고 오히려 사태를 빨리 수습하는 데 혈안이 되어 여러 가지 문서를 날조해 유죄의 증거로 제출한 다음, 드레퓌스가 그것에 대해 진술할 기회조차 주지 않고 재판을 끝내 버리려고 서둘렀다. 당시 고급 장교들은 그들의 실수를 덮으려고 사실을 은폐했으며, 평소 공공연하게 반유대주의를 표방하던 신문들을 통해 여론몰이를 했다.

독일 스파이가 체포된 것도 충격적이지만 그가 유대인이라는 점, 더욱이 신성한 군부 내에서 암약했다는 점이 그 어떤 스파이 사건보다도, 아니 당시 그 어떤 사건보다도 충격적이었다. 따라서 반유대적인 가톨릭교회와 보수주의 언론들도 드레퓌스 사건을 침소봉대하여 유대인들을 비난했다. 드레퓌스에 대한 온갖 날조된 혐의와 근거 없는 추측, 그가 했다는 스파이 행위에 대한 터무니없이 과장된 소문들이 연일 신문 지상에 대서특필 되었다.

반유대주의 신문들은 "드레퓌스는 프랑스 국민을 파멸시키고 프랑스 영토를 차지하려는 국제적 유대인 조직의 스파이"라고까지 주장하면서 사형을 요구했다. 참모 본부는 "국가 안보를 위해서 증거를 공개할 수는 없지만, 대역죄인 드레퓌스는 종신형을 선고받았다."라는 간단한 설명만으로 확실한 증거의 공개를 요청하는 일부 양식 있는 사람들의 입을 틀어막았다. 그래도 수긍하지 않는 변호사들에게는 "이것은 중대한 군사 기밀이기 때문에 만일 공개할 경우 독일과의 전쟁을 각오해야 한다."라고 하는 엄청난 거짓말로 협박했다. 악의적인 반유대주의파가 이끈 여론과 프랑스의 언론들이 배심원 평결과 종신형 선고를 환영했다.

결국 드레퓌스는 1894년 12월, 군사 법정의 비밀 재판에서 종신형을 선고받고, 판결 후 2주가 지나 수많은 군중이 보는 가운데 육군사관학교 교정에서 강제로 계급장이 뜯기고 검이 부러지는 군적박탈식을 통해 불명예 전역당하면서 그곳에 모인 군중들이 "배반자를 죽여라." "유대인을 죽여라."라고 외치는 소리를 들어야 했다.

1895년 2월 21일 밤, 드레퓌스는 아무도 모르게 남아메리카의 프랑스 식민지인 기아나의 적도 해안에 있는 '악마섬'(Île du Diable)으로 끌려갔다. 1973년에 개봉된 미국의 영화 〈빠삐용〉의 배경이 된 곳이기도 한 그곳에서 드레퓌스는 사람 키의 두 배나 되는 높은 담장이 두 겹으로 둘러싼 조그만 돌 감방에 혼자 갇히었는데 스물네 시간 감시를 받는 것은 물론, 밤이면 두 발에 두 겹의 족쇄까지 채워야 했다. 살인적인 무더위와 이토록 비인간적인 감금 상태에서 그는 끊임없이 밀려드는 자살에의 유혹과 싸웠다. 그는 1899년 6월, 재심 판결이 나올 때까지 4년이 넘는 긴 세월을 이 악마섬의 감옥에서 보냈다.

졸라의 반유대주의 비판

재판이 끝난 지 15개월이 흘러 대다수 프랑스인이 드레퓌스라는 이름조차 잊어버린 1896년 3월, 독일 대사관의 폐기 서류 중에서 대사관원이 프랑스 육군 소령이자 보병 대대장인 에스테라지(Ferdinand Walsin Esterhazy)에 보내려고 썼지만 보내지는 않은 전보가 발견되었다. 그 내용은 "어제 건에 대해 다른 정보가 필요"하다는 것이었다. 의혹을 품은 참모 본부 정보국의 조르주 피카르 중령은 에스테라지가 방탕한 생활을 유지하기 위해 많은 돈이 필요했음을 알게 되어 그를 미행한 끝에 그가 독일 대사관에 출입하는 것을 알게 되었다. 그리고 문제의 '명세서' 필적이 에스테라지의 필적과 똑같다는 사실도 알게 되었다.

사실 드레퓌스 사건이 발생하기 2개월 전인 1894년 7월, 프랑스 주재 독일 대사관 무관 슈바르츠코펜 대령에게 프랑스 군인 에스테라지 소령이 찾아와 프랑스군에 대한 정보를 주겠다고 하면서 그 대가로 큰돈을 요구한 뒤 몇 가지 거래를 했다. 드레퓌스와 같이 알자스 출신이지만 가톨릭교도이자 반유대주의자이면서도 정의감과 책임감이 매우 강하고 영민한 장교였던 피카르는 드레퓌스의 유죄를 입증할 만한 증거가 아무것도 없다는 사실을 알게 되어 그를 석방하기 위한 행동을 개시했다.

한편 졸라는 1894년 말에 드레퓌스 사건에 무관심했으나, 차차 드레퓌스가 유죄라고 생각하지 않고 따져보아야 한다고 생각했다. 그러나 그와 같이 생각한 사람은 극소수였다. 뒤에는 드레퓌스를 옹호하게 된 클레망소도 처음에는 드레퓌스가 유죄라고 하며 판사들이 그에게 너무 관대하다고 비판하는 기사를 썼다. 우리에게 『마지막 수업』으로 알려진 알퐁스 도데의 아들이자 왕당파 신문기자인 레옹 도데가 드레퓌스를 욕하는 편지에 대해 졸라는 "단 한 사람을 상대로 하는 군중의 흉포함"이라고 하며 반대한다며 답했다. 유대인 아나키스트인 피사로도 처음에는 드레퓌스를 옹호하지 않았다. 역시 유대인 피를 가진 프루스트도 마찬가지였다. 르누아르나 드가는 원래 반유대주의자로서 처음부터 드레퓌스에 반대했다. 반면 로댕은 예술과 정치를 철저히 구분했기에 드레퓌스 사건과 철저히 무관하게 지냈다.

졸라는 1896년 5월 16일, 《르 피가로》에 「유대인을 위하여 Pour les juifs」라는 제목의 글을 발표했다. 그 글에서 졸라는 다른 민족에 대한 유대인의 폐쇄성과 과도한 상업 정신을 사실로 인정하면서도 그것은 '사회적 차원에 속하는 것'이지 유대인의 유전적인 특징은 아니라고 주장했다. "지금 존재하는 유대인이란 우리 자신이 만들어 낸 것, 즉 우리의 1800년 역사를 통하여 생긴 어리석은 박해의 산물이다." 그러면서 졸라는 당대를 미개 상태의 광신에서 벗어난 '민주주의와 보편적 관용의 시대, 평등, 박애, 정의를 목표로 하는 하나의 거대한 파도가 사방에서 일어나고 있는 우리 시대'라고 보았다.

문명의 노력이란 그야말로 동류(同類)가 완전히 동류가 아니라고 하여 격투를 시작하는, 그런 야만적인 욕구를 버리는 것을 의미한다. 지금까지 여러 세기 동안 여러 민족의 역사는 상호 관용에 관한 교훈 이외의 아무것도 아니었다. 그 결과 마지막 꿈은 모든 민족을 보편적인 박애로 묶어서 인류 공통의 생각을 침투시켜 그 모든 공통의 고통으로부터 가능한 한 구출하는 것이라는 상호이해가 생기기에 이르렀다.

두 팔을 크게 벌려 법에 따라 인정된 평등을 사회적으로 실현하는 것, 유대인들을 포옹하고 우리 안에 흡수하고 융합하는 것, 그들이 뛰어난 힘을 갖고 있다면 그것으로 우리 자신을 풍부하게 하는 것, 인종을 혼합시켜 인종 간의 싸움을 없애는 것, 결혼을 장려하고 부모 세대를 화해시키는 역할을 아이들 세대에 맡기는 것, 그런 것들이야말로 오로지 그런 것이야말로 인간성과 자유의 이름에 맞는 통일의 사업이다.

아아, 이러한 인간의 통일! 만일 우리가 살아가는 용기를 가지고, 투쟁 속에서 마음에 희망을 잃지 않는다면, 모두, 이 통일을 믿고 노력을 게을리해서는 안 된다. …이를 위해 1천 년의 세월이 필요할지 모른다. 그래도 사랑의 마지막 실현에 대한 믿음을 계속 가져야 하지 않을까? 적어도 시작으로서 현대라는 시대의 비참이 우리에게 허용하는 한, 서로 사랑해야 하지 않을까? 광신자들은 버려두라. 칼의 위협하에서 정의를 세운다고 믿는 악당들은 숲속 깊숙이 미개 상태로 돌아가는 그대로 버려두면 된다.

그리고 마지막으로 졸라는 외쳤다.

예수여, 분노로 미친 신도들에게 고하라. 유대인들에 대해서는 이미 구원을 주었다고. 그들도 모두, 같은 인간이라고.

사건의 전환점

1896년 9월, 피카르는 드레퓌스 사건의 진상을 상부에 보고하면서 에스테라지를 체포하고 드레퓌스에 대한 재판을 다시 열어야 한다고 주장했다. 그러나 그의 상관들은 자신과 참모 본부의 체면을 지키기 위해서 사건을 그대로 묻어두기를 원했다. 피카르는 사건을 상세히 기록한 편지를 변호사에게 맡기고, 자신에게 무슨 일이 생기면 그 편지를 대통령에게 전해 달라고 부탁했다. 만일 피카르 중령이 진실을 발견했을 때 참모 본부 지휘부가 적절한 조처를 했더라면 반역자 에스테라지가 체포되고 드레퓌스라는 한 무고한 장교는 명예를 회복하는 것으로 사건은 끝났을 것이다. 그러나 군부의 위신을 국가 안보와 동일시한 군 고위층의 어처구니없는 아집과 독선 때문에 사건은 눈덩이처럼 커졌다. 피카르는 튀니지로 좌천되고 이어 투옥되었다.

1896년 9월 드레퓌스가 악마섬을 탈출했다는 가짜뉴스가 흘러나왔다. 드레퓌스 대위의 형 마티외 드레퓌스(Mathieu Dreyfus)가 사건을 다시 문제 삼았다. 이어 드레퓌스의 아내는 남편이 비밀 군사 법정에 제출된 증거를 보지도 못한 채 유죄 선고를 받았다는 청원서를 의회에 제출했다. 드레퓌스 사건은 다시 언론의 주목을 받았고, 여론은 두 방향으로 극명하게 갈렸다.

반드레퓌스파의 선봉이었던 《르 마탱Le Martin》은 '명세서' 사본을 입수하여 신문에 게재했다. 그리고 에스테라지와 개인적인 교분이 있던 증권 브로커가 드레퓌스의 형 마티외를 찾아와 '명세서'의 필적이 에스테라지의 것임을 알려주었다. 그는 즉시 에스테라지를 국가반역죄로 고발했다. 유대인에 의한 이 고발은 더욱더 여론에 충격을 주었다.

1896년 11월, 아나키스트이자 문학평론가인 베르나르 라자르(Bernard Lazare, 1865-1903)의 『잘못된 재판: 드레퓌스 사건의 진실Une erreur judiciaire: la vélité sur l'affaire Dreyfus』이 나왔다. 1894년 30인 재판에서 아나키스트들을 변호하고 『반유대주의의 역사와 원인L'Antisémitisme, son histoire et ses causes』을 출판한 적이 있는 그는 다시 드레퓌스 사건에 대한 진실 공방을 이끌어 냈다.

1897년 8월, 지식인 중에서 처음으로 드레퓌스를 지지하는 레옹 블룸 등이 참가한 드레퓌스파(drefusard)가 생겨났다. 이어 1897년 11월 13일, 알자스 출신의 전 하원 의원이자 상원 부의장인 오귀스트 쉐레르-케스트네르가 졸라를 점심에 초대하여 드레퓌스가 무죄라고 설명했다. 다음 날, 졸라의 권유에 의해 쉐레르-케스트네르가 《시대》11월 4일 자에 쓴 공개 편지에서 재심을 요구했다. 그리고 3일 뒤, 마티외 드레퓌스가 《피가로》에 실은 육군성 장관

비요에게 보낸 편지에서 진범으로 에스테라지를 지목하면서 드레퓌스 사건이 급물살을 타기 시작했다. 11월 25일, 졸라가 드레퓌스 사건에 대한 최초의 글인 「무슈 쉐레르-케스네르」를 《피가로》에 발표하고 11월 7일, 육군성 장관은 에스테라지에 대한 조사를 지시했다.

그러나 군 당국은 조사를 시작하고서도 질질 끌기만 할 뿐 에스테라지를 구속하지 않았다. 하원은 군에 대한 국민의 신뢰를 어지럽히는 악질적인 선동꾼들을 발본색원하자고 결의했다. 에스테라지는 재판에 넘겨졌지만, 재판부는 만장일치로 그에게 무죄를 선고했다. 오히려 피카르 중령이 변호사에게 군사 기밀을 누설했다는 혐의로 체포되었다. 그리고 상원은 쇼이레르-케스트네르를 부의장직을 해임했다.

이에 전 유럽의 신문들은 "이제 프랑스는 존재하지 않는다."라고 비난했다. 프랑스 국민은 둘로 갈라졌다. 공화제와 프랑스 혁명의 이념에 반대하는 왕정 복고주의자와 옛 귀족들, 드레퓌스를 감옥으로 보낸 군부, 반유대주의에 몰두한 과격 가톨릭주의자, 보수적인 정치인들, 군국주의자들 및 이들과 연계된 신문들이 재심을 반대하며 군중을 선동했다. 유대인의 음모를 경고하고 국가 안보를 위해 군의 위신을 존중하자고 주장했다. 한편 양심적 지식인과 법률가들, 공화주의자와 일부 진보적 정치인들, 소수의 신문이 재심을 요구했다. 이 사건을 유산 계급 내부의 투쟁으로 보고 구경만 하던 사회주의자와 노동자 계급도 뒤늦게 여기에 가담하였다.

그중에서 가장 주목을 받은 사람은 졸라와 레옹 블룸이었다. 드레퓌스를 비난했던 클레망소도 태도를 바꾸어 새로 창간된《로로르》에서 드레퓌스를 지지하는 논설을 썼다. 그러나 정부는 요지부동이었다.

졸라는「나는 고발한다」를 발표하기 6일 전인 1898년 1월 7일 『프랑스에 보내는 편지』라는 팸플릿을 통해 "프랑스여 그대는 교회가 지배하던 과거로 되돌아가려고 하는가?"라며 통탄했다. 드레퓌스 사건이 일어날 당시 프랑스 육군사관학교 생도들은 가톨릭 예수회 교단이 운영하는 예비학교 과정을 거쳐야 했다. 드레퓌스 사건이 발생하자 참모 본부에 속한 이들의 대부분은 예수회 교단과 결탁해 공화국을 흔들었다. 이와 같은 배경으로 비요 장군(당시 국방장관)은 참모 본부를 예수회파(Jesuitiere)라고 불렀다. 드레퓌스 지지파들도 경멸적인 의미로 그들을 그렇게 불렀다. 그래서 졸라는 그런 팸플릿을 쓴 것이었다.

졸라의 등장 -「나는 고발한다」

1898년 1월 13일, 드레퓌스파에게는 너무나도 불리한 상황 속에서 소설가 에밀 졸라는 클레망소가 펴내는《로로르》에「나는 고발한다 *J'Accuse…*」라는 제목으로 대통령 펠릭스 포르(Félix Faure, 1841-1899)에게 보내는 공개 편지를 발표했다. 그는 3일 전에 드레퓌스 사건의 진범인 에스테라지 소령이 조작된 증거와 졸속 재판을 통해 무죄 석방된 것에 대해 격노하며 이 글을 썼다. 그 글이 발표되면 작가로서의 자기 경력에 얼마나 손실이 될지, 특히 그가 오랫동안 열망한 아카데미 프랑세즈 회원이 될 수 없음도 잘 알았다. 졸라는 19번이나 아카데미 프랑세즈에 입후보했지만, 외설 작가라는 평판 때문에 끝내 회원이 되지 못했다. 그러나 국내외적으로 그만큼 호소력을 가진 사람도 없었다.

졸라는 사건 전체를 스무 쪽으로 요약하면서 누구나 이해할 수 있게 쉽게 썼다. 그는 정부와 군부를 비판하고 재판과 관련하여 불의를 저지른 자들을 대중에게 고발하며 사건의 진실을 알렸다. 군부가 드레퓌스 사건을 잘못 재판한 사실을 숨기고 있으며, 육군의 명령으로 에스테라지를 풀어 주었다고 고발했다. 드레퓌스가 결백하고 에스테라지가 진범인 이유에 대해 체적인 사실을 하나하나 적시하여 밝힌 다음, 드레퓌스를 죄인으로 만들어 군부의 과실을 은폐하려 한 참모 본부 무리와 국방부의 장군들, 엉터리 증언을 한 필적 감정 전문가, 드레퓌스에게 유죄를 선고한 첫 번째 군사 재판 및 에스테라지에게 무죄를 선고한 두 번째 군사 재판을 무섭게 질타하였다.

이 글의 원제목은 '공화국 대통령에게 보내는 편지'인데 《로로르》의 편집장인 클레망소의 권유에 따라 '나는 고발한다'라는 제목으로 바뀌었다. 그 편지의 처음에서 졸라는 제3공화국 정부의 반유대주의와 드레퓌스의 부당한 구속수감을 비난하며 여러 가지

사법적 오류와 증거의 부족을 지적한 뒤 국민이 "'더러운 유대인'이라고 손가락질을 받으며 인간 제물이 된 한 불행한 사람의 운명 앞"에서 너무나 놀라 어찌할 바를 모르고 있다고 썼다. 그러고는 "광기와 어리석음, 황당무계한 상상력, 저열한 수사 방식"이 여전히 프랑스 사회를 근간 채 흔들고 있다고, "몇몇 장교들이 나라를 짓밟고 국가의 이익을 위한다는 불경한 거짓 핑계를 내세우며 국민이 외치는 진실과 정의의 목소리를 억누르고 있다."라고 규탄했다.(전진209) 즉 국가를 위해 드레퓌스의 유죄를 날조했다는 것이다. 그러고는 다음과 같이 글을 맺었다.

> 내가 고발한 인물들로 말하자면, 나는 지금까지 그들을 한 번도 본 적이 없고 (…) 지금 내가 한 행위는 진실과 정의의 폭발을 앞당기기 위한 혁명적 수단일 뿐입니다. (…) 내가 바라는 것은 오직 한 가지 오랫동안 고통받아왔으며 행복을 추구할 권리가 있는 인류의 이름으로 진실을 밝히는 것뿐입니다. (…) 나를 중죄재판소로 소환하여 공명정대하게 수사가 이루어질 수 있게 해 주시기를 부탁드립니다!(전진215-216)

「나는 고발한다」의 반향

보잘것없는 신문이던 《로로르》는 이날 평소보다 10배 이상인 무려 30만 부나 팔려나갔다. 사회적 파장은 가히 폭발적이었다. 세계 각지에서 3만 통의 편지와 전보가 날아와 졸라의 호소를 환영했다. 미국의 마크 트웨인(Mark Twain, 1835-1910)은 《뉴욕 헤럴드 New York Herald》를 통해 이렇게 선언했다.

"나는 졸라를 향한 깊은 존경과 가없는 찬사에 사무쳐 있다. 군인과 성직자 같은 겁쟁이 위선자 아첨꾼들은 한 해에도 백만 명씩 태어난다. 그러나 잔 다르크나 졸라 같은 인물이 태어나는 데는 5세기가 걸린다."

농촌소설 『신뇌베 솔바켄 Synnøve Solbakken』으로 유명한 노르웨이 작가 비욘스티에르네 비요른슨(Bjørnstjerne Bjørnson, 1832-1910)은 프랑스가 다른 나라의 비판에 무관심한 것을 개탄했다. 같은 노르웨이 작곡가인 에드바르 그리그(Edvard Hagerup Grieg, 1843-1907)도 드레퓌스를 지지하여 프랑스에서의 연주를 거부했다.

졸라의 편지를 계기로 드레퓌스 사건은 국민의 주목을 받기 시작했고 프랑스를 완전히 두 편으로 갈라놓았다. 드레퓌스의 유무죄를 떠나 재심을 반대하는 반드레퓌스파, 민족주의자, 독재주의자들은 이 논쟁을 군부의 명예를 떨어뜨리려는 프랑스의 적들이 꾸민 음모라 여겼다. 한편 드레퓌스의 누명을 벗기려는 드레퓌스파는 이 사건을 국가 안보 논리에 종속되어버린 개인의 자유라는 원칙 문제이자, 국가와는 관계없이 행동하는 군부의 권력에 맞서 싸우는 공화국 시민으로서의 위신 문제로 보았다.

　의회가 시끄러운 가운데 정부는 졸라를 재판에 넘기라는 민족주의자들의 압력을 받았다. 그러는 동안에도 각지에서 반유대 폭동이 터지고 있었다. 드레퓌스 사건을 재심하라는 탄원서에 약 3,000명이 서명했고 여기에는 아나톨 프랑스(Anatole France, 1844-1924), 마르셀 프루스트, 옥타브 미르보, 앙리 푸앵카레, 장 조레스, 모네, 쥘 르나르, 뒤르켐 등 많은 지식인이 참여했다. 중고등학교 교사 261명과 문인 및 언론인 230명도 동참했다.

　프랑스는 국제적 비난의 표적이 되었다. 만일 드레퓌스가 범죄자가 아니라면 그를 죄인으로 몰고 간 참모 본부와 국방성, 군사법원이 범죄자가 될 판이었다. 그러나 프랑스 각지에서는 대규모의 군중이 "졸라를 죽여라!" "유대인을 죽여라!" "군대 만세!"를 외치면서 폭동을 일으켰다. 수많은 유대인이 살상당하고 유대인 상점이 짓밟혔다.

　재심 반대파의 선동에 흥분한 하층 계급이 폭동의 선두에 섰다. 그야말로 집단적인 정신적 광란이었다. 졸라의 집으로 흥분한 군중이 몰려가 돌을 던졌다. 그러나 그동안 숨죽이고 있던 양심적 지식인들이 목소리를 높였다. 그들은 졸라에게 보내는 찬사를 성명서로 만들어 서명했다. 재심파 또는 "친드레퓌스파(dreyfusard)"는 정의라는 이름으로 진실을 밝히고자 했다. 이러한 상황 속에서 1899년 창설된 '프랑스인권연맹'(Ligue des droits de l'homme)에는 수많은 이들이 모여들었다. 반면 반드레퓌스파(antidreyfusard)는 국시, 군대의 명예, 국익을 위해서라면 판결이 번복될 수 없음을 주장하며 '프랑스조국연맹'(Ligue de la patrie française)이나 '애국자연맹'(Ligue des patriotes)에 들어갔다.

극우 작가인 샤를 모라스와 모리스 바레스(Maurice Barrès)가 중심이 되어 졸라 등이 국제주의자이자 평화주의 좌익 음모자들이라고 공격하는 청원을 시작했다. 바레스는 프랑스의 작가·시사평론가·정치가로서 프랑스 로렌에서 태어나 프로이센-프랑스 전쟁 때 패배한 프랑스군의 참상을 목격하고 드레퓌스 사건을 겪으면서 3부작 『국민 정력의 소설』(1877-1902)을 썼다. 1889년부터 의원으로 활동하면서 유럽 파시즘의 프랑스적 이데올로기의 사상적 시조로 간주된다. 우익들은 아카데미 프랑세즈, 군대, 교회, 귀족 및 부유한 계층과 제휴했다. 조르주 클레망소, 레옹 도데(Léon Daudet), 알베르 소렐(Albert Sorel), 폴 부르제, 에밀 파게, 장 레옹 제롬, 쥘 베른(Jules Verne), 수잔 발라동을 포함하여 아카데미의 많은 유명한 회원이 선언서에 서명했다.

그 뒤 우익은 드레퓌스 사건으로 인한 혼란을 끝내고자 한 공화당 온건파와 공화국을 전복시킬 구실을 원했던 바레스와 같은 반유대 민족주의자로 나뉘었다. 1899년 새로운 운동인 '악숑프랑세즈'(Action Française)가 시작되자 모라스가 합류하면서 부르봉 왕조가 필요하다면 폭력을 사용하여 복원해야 한다고 주장했다.

드가는 로슈포르와 모리스 드니와 함께 악숑프랑세즈에 가입했다. 로슈포르는 1898년 5월 1일 자 《렝트랑지장》에서 "드레퓌스 소송의 재심은 프랑스의 종말이 될 것이다."라고 선언했다. 나비파 화가로 유명한 모리스 드니는 1899년 10월 세잔을 찾은 뒤 회상기인 「세잔 방문」을 남겼고 이듬해 〈세잔 예찬〉을 그렸다.

졸라 재판과 드레퓌스 재심

드레퓌스 사건의 열병이 전국을 휩쓰는 가운데 에밀 졸라는 군법 회의를 중상 모략했다는 죄로 기소되었다. 1898년 2월 7일 시작한 졸라에 대한 재판에서 군법 회의에 대한 명예훼손죄로 1년간의 징역형과 벌금 3,000프랑이 선고되고 7월 9일의 재심에서도 앞 판결이 확정되었다.

프랑스는 다시 한번 국제적 웃음거리가 되었으며 발작적인 반유대주의의 물결에 위협을 느낀 졸라는 주위의 권유를 받아들여 영국으로 망명했다. 그 전후로 프랑스 곳곳에서 유대인 상점에 대한 불매 운동이 조직되었다. 재심 요구파에 가담한 교수들은 대학에서 쫓겨났고 드레퓌스를 두둔한 정치가는 다음 선거에서 대부분 낙선했다. 곳곳에서 결투가 벌어졌다.

1898년 8월 말 증거 조작의 주범이었던 앙리 중령이 문서 위조를 고백한 뒤 자살하고 진범 에스테라지 소령이 도주한 후 재심을 반대했던 펠리스 포르 대통령이 사망하자 재심파가 힘을 얻게 되었다. 1899년 2월, 수세에 몰린 재심 반대파가 상황을 역전시키고 정국의 주도권을 잡기 위해 쿠데타를 시도했으나 실패했다.

졸라가 망명 1년 만인 1899년 7월에 귀국하기 직전인 6월, 르네 발테크 루소가 이끄는 새로운 내각이 출범하면서 마침내 드레퓌스 사건이 해결되었다. 재심을 받기 위해 악마의 섬에서 불려 온 드레퓌스는 8월 렌에서 열린 새로운 군법 회의에 출두했다. 재심이 시작되었으나 드레퓌스는 단지 자신이 죄가 없다는 것밖에는 아무 할 말이 없었다. 변호사 라보리는 법정으로 가는 길에 괴한의 저격을 받아 부상했고 참모 본부의 상관들은 거짓말을 계속했다. 군사 법정의 심판관들은 '정상 참작'이라는 이유를 들어 그에게 금고 10년의 유죄 판결을 내렸다. 표결의 결과는 5 대 2로 유죄였다. 이 재판은 10년형으로 형량만 감했을 뿐 유죄 판결을 뒤집지는 않았으나 공화국 대통령은 문제 해결을 위해 9월 19일 드레퓌스를 사면했다.

드레퓌스는 자유를 되찾았고 아내 뤼시를 포옹했다. 졸라는 라보리에게 이렇게 써 보냈다. "싸움은 이미 끝났다고 나는 확신합니다. 그들은 이제 지저분한 방법으로 정직한 사람과 도둑에게 똑같은 특별 사면을 내린 것입니다."

드레퓌스가 특사를 받아들임으로써 그동안 진실의 승리를 위해 싸워온 사람들은 실망했다. 그것은 자신의 유죄를 인정하는 것이기 때문이었다. 더욱이 피카르 중령까지 곤란에 빠지고 말았다. 그러나 수년간 계속된 소란에 지친 사람들은 이제 드레퓌스를 잊고 싶어 했다. 드레퓌스는 『악마섬 일기』를 출간하여 큰 성공을 거두었다. 졸라도 드레퓌스 사건 자료집인 『전진하는 진실』(1901)을 냈고 『진실』이라는 신문 연재소설도 썼다(1902.9.10-1903.2.15).

이어 드레퓌스 사건을 다룬 책이 무더기로 쏟아졌다. 그러나 그 어떤 책도 현실 그 자체보다 더 극적일 수 없었다. 드레퓌스는 1904년 3월, 재심을 청구했다. 1906년 6월 드레퓌스를 재판한 상고법원은 그의 결백을 밝혀냄으로써 지금까지의 모든 판결 내용을 뒤집었다. 그리고 1906년 7월 12일, 최고 재판소로부터 무죄 선고를 받아냈다. 사건의 막이 내린 것이다. "발표하면 독일과의 전쟁이 일어날지도 모른다."라고 참모 본부가 그토록 외쳐온 '중대한 기밀문서' 따위는 어디에도 없었다. 오로지 협잡과 음모를 위해 날조된 허위 증거 문서들만이 쓰레기더미처럼 역사의 뒤안길에 버려졌을 뿐이다.

드레퓌스는 같은 해 7월 22일, 사관학교 연병장에서 프랑스 육군 소령으로 복귀하는 의식을 치르고 레지옹 도뇌르 훈장을 받았다. 그는 무개차에 올라타고 형 마티외와 아들 피에르를 양옆에 세웠다. 그들이 연병장을 나섰을 때 자발적으로 몰려든 20만 인파가 일제히 모자를 벗어들고 경의를 표했다. 창백한 드레퓌스의 얼굴에 미소가 떠올랐다. 그는 손을 번쩍 들었다. "프랑스 만세! 진실 만세!" "드레퓌스 만세! 정의 만세!"

드레퓌스 사건의 대립축

드레퓌스 사건의 본질은 드레퓌스라는 선인과 에스테라지라는 악당의 대결이 아니다. 이 사건은 크게 보아 대립하는 두 세계관의 대결이었다.

재심 반대파는 주로 공화제에 반대하는 왕정복고주의자, 국가의 안전 보장을 위해서라면 개인의 자유와 권리를 얼마든지 무시할 수 있고 또 무시해야 한다고 믿는 군국주의자들 혹은 국가주의자들, 유대인의 음모로부터 조국 프랑스를 수호하기 위해서는 그들을 축출하고 말살해야 한다고 생각하는 인종차별주의자 혹은 편협한 가톨릭주의자들, 어떤 형태의 사회적 갈등도 유해하다고 확신하는 대소유자 즉 자본가들이었다.

반면 재심 요구파는 자유, 평등, 박애라는 시민 혁명과 공화정의 정신 위에서만 국가의 번영과 안전이 있을 수 있다고 보는 공화주의자와 진보적이고 양심적인 지식인들, 인권과 진실을 짓밟는 이상 정의는 존재할 수 없다고 믿는 법률가들, 어떤 형태의 차별과 불평등에도 반대하면서 생산수단의 사회적 소유를 추구한 사회주의자들이었다.

재심 반대파의 세계관은 발전하는 역사를 거꾸로 되돌려 놓으려 하고 인간을 사회와 국가의 주인이 아닌 종속물로 보는 반동적 세계관이다. 참모 본부와 국방성의 장성들, 에스테라지 같은 사람들은 이같이 퇴행적이고 사멸해 가는 세계관 위에 서 있었으므로 역사의 무대에서 악역을 맡을 수밖에 없었다. 그리고 패배했다.

반면 에밀 졸라와 피카르 중령, 클레망소와 변호사 라보리 등 역사의 무대에서 주역이 된 사람들은 진보적이고 성장해 가는 세계관 위에 서 있었다. 그리고 승리했다.

이처럼 드레퓌스 사건에는 몇 가지의 대립축이 공존했다. 따라서 이를 "보수와 진보, 군부와 문민, 우파와 좌파의 상징적 격전장"(유41)*이라고 단순화해서는 안 된다. 우리가 말하는 그런 말들의 의미와는 다른 여러 측면이 있기 때문이다.

첫째, 드레퓌스 사건은 인권 옹호파 대 반유대인주의의 대립이다. 그러나 반유대주의는 자본주의나 독점에 반대한 사회주의적인 것이기도 했다는 점을 주의해야 한다. 즉 당시의 유대인은 프랑스의 재계를 지배하는 200여 가족의 금융자본을 상징했고, 사회주의는 물론 대다수 민중도 그것에 반대했다. 물론 사회주의자 중에는 장 조레스와 같이 드레퓌스파도 있었으므로 사회주의가 모두 반드레퓌스라고 볼 수는 없었지만 대체로 그랬다.

둘째, 반교권주의 대 교권주의의 대립이다. 구 왕당파나 가톨릭 세력도 반유대임과 동시에 반금융계였다. 교권주의(敎權主義, cléricalisme) 또는 성직자주의(聖職者主義), 성직권주의(聖職權主義)는 로마 가톨릭교회와 가톨릭교회 성직자(성직권)들의 권력 지상주의와 권력에 대한 존중주의를 말한다. 이는 로마 가톨릭의 교황

---

* 유기환은 같은 책 47쪽에서 "좌파 진영은 여전히 몇몇 예외를 제외하고는 침묵으로 일관했다."라고 한다.

지상주의(papocäsarismus, 교황이 그 직책과 관련해 신앙과 도덕에 대해 오류를 범할 수 없다는 사상, 또는 성직자 서임권이 오직 교황에게 속해 있다고 보는 주의)로 표출된 로마 가톨릭교회 권력의 절대화 또는 예수회 등 가톨릭 성직자들의 부당한 정치적 세력화를 가리키는 용어로 사용되었다. 프랑스 제3공화국 당시 급진공화파 신문인 《르 라디칼 *Le Radical*》은 1900년 공화파 문인들의 『교권주의의 범죄들』을 출간해 로마 가톨릭교회가 보수 정치 권력과 결탁하여 저지른 각종 해악, 그리고 가톨릭교회가 이성과 과학의 발전을 저해한 것에 대해 신랄하게 비판했다.

셋째, 반국가주의 대 국가주의(Étatisme)의 대립이다. 여기서 국가주의란 국가를 가장 우월적인 조직체로 인정하는 것으로, 19세기 프랑스에서는 독일에 대한 복수를 위한 군대 권위의 유지를 최우선으로 삼는 민족주의자와 우파 및 군대의 입장이었다. 이에 반대하는 반국가주의는 개인주의를 기본으로 하는 사상이며, 국가가 개인의 정치, 사회, 경제적 권리를 억압하는 것에 대해 반대하며, 어떠한 통치자에 의해 통치되는 것을 반대하는 사상이다. 여기서 주목해야 하는 점은 우리가 흔히 집단주의나 공동체주의의 반대로 사용하는 개인주의라는 말이 원래는 반국가주의라는 점이고, 그것은 대부분 아나키즘 사상이라는 점이다.

여기서 사회통합의 원리가 무엇이어야 하는지 의문이 제기되었다. 즉 가톨릭주의 및 부르봉 왕가인가, 내셔널리즘인가, 자본주의인가, 사회주의인가, 인권주의인가? 가톨릭이든, 왕권신수설이든,

신성한 군대이든, 초월성에 근거한 권위, 특히 강력한 국가, 위신을 갖춘 군대야말로 통합되고 안정된 사회를 위한 최고의 조건인가, 아니면 그 위에 세속성에 근거를 둔 권위인 의회공화제나 인권을 둘 수 있는가 하는 물음들이었다.

드레퓌스 사건의 의의

거의 내전 상태를 방불케 한 극심한 사회적 갈등을 통해 프랑스인들은 신체의 자유와 공정한 재판 등 인권 존중의 가치를 몸으로 터득했다. 더욱이 군부의 이익과 위신을 국가의 이익 또는 국가 안보와 동일시한 군부와 군국주의자들을 굴복시킴으로써 정치에 있어서 민간 우위의 전통이 마련되었다. 동시에 이 사건은 양심적 지식인 집단이 주도하는 여론의 승리를 증명했다. 따라서 이 사건 이후 부조리한 현실에 대한 지식인의 참여가 더욱 폭넓게 이루어진 것은 자연스러운 결과다. "행동하지 않는 지성은 참다운 지성이 아니다."라는 진리를 졸라는 모범적으로 보여 준 것이다. 그리고 이 같은 교훈은 곧 전 인류의 정신적 자산으로 확대되었다.

레지 드브레는 『지식인의 종말』에서 다음과 같이 말한다.

과거의 지식인은 시대를 명료하게 해석해 주었지만, 지금의 지식인은 시대의 어둠에 어둠을 더할 뿐이다. 과거의 지식인은 미래를 내다보는 견자(見者)였지만, 지금의 지식인은 거미처럼 사방에 발을 뻗치며 주목을 받지만 현실과는 동떨어진 사람이어서 우리가 이 시대를 이해하는 데 아무런 도움을 주지 못한다. 이제 그런 지식인에서 해방되어야 하지 않겠는가?(드브레11)

위에서 과거의 지식인이란 졸라에서 시작되는 지식인을 말한다. 지식인이란 말은 드레퓌스 사건에서 처음 사용된다. 졸라의 「나는 고발한다」를 지지한 사람들에게 붙여진 이름이다. 그것은 1890년대에 "아나키즘 성향의 작가와 예술가 그리고 기존사회에 저항하는 운동가들 속에 뿌리내리기 시작했다. 1892년 7월, 이 표현은 레옹 블룸이라는 젊은 아나키즘 문학가의 펜을 통해 《백색리뷰》에 등장한다. 그런데 이 '퇴폐적인' 집단에 등대와 같은 역할을 한 작가가 바로 모리스 바레스이다."(오리8. 번역은 수정됨)

위 인용문에는 블룸이나 바레스에 대한 주석이 없는데, 한국인 상당수가 그들을 안다고 할 수 없으니 약간 설명을 보태겠다. 블룸(Léon Blum, 1872-1950)은 알자스에서 태어난 유대인으로 법을 공부해 변호사로 활동하면서 드레퓌스 사건을 보고 정치에 입문했다. 그는 뒤에 장 조레스의 영향으로 1899년 사회당에 입당한 뒤에 1919년 국회의원, 1924년 사회당 당수를 역임하고 1936년 인민전선 내각을 조직하고 수상으로 취임하였다. 그런데 바레스는 앞에서 보았듯이 졸라를 반대한 우익보수였다. 그런 그가 지식인 집단의 등대라니 도대체 무슨 말인가? 길을 비추는 등대가 아니라,

빛을 비추어 정체를 폭로하는 등대라는 것일까?

  우리는 지식인이라고 하면 대학교수나 언론인 등 직업이나 사회적 지위와 연관시키지만, 드레퓌스 사건에서는 "'국가'와 관련된 논쟁의 의미가 포함된 정치적 문제에의 참여'로 정의되고, 지식인이란 '자기 생각을 표명하는 사람'"이었다.(오리11)

제8장

만년의 졸라

'4복음서' 연작

졸라의 마지막 작품은 '4복음서' 연작으로 그중 『풍요 Fécondité』, 『노동Travail』, 『진실』은 완결되고, 『정의Justic』는 미완성으로 끝났다. 앞의 '3도시' 연작이 세기말 사회의 묘사라면, '4복음서' 연작은 새로운 사회를 위한 메시지라고 할 수 있다. 즉 생명을 만드는 『풍요』, 삶을 조직하고 그 규칙을 세우는 『노동』, 과학의 목적이자 정의를 준비하는 『진실』, 인류를 통합하고 평화를 보장하고 궁극적 행복을 만드는 『정의』를 추구한 것이다. "풍요는 노동 없이 안 되고, 노동은 과학 없이 안 되고, 과학은 정의를 낳는다." 그 주인공들은 '3도시' 연작에 나온 프로망과 마리의 자녀들이다.

『풍요』는 1898년에 쓰기 시작하여 이듬해 신문에 연재하고 1901년에 출판한 소설로, 세기말에 문제가 된 산아 제한에 반대하는 내용이다. "다산성의 여자, 젖먹이는 여자, 아이를 많이 가진 여자를 찬미하고 죽음의 종교와 순결에 반대하며 온갖 씨앗의 확산에 찬성하며" 진정한 가족을 창조하는 이야기이다. 다산의 주인공들인 농부 마티외 프로망(Mathieu Froment)과 마리안느(Marianne) 부부는 12명의 자녀를 두고 행복하게 산다. 반면 사치와 쾌락을 위해 산아 제한을 하는 다른 부부는 고통을 받거나 파산한다. 프로망 부부만이 승리자로 남아 불모 부부들의 재산을 인수하고 아프리카에 참된 의미의 식민을 한다. 이 소설을 찬양한 사람들도 있었지만, 샤를 페기(Charles Péguy, 1875-1914)처럼 소설의 가부장적이고 제국주의적인 측면에 대해 비판적인 사람들도 있었다. 아나키즘적 사회주의자이고 교권주의에 반대한 드레퓌스 지지자인 그는 1908년 이후 가톨릭 민족주의로 전향했다.

『노동』은 1900년에 신문에 연재하고 이듬해 출판한 소설로 여러 노동단체가 기념 파티를 열었을 정도로 노동계의 환영을 받았다. 주인공인 뤽 프로망(Luc Froment)은 제철소를 팔려는 친구의 요구로 파업 이튿날 산업도시인 보클레르(Beauclair)에 도착하면서 노동자의 참상에 놀란다. 그는 샤를 푸리에(François Marie Charles Fourier, 1772-1837)의 가르침에 따라 제철소를 개혁하고, 임금제도를 폐지하며 노동과 자본과 지식을 결합하는 새로운 공동체를 만들려고 노력하지만, 자본가, 성직자, 군대 등의 방해를 받는다. 그런데도 주변의 공장까지 동참하게 하여 과학이 인간과 사회를 조화롭게 만드는 이상적 도시를 건설하고, 자신은 알코올 중독자의 애인이었던 조진느(Josine)와 결합한다. 이 소설은 '사회주의적 서사시' '공산주의적 도원경에 관한 대담한 가설적 전망'이라는 등의 호평을 받고, 톨스토이와의 문학적 혈연관계를 인정받았다.

『진실 Vérité』은 죽기 2주일 전인 1902년 9월 10일에 신문에 연재를 시작하여 이듬해 2월 19일에 끝난 소설로, 시골 초등학교에서 벌어지는 성속(聖俗)의 대결을 다루면서 드레퓌스 사건을 반영한다. 교사 마르크 프로망(Marc Froment)은 강간살인의 혐의를 받는 동료 교사인 유대인 시몽(Simon)의 무죄를 입증하기 위해 싸운다. 가톨릭 성직자들은 여론을 선동하고 증거를 조작하고 법원에 압력을 가하며, 가톨릭 신자인 프로망의 아내는 떠나지만, 오랜 투쟁으로 진실은 승리하여 시몽은 복권되고 교회는 불신으로 인해 붕괴한다.

『정의』는 초고 상태로 남았다가 졸라 사후 《여명》에 연재되었다. 주인공인 장 프로망(Jean Froment)은 국가주의와 군국주의가 패배한 자리에 인권과 이성의 보편적 승리를 구가하는 자로 나오지만, 역시 미완성인 채로 남았다. 그 소설이 완성되었다면 가장 위대한 아나키즘 소설로 기록되었을 것이다.

인터뷰들

졸라가 살았던 시대에 인터뷰가 유행했고, 졸라도 인터뷰를 많이 했다. 그중 1897년 11월《로로르》와의 인터뷰에서 기자는 졸라의 국회의원 출마 소문에 대해 질문한다. 다른 신문에서 졸라가 국회에 나가 "아나키즘 이론을 주로 설파하게 될 것"이라고 보도한 것에 따른 것이었다. 졸라는 헛소문이라고 일축하고는 그 소문이 최근 작품인『파리』의 내용 때문에 나온 것 같다고 말했다. 그러면서 한때 노인들의 퇴직연금 같은 사회문제를 의회에서 다뤄보고 싶었지만, 정치에는 전혀 관심이 없으며 규율에만 복종하는 바레스 같은 의원들을 경멸한다고 말한다.

정치는 헛된 짓거리에 불과합니다. 하지만 사회문제는 생각할 줄 알고 깊이 생각하는 사람이라면 누구나 늘 관심을 가져야 합니다. 기독교는 노예제도를 없애는 대신 임금 노동자를 만들어 냈습니다. (…) 머지않아 중대한 사건들이 터지리라는 건 누구나 알 수 있을 것입니다.(전진401)

졸라는 1899년 10월,《르 디즈-뇌비엠 시에클》과의 인터뷰에서 당시 구상 중이었던『진실』과『정의』에 대해 다음과 같이 말한다.

나는 언제나 과학에 대한 믿음을 간직하고 있었습니다. 과학만이 더딘 진보와 사회의 퇴보에도 불구하고 미래 사회의 도덕과 미학을 제시해 줄 수 있을 것이기 때문입니다. 또한 노동이 형벌이자 고통이기를 바라는 가톨릭 교리에 맞서서 노동이야말로 선이며 신성한 임무라는 점을 보여 주고자 합니다. 그리고 시리즈의 마지막 권이 될 『정의』에서는 진정한 유토피아를 그릴 생각입니다. 아름다움과 선을 향해 전진하는 인류에 대한 서정적인 예찬론이 될 것입니다.(전진461-462)

볼라르의 졸라 방문기

볼라르의 세잔 회상기 중에서 1900년 말에 볼라르가 졸라를 방문한 것의 기록이 일찍부터 문제가 되었다. 세잔의 연구자로 유명한 존 리월드는 1936년에 쓴 박사학위 논문이나 저서 『세잔』에 쓴 공통된 서문에서 볼라르의 졸라 방문기는 상상력에 의해 가공된 창작물이라고 단정하고 이를 자료제공자의 목록에서 제외했다. 그는 그 근거로 다음 두 가지 점을 들었다. 첫째, 졸라의 사위인 모리스 르-블롱(1877-1944)이 50권의 페르누아르 판 『졸라 전집』(1927-1929) 중 『작품』의 해설에서 "볼라르의 1898년 졸라 방문기는 꾸며낸 이야기다."라고 주장한 점, 둘째, 그 방문기 중에서 졸라가 "나는 그것들을 보존하지 않았"(볼라르263)다고 했다는 세잔의 편지 75통이 발견된 점을 들었다. 그러나 볼라르의 졸라 방문기는 그 뒤 지금까지 그대로 원용되고 있다. 우리나라에서도 1996년에 시공사에서 디스커버리 총서의 하나로 『세잔』이 나오고 2001년에 레몽 장의 『세잔, 졸라를 만나다』 등이 나왔는데, 어느 것이나 볼라르의 졸라 방문기에 입각하고 있다.

볼라르의 회상기에는 앞에서 말한 것(세잔의 그림을 시골에 두었다는 등) 외에는 특별한 것이 없다. 볼라르에 의하면 졸라는 세잔이 『작품』에 "무관심하기만 했"고 그 후 "자꾸 숨으려고만 하는 그를 밖으로 나오게 할 수 없었고, 결국 그는 무미건조한 이 세상으로부터 점점 더 멀어져만 갔"다고 말했다. 그리고 세잔의 편지를 보관하지 않은 이유로 세잔의 "문체가 약간 어설프"다고 했다.(볼라르263)

볼라르의 회상을 내가 믿을 수 없는 이유는, 환담 중 아이들이 몰려와 "졸라는 물러가라! 드레퓌스는 물러가라!"라고 외치자 볼라르가 아이들을 나무라고는 "우리의 적들에게 한탄스러운 점이 있다면 그건 단지 어떤 것에 대한 '눈멂'이 아니에요. 거기에는 '증오'가 있지요. 고의적인 '증오'요."라고 했다(볼라르265)는 점 때문이다. 마치 자신이 드레퓌스를 지지한 사람처럼 말이다.

죽음

1902년 9월 28일 졸라 부부는 센 강변 메당에 있는 별장에서 여름을 지내고 파리 집으로 돌아와 잠을 잤다. 그리고 다음 날 아침 8시경에 그는 죽었다. 경찰은 그가 일산화탄소 중독으로 죽었다고 했다. 난로 굴뚝에 결함이 있었기 때문인지 아니면 굴뚝을 청소하지 않았기 때문인지, 아니면 누가 굴뚝을 막은 것인지 여러 가지 의문이 있었지만, 이 의혹은 끝내 입증되지 않았다.

  10월 5일에 열린 장례식 참석자 수에 대해서는 신문마다 보도가 달랐다. 반드레퓌스파 신문들은 몇백 명이 호기심으로 구경했다고 했지만, 《로로르》는 5만 명이 따랐다고 보도했다. 특히 노동자들이 많았다. 그들이 든 꽃다발에는 '제르미날, 대지, 노동'이라고 쓴 붉은 리본이 달려 있었다.

  추도사 중에서 가장 빛난 것은 졸라를 톨스토이와 비교한 아카데미 프랑세즈 회원인 아나톨 프랑스의 그것이었다. 드레퓌스 사건을 비롯하여 여러 가지로 졸라와 입장을 같이했던 아나톨 프랑스는 졸라가 "민주주의자이면서도 결코 대중과 영합하지 않으면서 그들에게 무지로 인한 예속 관계와 아무런 저항 없이 모든 억압과 가난과 수치스러운 삶에 굴복하게 만드는 알코올 중독의 무서움에 대해 적나라하게 보여 주고자 했"(전진559)다고 말했다. 그러고는 드레퓌스 사건에 대해 발언한 졸라에 대해 다음과 같이 부연했다.

우리는 저들이 저지른 사악한 행위들을 알게 되었습니다. 하지만 거대한 공권력이 저들을 은밀하게 옹호하고 있다는 사실이 알려지자 단호한 의지를 지닌 이들마저도 앞에 나서는 것을 꺼리게 되었습니다. (…) 그리하여 암흑은 점점 더 짙어졌고 음울한 침묵이 나라를 지배했습니다. 바로 그때 졸라는 공화국의 대통령 앞으로 사법적 오판과 진정한 반역자를 고발하고 질타하는 절제되고 매서운 편지를 보낸 것입니다. (…) 졸라는 사법적 오판을 고발했을 뿐만 아니라, 프랑스에서 사회 정의와 공화국의 이념, 그리고 자유로운 정신을 모두 말살시키려는 폭력적이고 억압적인 세력들의 음모를 만천하에 고발했습니다.(전진561-563)

마지막으로 프랑스는 다음과 같이 말했다.

졸라는 프랑스에 정의가 존재한다는 믿음을 버리지 않음으로써 이 나라의 명예를 지키고 조국에 지대한 공헌을 하였습니다. (…) 그를 부러워합시다. 그는 거대한 작품 세계와 위대한 행위로써 조국과 세상을 영광스럽게 했습니다. 그를 부러워합시다. 그의 운명과 그의 용기는 그를 가장 위대한 사람으로 만들었습니다. 그는 인간적 양심의 위대한 한순간이었습니다.(전진564-565)

    세잔은 졸라의 장례식에 참석하지 않았다. 그런데 졸라가 죽기 3일 전인 9월 26일에 세잔은 유서를 썼다.
    1908년 6월 4일, 졸라의 유해는 프랑스 위인들의 안식처인 팡테옹(Panthéon)에 이장되었다. 이장을 위한 졸라의 두 번째 장례식에는 대통령 아르망 팔리에르, 총리 클레망소, 각료들, 드레퓌스 등이 참석했다. 클레망소는 다음과 같이 말했다.

"역사적으로 강력한 왕에게 저항한 인물은 언제나 있었습니다. 하지만 다수의 강력한 무리와 맞서 싸운 인물은 극히 드뭅니다. '그렇습니다'를 말할 것을 요구받을 때 감히 고개를 똑바로 들어 '아니오'를 외칠 수 있는 사람 말입니다."(전진572)

팡테옹 입구에 있는 삼각형 부조 아래에는 "조국이 위대한 사람들에게 사의를 표하다."(AUX GRANDS HOMMES LA PATRIE RECONNAISSANTE)라는 글자가 씌어 있는데, 그곳에 묻힌 위인 중에서 문학인은 빅토르 위고, 에밀 졸라, 알렉상드르 뒤마, 앙드레 말로, 에이메 세제르뿐이다. 그중 뒤마는 2002년에 이장되었으니 그전에는 위고, 졸라, 말로뿐이었다. 20세기의 말로를 빼면 위고와 졸라밖에 없다.

졸라 사후의 프랑스

졸라의 사후에도 조레스와 클레망소는 드레퓌스의 복권을 위한 싸움을 계속했다. 앞에서 말했듯이 1906년 7월 12일 대법원은 드레퓌스를 유죄로 할 어떤 증거도 없으므로 재심의 여지도 없이 지금까지의 모든 유죄 판결이 무효라고 판시했다. 그리고 의회에서는 드레퓌스와 피카르를 군에 복귀시키는 법안을 가결했다. 그 후 얼마 동안 그는 다시 군에 복무하며 소령으로 진급한 뒤 예비역으로 편입되었다가 제1차 세계대전 때 소환되어 중령으로서 군수품 보급부대를 지휘했고, 두 차례의 전투에 참여하여 중령으로 진급하였으며 전쟁이 끝나자 은퇴한 뒤 1935년 지병으로 죽었다. 조국 독일에 충성스러웠던 무관 슈바르츠코펜은 인간 드레퓌스의 고난을 외면할 수밖에 없었지만, 1917년 죽음이 임박했을 때는 프랑스 말로 이렇게 이야기했다. "들어봐라 프랑스인들아, 드레퓌스는 죄가 없다. 모두가 거짓이고 모략이다. 그에겐 티끌만 한 잘못도 없다."

드레퓌스 사건에서 사회적 정의 구현과 진실 규명에 앞장섰던 진보 좌파(공화파)가 1898년 총선에서 승리해 비슷한 사건의 재발을 막기 위해 정교분리를 과감하게 추진하였다. 1899년 6월에 수립된 공화파를 수호하는 내각은 군대의 위계질서를 척결하고, 성모승천 수도회를 폐쇄하고(1900년 3월), 종교단체 결사를 행정 권한에 종속시키고, 1901년 조합법을 통과시키고, 군대를 동원하여 미인가 종교단체를 추방하고 3,000개의 가톨릭 학교를 폐쇄하였다.

1900년대 초반에 여러 정당이 나타났다. 1902년 선거는 좌파의 단일화 속에서 조레스의 사회주의자들이 연합한 급진-사회주의자 당의 승리로 끝났다. 1905년 12월 9일, 모리스 루비에 내각은 정교 분리법을 의결했다. 이로써 1801년 체결된 종교협약은 폐기되어 가톨릭의 특권은 사라졌고 국교의 존재를 인정하지 않으며 타종교와의 차별은 철폐되었다. 국가는 더는 주교를 서임(敍任)하지 않으며, 사제에게 보수를 지급하지도 않게 되었다. 이에 대해 교황 비오 10세가 격렬히 비난하였고 양국의 관계는 악화했다. 그러나 클레망소 내각(1906년 10월-1909년 6월)은 정교분리(실질적으로는 가톨릭교회와 국가 간의 분리)를 실행에 옮겼다.

제1, 2차 대전 사이에는 또다시 경제위기와 함께 반유대주의가 기승을 부렸다. 비시 정권하에서 프랑스인들은 나치의 유대인 탄압에 협조했다. 열렬한 반유대주의자로서 비시 정부의 원수였던 페탱이 전후 재판에서 형을 선고받았을 때 그는 "이건 드레퓌스의 복수다!"라고 외쳤다.

전후 프랑스에서 반유대주의는 공식적으로 용납할 수 없는 것이 되었으나, 반유대주의는 지금도 여전히 존재한다. 반유대주의만이 아니라 인종차별주의가 여전히 기승을 부리고 있다. 현재 프랑스 국민의 30퍼센트는 '유대인이 지나치게 강한 권력을 가지고 있다.'라고 보고 있으며, 60퍼센트는 '유대인이 지나치게 강한 재력을 가지고 있다.'라고 여긴다. 그러나 드레퓌스 사건 이후 인종차별에 반대하는 사회적 합의가 형성되어 있음도 부정할 수 없다.

20세기 한국의 '드레퓌스 사건'

2015년 5월 14일, 한국판 드레퓌스 사건으로 불린 '유서 대필 날조 사건'이다. 24년 전 강기훈 씨가 재야단체 동료인 김기설 씨의 유서를 대신 써 주고 자살을 방조했다고 검찰이 날조한 사건에 대한 무죄가 24년 만에 대법원에 의해 확정되었다. 그 주인공인 52세의 강기훈 씨를 헹가래 치며 "강기훈 씨 만세, 대한민국 만세, 민주공화국 만세, 정의 만세, 진실 만세!"라는 외침이 대법원을 뒤흔들 법도 했지만, 그는 간암 투병 중이어서 법정에 참석조차 하지 못했고, 소수 미디어의 간단한 사실 보도와 가녀린 사과 요구 외에 끽소리도 없었다. 권력의 사과는 물론 없었다.

그리고 2년이 지난 2017년 7월 법원은 강기훈 씨에게 국가의 민사 보상책임이 인정된다고 판결했다. 그러나 법원은 국가와 문서감정인의 손해배상 책임만 인정했을 뿐 위법 수사를 했던 수사 검사 등의 책임은 전혀 묻지 않았다. 강기훈 씨는 오랜 고통 뒤에야 어렵게 명예를 회복했지만, 간암으로 투병하는 등 여전히 고통의 세월을 보내고 있다. 당시 '유서 대필 조작 사건' 수사에 관여한 인사들 모두 강기훈 씨에 지금까지도 사과하고 있지 않다. 당시 법무부 장관인 김기춘 전 청와대 비서실장, 수사 책임자였던 정구영 당시 검찰총장, 당시 서울지검 강력부장 강신욱 전 대법관, 수사 검사였던 곽상도 의원 등 누구도 그에게 사과하지 않고 있다. 당시 엉터리로 유죄 판결을 내린 판사들도 마찬가지다. 당시 강기훈 씨를 앞장서서 공격했던 조선일보도 역시 마찬가지다.

한국 역사에서 최초이자 최후의 자살방조죄로 유죄 판결을 받은 그 사건으로 학생운동은 끝장이 났다. 운동권의 도덕성이 치명적인 상처를 입어 학생운동 자체를 실패로 끝나게 한 것이다. 그것도 제2의 6월항쟁으로 발전해 역사를 뒤바꿀 수 있었던 전환기를 완전히 역전시킨 날조였다. 권력과 검찰과 법원의 합작 날조였다. 자살 방조의 날조이자 역사의 날조였다. 그리고 그 뒤로 우리의 역사는 보수로 치달았다. 즉 6월 항쟁 이후의 개혁적 분위기를 일거에 뒤집은 보수적 정치 격변이었던 1990년 3당 합당 직후 성립된 여당인 민주자유당의 성립에 대한 학생운동권을 비롯한 재야 세력과 야당의 강력한 반발을 꺾은 것이었다. 3당 합당의 중심이었던 김영삼은 1993년부터 대통령을 지냈고 2015년 11월 말 사망했다. 그 장례는 민주화의 기수였다는 찬양과 함께 역사상 최초의 국가장으로 화려하게 치러졌다.

20세기 말 한국에서는 24년이 걸린 무죄 판결이 20세기 초 프랑스에서는 그 반인 12년 만에 끝났다. 116년 전인 1906년 7월 12일 프랑스에서는, 12년 전인 1894년 12월 22일에 대법원이 유대인 장교 알프레드 드레퓌스가 군사기밀을 유출했다고 '종신 유형'을 선고한 것을 오판이라고 파기하고 드레퓌스를 유죄로 할 어떤 증거도 없으므로 재심의 여지도 없이 지금까지의 모든 유죄 판결이 무효라고 판시한 것이다. 게다가 1906년 프랑스 대법원은 그 무죄 판결의 내용을 모두 파리와 렌(원래 판결이 내려진 곳)에서 게시하고 관보 및 드레퓌스가 지정한 50개 신문에 공고하되 그 비용은 모두 정부가 부담해야 한다고 선언했다. 이어 재판장은 판결 내용에 대해 추호의 의심도 생길 수 없도록 담화로 상세하게 재판 경위를 발표했다. 읽는 데만 한 시간이나 걸린 장문이었다. 반면 우리 대법원은 "검사 상고 기각" 단 한마디뿐이었고, 정부도 국회도 아무 말이 없었다. 행정부와 입법부는 물론, 사법부조차 전혀 무관하다는 것이었다. 그 어떤 국가기관도 잘못한 것이 없다는 것이었다. 그냥 아주 단순한 절차, 즉 상고를 기각한다는 내용 뿐이었다.

게다가 프랑스에서는 대법원에 이어 정부가 즉각 드레퓌스의 복권 절차를 밟고, 그에게 프랑스 최고 훈장을 수여하는 안을 국회에 제출했으며, 이어 다음 날 국회는 '프랑스의 양심을 해방하는 뜻에서' 드레퓌스의 복귀 동의안을 가결했고, 성대한 사열식과 함께 훈장을 수여하게 했지만, 우리나라에서는 역시 그런 일이 있을 수도 없었다. 프랑스에서는 7월 22일 드레퓌스가 훈장을 받고 마차를 타고 거리에 나서자 20만 명의 관중이 "드레퓌스 만세, 공화국 만세, 정의 만세, 진실 만세"를 외쳤다. 그리고 그 사건에 대한 수많은 의견이 쏟아져 나왔다. 많은 글이, 책들이 국내외에서 나왔다. 아니 그 전부터 나왔다.

드레퓌스 사건 자체가 지식인의 글에 의해 알려졌고 지식인들의 글에 의해 해결되었다. 바로「나는 고발한다」는 글을 쓴 에밀 졸라를 비롯한 프랑스 지식인들이었다. 반면 우리의 강기훈 씨에 대한 날조는 지식인에 의해 조장되었다. 권력에 의한 그 날조를 폭로하여 진실을 밝히기는커녕 지식인이 그 날조를 가능하게 만들었다. 그것도 유명한 소위 '저항' 시인과 서울의 유수한 가톨릭계 대학교의 총장과 그들을 지지하는 보수 언론들에 의해서였다. 나머지 지식인이라는 자들은 모두 침묵했다.

109년 전 프랑스에서처럼 나도 "강기훈 씨 만세, 대한민국 만세, 민주공화국 만세, 정의 만세, 진실 만세!"라고 외치고 싶었지만 그렇게 외치기는커녕 도리어 반대로 대한민국도, 민주공화국도, 정의도, 진실도, 지식인도 죽었다고 외치고 싶다는 느낌밖에 들지 않았다. 도대체 우리가 인간인가? 이 땅에 인간들이 함께 사는 사회라는 것이 있는가? 이게 나라인가? 인간들이 인간답게 서로에게 관심을 가지고 함께 사는 사회를 우리의 보금자리로 가꾸려고 하고 있는가? 아니면 모두 함께 사는 사회에는 아무런 관심도 없이, 아무런 생각도 없이 각자의 욕망만을 채우려고 치열하게 싸우다가 배가 터진 괴물처럼 죽어 가고 있는 것은 아닌가? 그리고 그 괴물처럼 허위를 날조하며 진실이라고 주장하는 것은 아닌가? 국가는 국민이 아무리 억울한 일을 당해도, 국가 자신이 그 억울한 일을 만들었어도, 그 뒤에 그것이 억울한 사건으로 조작된 것이라고 판명되었어도 그 누구 하나 사과 한마디 없이, 아무 일도 없었던 것처럼 지나가는 것이 도대체 어떻게 해서 가능한가?

강기훈 씨 사건만이 아니다. 그 전후로 수없이 많은 정치적 조작 사건이 있었고 수많은 사람이 희생되었지만 아무런 공감도 없이 세상은 변하지 않고 도리어 무관심만이 더욱 커지고 있다. 2013년 5월 30일, 대법원은 49년 전에 터진 1차 인혁당 조작 사건에 대해 무죄를 선고했다. 그럼에도 2013년에는 서울시 공무원 간첩 증거 조작 사건이 터졌고 그 앞에도 유사 사건이 줄을 이었다. 서울시 공무원 유우성 씨 사건의 간첩 혐의는 1, 2심의 무죄 판결에 이어 2015년 10월 29일 대법원에 의해 무죄로 판결되었다.

강기훈 씨 사건에서 무죄가 밝혀진 세월은 드레퓌스 사건보다 두 배나 길었다. 졸라가 진실을 밝힌 것은 사건 발생 4년 뒤였으나, 강기훈 씨 사건의 진실은 24년 뒤에 밝혀졌다. 졸라 이후 프랑스를 비롯하여 범세계적으로 지식인의 현실 참여가 본격화되었으나, 강기훈 씨가 무죄 판결을 받은 2015년 한국에서는 역사상 최초의 교수 자살이 있었다. 부산대 국어국문학과 고현철 교수가 8월 17일 오후 3시경 부산대 총장 직선제 사수를 요구하며 투신한 것이다.

드레퓌스 사건과 함께 그 사건의 무죄를 이끈 작가 에밀 졸라가 판결 8년 전인 1898년에 쓴 「나는 고발한다」라는 글, 그리고 그 글이 '지식인'이라는 말을 낳았고 20세기 내내 지식인 논쟁을 촉발했다는 점, 나아가 뒤르켐 같은 사회학자들이 사회에 대해 새로운 통찰을 하게 한 점 등은 지금 우리에게 매우 중요하다. 졸라라는 작가가 드레퓌스 사건에 대한 고발만으로 평가될 수 없고, 사실은 그가 평생 진실을 위해 허위를 고발한 위대한 작가였기 때문에 드레퓌스 사건의 허위를 고발하고 진실을 찾을 수 있었다는 점을 강조해야 한다.

졸라는 우리 시대의 출발인 산업혁명 이후의 자본주의 문제를 최초로 문학에 반영한 작가였다. 흔히 그를 리얼리즘 작가인 발자크나 플로베르와 비교하지만 그들에게는 산업혁명이 없었다. 돈, 도시, 토지 투기, 철도와 역, 백화점, 증권거래소 등은 졸라가 최초로 문학의 소재로 다룬 것들이었다. 특히 여성의 신체와 그것을 둘러싼 성, 욕망, 쾌락을 최초로 다루었다. 그러나 무엇보다도 그는 빈곤과 노동의 참상을 고발한 작가였다. 분만 아니라 그는 소설 외에 문학비평과 미술비평에 대한 글들과 함께 방대한 편지를 남긴 그야말로 르네상스적인 전인이었다. 무엇보다도 중요한 것은 그 모든 것이 철저한 자료 조사에 근거한 투철한 고발정신에 의한 고발문학이었다는 점이다. 그런 탓인지 한국에서는 졸라가 그다지 널리 읽히지 않는다. 춘향전의 전통 탓인지 멋진 남녀 주인공들의 사랑 이야기만 판을 친다. 그래서 현실 고발은 문학으로 대접도 못 받는다. 이는 앞에서 말한 날조 사건들을 대부분 모르고 지나치는 것과 다름이 없다.

우리는 19세기 말 프랑스에서 군인 한 사람이 스파이로 처벌된 사건이 터지면서 사회 전체가 국가주의와 인권주의로 대립하는 사태가 벌어졌던 것을 타산지석으로 삼아 우리의 문제를 고민해야 한다. 그 사건을 그 군인의 이름을 따서 '드레퓌스 사건'이라고도 부르지만, 그 내용은 그의 억울한 스파이 누명에 그치지 않는다는 점에서 단순히 그렇게 부를 수만은 없다. 그 사건은 당대 최고의 작가인 에밀 졸라가 당시의 대통령을 비롯한 지배계급을 언론에 고발한 뒤 프랑스 사회가 드레퓌스파와 반드레퓌스파로 나누어져 치열한 논쟁을 벌이면서 스파이 누명을 벗긴 것으로 일단락되었지만, 졸라를 비롯한 예술가나 학자들이 국가를 비판하고 인권을 보장하는 '지식인'이라는 새로운 사명을 갖는 새로운 전통이 수립되었을 뿐만 아니라, 그런 지식인의 주장을 지지하는 '사회'의 힘이 더욱 커져서 국가의 잘못을 고치는 참된 민주주의의 전통이 수립되었다.

반면 드레퓌스라는 군인 한 사람의 억울한 옥살이가 아니라 인혁당 사건에서 8명의 민간인이 학살당하는 사건 등을 겪으면서도 한국엔 소위 지식인이니 지성인이니 하는 자들이 말 한마디 못 했고, 그들을 지지할 사회라는 것은 아예 존재하지도 않았다. 그보다 더 심각한 점은 드레퓌스의 억울함은 밝혀져 그 명예가 회복되었으나 우리 8명의 영혼은 아직도 구천에 맴돌고 있다는 점, 그 사건이 터진 지 40년이 지난 지금도 마찬가지일 뿐 아니라 도리어 더욱더 사정이 나빠졌다고 하는 점이다. 그런 억울한 사형수가 수없이 생겼음에도 불구하고 여전히 사형제도는 강고하고, 공산주의자니 스파이니 간첩이니 하는 것을 조작하는 사례도 여전하다. 나에게 그런 일이 생긴다면, 나의 가족에게 그런 일이 생긴다면 반드시 반대할 터인데도 대부분 남의 일로 보고 누가 억울하게 죽어도 무관심하게 살아간다. 나의 집안에 살인범이 들어와 내 가족을 죽이지 않는 한 내 집 앞 골목에서 살인이 벌어져도 모른 체하고 살아간다.

그러므로 이를 지금까지처럼 단순히 인권탄압 사례라고 보아서는 안 된다. 그 사건 자체에 대해서는 지금까지 자주 소개되었다. 인터넷에 드레퓌스라고 치기만 해도 상세한 정보가 뜬다. 외국인이 쓴 책이기는 하지만 몇 권이 번역되기도 했다. 지금 21세기 한국에서 이 문제를 다시 다루어야 하는 이유는 1백 년이 훨씬 더 지난 이 땅에서는 여전히 그런 사건들이 터지고 있음에도 그것들을 고발하는 '지식인'도 없고 그를 지지하는 '사회'도 없이 오로지 국가주의나 전체주의만이 기승을 부리고 있어서 그런 사건들이 더욱더 많아지고 있기 때문이다. 한국에서는 스파이 누명을 뒤집어쓰면 바로 사형이 되기도 했다. 세계사 차원에서 '사법살인'이라고 불리는 사건에 대한 비판이 없었던 것이 아니다. 독재정권이나 그 하수였던 사법부에 대한 비판은 당연히 있었다. 그러나 문제는 그들의 잘못에만 그치지 않는다. 왜 우리에게는 그 문제를 까발리는 '지식인'이 없었고 그들을 지지하는 사람들로 이루어진 '사회'가 없었는가? 반대로 그 사건을 정당화하는 세력이 여전히 강고하게 존재하고 이 나라를 다스리고도 있는가? 언제까지 우리는 이렇게 살 것인가?

제9장

만년의 세잔-서정주의

드레퓌스 사건과 세잔

앞에서 보았듯이 드레퓌스 사건으로 친구, 가족, 동료들은 분열되었다. 작가 중에서 말라르메, 메테를링크, 『시라노*Cyrano de Bergerac*』의 작가인 에드몽 로스탕(Edmond Rostand, 1868-1918), 앙드레 지드, 마르셀 프루스트, 기욤 아폴리네르는 졸라를 지지했지만, 대부분은 그렇지 않았다. 졸라 동료 중에서도 폴 알렉시만 그를 지지하고, 에드몽 콩쿠르와 위스망스는 반대했다.

화가 중에서는 모네, 피사로, 보나르, 뷔야르가 지지하고, 타고난 보수파인 드가, 르누아르, 드니는 당연히 반대했다. 피사로는 좌파들처럼 처음에는 드레퓌스에게 무관심했으나 군 장성과 교회가 적임을 깨닫고 돌아섰다. 모네도 졸라의 글을 읽고 졸라에게 박수의 편지를 보내며 지식인 선언에 서명했다.

그런데 세잔은 그 서명에 참여하지 않았다. 그렇다고 해서 드레퓌스에 반대하는 견해를 나타내지도 않았다. 따라서 그는 드레퓌스 사건과 무관하다고 여겨졌고, 특히 1886년의 『작품』 이후 졸라와의 관계가 절연되어 드레퓌스 사건에 대한 졸라의 견해에 무관심했다고 간주되었다. 여기에 세잔이 엑스에 칩거하면서 파리와의 인연을 끊고 살았다고 하는 점 또한 무관함을 더욱 강조하는 요소가 되었다.

그러나 세잔은 사실 그렇게 스스로 칩거하지 않았다. 가령 드레퓌스 사건이 터진 1895년에는 1월부터 6월까지 반년 동안 세잔은 파리에 체류했다. 1896년에는 8월부터 바티뇰에서 스튜디오를 빌렸고 12월에 파리로 돌아가 1897년 4월까지 체류하고, 5월에는 마누시와 퐁텐블로, 6월부터는 엑스에 체류했다. 1898년 1월, 졸라가 「나는 고발한다」를 발표하여 엄청난 비난을 받을 때도 세잔은 파리에 있었다. 2월에 졸라에 대한 재판이 열렸을 때도 그는 파리에 있었다. 1899년에도 파리에서 볼라르의 초상을 그리고 가을에 엑스로 돌아왔다. 그가 엑스에 1년 내내 체류한 것은 주로 1900년 이후 죽기까지 6년 동안이었는데 그 사이에도 파리에 가곤 했다.

드레퓌스 사건이 진행되는 동안 세잔이 피사로나 모네 등의 화가들과 만나 그 사건에 대한 이야기를 나누었는지는 불명하지만, 그들이 졸라와 드레퓌스를 지지했음을 알았을 것이고, 세잔 자신도 견해가 있었을 것이다. 이와 관련하여 볼라르는 군에 대한 세잔의 애정이 그를 드레퓌스 반대파에 서게 했다고 말했다.

세상을 살아가는 데 소심하고 무력했던 세잔은 휴가 나온 군인들을 신용하지 않았다. 그러나 이 군인들이 (…) 세잔에게 하늘이 내려준 축복이나 마찬가지로 받아들여졌다. 세잔의 군대를 향한 애정은 말할 것도 없이 그를 반드레퓌스파에 서게 했다. (…) 로댕이 자기 작품 <발자크 상>에 기부할 사람들이 드레퓌스파 지지자들밖에 없다는 사실을 애통해하는 편지를 출판한 직후, 세잔은 기부금을 보내려고 거의 자발적으로 나서기까지 했다.(볼라르250)

그런데 앞에서 보았듯이 세잔은 두 차례나 군대 징집을 기피했다. 따라서 세잔이 군인들을 '하늘이 내려준 축복'이라고 생각했다고 하는 점은 이해하기 쉽지 않다. 세잔이 드레퓌스 사건에서 군대를 지지했다는 점에는 의심의 여지가 없지만, 드레퓌스 반대파가 된 원인으로 가장 직접적인 계기는 그가 1891년 이후 독실한 가톨릭 신자가 된 점이라고 생각된다. 앞에서 보았듯이 그 전의 세잔은 졸라와 피사로의 영향으로 반교회주의자였다. 볼라르는 1896년부터 자신의 초상을 세잔이 그리기 전 아침에 항상 《르 펠르랭 *Le Pèlerrin*》이나 《라 크루아 *La Croix*》 같은 신문을 즐겨 읽었고, 그것들을 "양식을 갖춘 신문들이요. 로마에 바탕을 두고 있소."라고 말했다 한다.(볼라르221) 《르 펠르랭》은 가톨릭의 교파인 '가정주의자'(Assumptionist) 측이 발간한 신문으로 1897년에 14만 부를 배포했고, 《라 크루아》는 1883년에 창간된 프랑스에서 가장 영향력

있는 일간지 중 하나였다. 두 신문 모두 드레퓌스 사건에서 반유대주의를 선동하고, 대중폭동과 유대인 학살을 요구했다. 가정주의자들은 이름 없는 유대인들이 프랑스 제도, 특히 군대와 가톨릭교회를 파괴하고 사람들을 억압한다는 음모론을 적극적으로 조장했다. 가령 《라 크루아》의 1898년 2월 2일 자는 다음과 같은 기사를 실었다.

매주 이 유감스러운 일에 세법을 악용하는 유대인들은 무방비 상태의 사람들의 물건을 탈취하고, 그들 종파의 이름으로 가난한 사람들의 빵을 훔친다. 그들은 여기저기서 가련한 사람들이 무너진 건물을 사는 데 동의하는데, 유대인 음모의 비밀 지시에 따라 가격이 책정된다.

이러한 주장에 대한 증거는 제공되지 않았으며 문제시된 유대인 개인이나 조직이 확인되지도 않았다. 이러한 노골적인 증오 캠페인 때문에 가정주의자들의 활동이 차츰 법률로 축소된다.

세잔의 신앙심이 독실한 가톨릭 신자인 누이동생 마리의 영향에 의한 것이든, 또는 공화주의를 엄청나게 혐오하고 반교권주의에 기운 아버지 영향에 의한 것이든, 세잔은 열성적이고 헌신적인 가톨릭교도였다. 특히 1897년에 어머니가 사망하자 세잔은 생-장-드-말테(Saint-Jean-de-Malte) 교회 부근, 엑스의 보수적인 4지구로 이사했다. 그는 나들이옷을 입은 농부처럼 정기적으로 대미사에 참석했다. 성 요한 교회는 프로방스 최초의 고딕 양식의 로마 가톨릭 성당으로 대부분 1270년대에 세워졌다. 이러한 성당만의 탓은 아니겠지만, 엑스는 지방색이 강하고 보수적인 지역이었다. 그의 일가친척이나 친구들이나 선후배들도 모두 열렬한 가톨릭 신도들이었다.

어머니의 죽음 이후 세잔은 자신이 사랑할 수 있는 유일한 존재인 아들에게 관심을 쏟는다. 그전의 그는 아들에게 냉담했다. 아들이 세잔 친구들의 모임에 참여하려고 하면 "조용히 해. 너는 어리석은 말만 하니까."라고 딱 잘라 말했을 정도다. 그러나 어머니의 죽음 이후 변한 것이다. 그는 아들에게 실용주의적 감각이 있음을 알고 그를 화상과의 중개인으로 삼았다.

드가의 반유대주의

세잔의 반유대주의는 드가나 르누아르의 광신적인 반유대주의와는 달랐다. 적어도 세잔이 유대인이자 드레퓌스파인 피사로를 좋아하고 존경하여 오랫동안 친교를 유지한 것을 보면 그렇다. 반면 드가나 르누아르는 처음부터 피사로를 배척하였다. 드가는 드레퓌스 사건의 양극성을 통해 그의 우정이나 사회적 관계, 나아가 예술적 판단도 철저히 구분했다. 심지어 모델까지 신교도라는 이유에서 물리쳤음을 볼라르의 드가 회상 첫 문장에서 알 수 있다.

"내일부터 올 필요 없어!"

드가가 모델에게 소리쳤다.

"드가 씨, 늘 제 포즈가 좋다고 하셨잖아요!"

"그랬지. 하지만 그건 자네가 신교도란 걸 알기 전이야. 신교도들은 유대인과 죽이 잘 맞지. 드레퓌스 사건만 봐도 알 수 있어."(볼라르13)

볼라르에 의하면 드가는 반유대주의 일간지인 《라 리브르 파롤 La Libre Parole》과 《르 피가로 뒤 룅디 Le Figaro du Lundi》를 읽었다. 전자는 드뤼몽이 반유대주의 선전용으로 창간한 신문으로 그 모토는 "프랑스를 프랑스인들에게!"였다. 1892년 군대 내에 유대인이 있는 것에 반대하는 캠페인을 벌였고, 드레퓌스의 체포 사실을 제일 먼저 대중에게 공개했다. 후자에는 드레퓌스를 비판한 삽화를 그린 포렝의 작품이 실렸다.(볼라르24) 드가는 드레퓌스 사건으로 세상이 나빠졌다고 하면서, 그 책임을 유대인에게 돌렸다. 그래서 유대인 상점이 아니라 가톨릭 신도의 상점에 가야 정직한 물건을 더 나은 가격에 살 수 있다고 했다.(볼라르39) 손님도 드레퓌스 반대파인지를 확인하고 집에 들였다.(볼라르46)

1895년에 드가는 갑자기 세잔의 작품을 구입하기 시작했는데, 이는 그전에 그가 세잔에게 보인 적대감과는 완전히 반대되는 태도여서 아마 세잔도 놀랐을 것이다. 동시에 드가는 그와 거래하는 화상도 바꾸었다. 즉 1890년대 초부터 인상파를 지원하여 평소에

친했던 유대인 화상들인 가스통 베른하임-준(Gaston Bernheim-jeune, 1870-1953)을 물리치고, 드가 이상으로 드레퓌스 반대파로 유명한 듀랑-루엘로 바꾸었다. 가스통 베른하임-준은 들라크루아, 코로, 쿠르베의 친구로 1863년에 화랑을 연 알렉상드르 베른하임(Alexandre Bernheim, 1839-1915)의 아들로 1901년과 1904년에 두 차례나 세잔의 작품을 사들이려고 했으나 볼라르에 대한 세잔의 신의로 인해 퇴짜를 맞았다.

명성

60세가 되는 1899년 가을, 파리에서 엑스로 온 세잔은 자드부팡을 팔고 부르공가 23번지의 아파트에서 살기 시작했다. 그리고 '앙데팡당전'에 3점을 출품하고 명성이 급격히 높아졌다.

만년의 세잔은 규칙적으로 로브 화실과 아파트를 오갔다. 엑스시 중앙에 있는 아파트에서 새벽에 일어나 아파트와 화실 사이에 있는 생 소뵈르 성당의 미사에 참석하고 화실로 갔다. 집에서 화실까지는 걸어서 30분 정도. 6시부터 10시 반까지 그림을 그리고 아파트에서 점심식사를 하고, 오후에는 풍경을 그리기 위해 톨로네길에서 오후 5시까지 작업을 하고, 다시 집에 돌아와 늦은 저녁 식사를 하고 즉시 잠자리에 들었다. 1901년 로브 거리에 화실을 지을 때는 그곳이 허허벌판이었으나 지금은 주택과 아파트가 가득하다.

1899년 10월, 모리스 드니가 세잔을 찾는다. 모리스 드니의 회상인 「세잔 방문」에 나오는 세잔의 말이다. 드니는 아파트로 찾아가지만 세잔이 성당에 갔다고 해 성당으로 간다. 미사를 마치고 나오는 세잔은 "녹회색의 외투, 때 묻은 저고리와 조끼. 손은 더러웠고 맨머리 차림"이었다.(세잔130) 세잔이 말한다.

그림을 그린다는 건 정말 어려운 작업입니다. 저 빛과 반사광 효과를 어떻게 얻어낼 것인가, 어떤 콘트라스트를 줄 것인가를 늘 생각해야 하거든요. 빛을 그대로 재생하는 것은 불가능합니다. (…) 난 빛을 연구하고 있습니다. 원통 모양과 공모양을 가지고 말입니다. 검은색과 흰색 대신 색깔들을 써서 감각이 주는 혼란을 바로 잡으려 하고 있죠. (…) 화가에게 필요한 것은 자부심입니다. 플로베르의 소설 『살랑보』에 나오는 마토 같은 인물처럼 말입니다. (…) 나는 베르나르와 같은 학설을 가지지는 못했습니다. 하지만 감각과 함께 이론 또한 필요합니다. 자연, 그것을 잘 모사하고 싶었습니다. 하지만 이루어내지 못했어요. (…) 나는 후세의 화가들에게 하나의 이정표가 될 것입니다. (…) 그림은 영원한 것입니다. 하지만 화가에게는 성직자와 같은 자세가 필요하죠.(세잔130-133재인용)

1900년 이후 세잔은 엑스에 체류한다. 파리 만국박람회의 '프랑스 미술 100년 전'에 세 작품을 출품하고, 세잔을 추종하는 모리스 드니가 〈세잔 예찬〉을 그린다. 1901년에 세잔은 앙데팡당전과 브뤼셀 자유미술전에 출품한다. 1902년에는 르 틀로네 등에서 제작하고 앙데팡당전에 출품한다. 미르보는 세잔을 십자훈장에 추천했으나 세잔은 단념한다. 1903년부터 세잔은 신축한 아틀리에에서 작업하고 '분리파 전시회'에서 빈에 7점, 베를린에서 3점을 전시하여 국제적으로 이름을 알린다.

만년의 세잔은 졸라 사후에도 그를 소재로 삼아 농담을 하기도 했다. 가령 볼라르에 의하면 1904년에 엑스로 세잔을 방문했을 때 해골 그림을 그리던 세잔이 해골을 "그림의 소재로 삼을 만한 아름다운 대상"이라고 하면서 "파리에서는 내 작품이 정말 훌륭하다고 생각한다죠? 아! 졸라가 거기 있다면 지금쯤 내 걸작들을 보고 당황하고 있을 텐데."라고 말했다.(볼라르280)

베르나르

1904년에 세잔은 엑스와 파리에 체류하고 퐁텐블로에서도 제작한다. '자유미술전'에 9점, '살롱 드 톤느' 한 개 방에 33점을 출품하고 베를린 카시러 화랑에서 개인전을 갖는다.

1904년 4월 15일 베르나르는 처음으로 세잔을 찾아간다.*

---

* 1903년 9월 13일에도 찾아갔다는 설명(유263)도 있다.

1893년에 그는 이탈리아와 이집트를 여행한 뒤 6년 동안 그곳에서 살았고, 1904년 프랑스로 돌아왔다. 이론에 열중하는 문학적인 화가인 그는 17세기에 생긴 신비주의 비밀결사인 장미십자회의 회원이기도 했다. 고갱과 반 고흐의 친구이기도 한 베르나르는 세잔을 세상에 알리는 데 크게 이바지했다. 베르나르는 세잔이 생트빅투아르 산을 수채화로 그리는 과정을 설명한다.

그의 기법은 독창적이었고 관습적인 것을 단호히 배제하는 가운데도 극단적인 복잡함을 지녔다. 그는 먼저 그늘부터 그리기 시작해 점들로 그것을 뒤덮었다. 그러고는 두 번째 점들로 사물 주위를 덮고는 세 번째 점들로 이미지를 이루어 색깔과 형태가 나타날 때까지 덧칠을 계속했다.(…) 그는 비슷한 색들을 연속으로 사용해 색들의 대립 속에 콘트라스트를 이루도록 서서히 칠해 갔다.(세잔210)

세잔은 베르나르에게 형상과 색채에 대해 말한다.

자연 속의 모든 사물은 공과 원통, 원뿔의 모양으로 이루어져 있습니다. 이런 단순한 모양부터 그릴 줄 알아야 해요. 그러고 나서야 자유자재로 그림을 그릴 수 있습니다.(…) 자연과 함께 고전주의자가 되어야 합니다. 감각에 의해서 말입니다. (…) 문인들이란 추상으로밖에 표현하지 못하는 존재들입니다. 하지만 화가들은

데생과 색채를 통해 구체적으로 자신의 감각과 지각을 구현하지요.(세잔217)

세잔은 베르나르와 헤어진 뒤 1904년 4월 15일에 그에게 보낸 편지에서 다음과 같이 쓴다.

당신에게 반복해서 말하는 것을 허락해 주십시오. 원기둥, 구, 원뿔로 자연을 다루는 것을. 이 모든 것은 원근법에 넣어야 하는데 오브제의 각 수직면과 수평면이 중심점을 향해 나아가야 합니다. 수직선은 수평선을 넓혀 줍니다. 자연의 한 절단부나, 당신이 원한다면 주님의 자연경관을 눈앞에 전개하세요. 수직선들은 지평선과 수평선에 깊이를 줍니다. 우리 인간을 위한 자연은 표면보다 깊이를 가지고 있습니다. 빨간색과 노란색이 필요한 곳에 충분한 푸른빛을 공간 전체적으로 빛의 떨림처럼 뿌려 주면 말입니다.(류264재인용)

위 발언으로부터 세잔이 자연을 단순화시켜 기하학적 모양, 즉 원기둥, 구, 그리고 원뿔로 그리라고 했고 자신도 그렇게 했다는 주장이 나왔다. 그러나 이는 세잔이 보기에 평면적인 그림을 그리는 베르나르에게 충고로 한 말에 불과하다. 그리고 1904년 5월 12일 편지에서는 다음과 같이 쓴다.

예술은 한정된 사람들에 의해서만 거론됩니다. 예술가는 관찰하고 얻어낸 지적인 성질이 아니면 견해를 무시해야 합니다. 아주 종종 화가의 참된 길을 빗나가게 하는 문학정신도 꺼려야만 합니다. 자연의 구체적인 공부보다는 실체를 파악할 수 없는 공론 속에서 너무나 오랫동안 길을 잃게 하니까요. 루브르는 검토하기에 좋은 책과 같습니다. 그러나 중개의 하나로서만 존재할 뿐입니다. 실물을 보고 비범한 연구를 시도하는 것이야말로 작업을 풍요롭게 합니다.(류264재인용)

〈석고상이 있는 정물〉

세잔의 사과는 유명하다. 어린 시절 졸라가 세잔에게 사과를 선물하여 우정이 싹텄다거나 세잔이 사과로 세계를 정복했다는 이야기 등도 앞에서 보았다. 그런 세잔의 그림에서 사과는 성적인 의미를 갖는 것으로도 해석되곤 했다. 서양에서 사과는 구약의 「창세기」에 나오는 이브가 사탄의 유혹에 빠져 따먹는 과일로 원죄와 타락을 상징하는 것이기도 하지만, 그리스신화에서는 사랑의 상징이자 비너스(아프로디테)의 부수물이고, 결혼 의식의 제의적 상징물이고, 서양 문학에서는 사랑의 선물이자 여성의 가슴을 비유했다.(샤피로11, 14) 졸라는 '거대한 정물화'라고 불린 『파리의 배』(1873)에서 사과를 다음과 같이 묘사했는데, 세잔도 이를 분명 읽었을 것이다.

피라미드 같은 건축적 규칙성을 보여 주는 사과와 배는 이제 막 솟아오르기 시작한 연분홍빛 유방, 농염한 어깨와 허리, 둔부 등 은근한 나체의 모양을 나타내면서 양치류의 새싹에 둘러싸여 있었다.(샤피로11재인용)

게다가 졸라는 과일을 다루는 여인이 "과일에 관능적인 분위기를 주고 있었다. 아름다운 처녀의 정념은 땅 위의 과일들을 발정시키고 그 씨앗들의 사랑의 영위는 이끼를 낀 작은 바구니 속 침실 구석의 … 풀잎 침대 위에서 이루어지고 있었다."라고 하면서 과일과 여인을 연관 짓는다.

앞에서 본 세잔의 초기 그림인 〈유괴(강간)〉가 세잔이 사랑과 성에 억압적이어서 여성에게 접근할 용기가 부족했음을 보여준다는 것도 그런 정신분석학적인 해석이다. 그러한 해석은 사과 그림에도 적용되었다.

세잔이 1869년경에 그린 〈풀밭 위의 점심〉은 마네의 그림을 재해석한 그림인데, 그 그림에서 여성이 세잔처럼 생긴 남자에게 사과를 건네주는데, 세잔 뒤의 파이프를 문 남자가 그 모습을 바라보고 있다. 정신분석학적 해석에 의하면 파이프 문 남자는 세잔의 아버지로 세잔을 감시한다는 것인데, 그 그림을 그릴 무렵 사귄 오르탕스와의 결혼을 세잔의 아버지는 1886년에야 허락했다.

〈석고상이 있는 정물〉
폴 세잔, 1895경, 70.6×57.3cm, 런던, 코톨드 인스티튜트 미술관

세잔이 1883-1885년경에 그린 것으로 추정되는 〈음탕한 양치기〉(지금은 유실된 그림)에서 양치기가 여성에게 주는 사과는 남녀 사이의 결합을 촉진하는 역할을 하는 것으로, 그 둥근 모양과 얇은 껍질 등이 여성의 신체적 특성과도 연관된다. 이 그림은 종래 〈파리스의 심판〉*이라는 제목으로, 그리스신화에 나오는 이야기를 루벤스 등이 그린 그림의 주제였다. 신화에서는 에리스가 던진 황금사과의 주인이 되기 위해 세 여신(헤라, 아프로디테, 아테나)이 나서고, 그 심판을 파리스가 본다는 것인데, 양치기 파리스는 그 심판에 관심이 없어 사과를 쥐고만 있는 모습이 루벤스 그림이다. 한편 세잔의 그림에서는 파리스가 아프로디테에게 하나가 아니라 여러 개의 사과를 건네는 모습이 그려졌고, 세 여인의 모습도 서로 경쟁한다기보다도 다정하고, 그림 오른쪽에는 제4의 여인도 그려져 있어서 신화나 루벤스 그림과는 다르다.

세잔이 56세 무렵 그린 〈석고상이 있는 정물〉에서는 사과가 양파와 대조되고, 큐피드 석고상이 그림 위쪽에 있는 나체의 남자와 대비된다. 서양의 문학이나 미술에서 큐피드는 갖가지 색깔의 사과를 바구니에 주워 담고, 사과로 공놀이를 하고, 사랑의 여신에게 사과를 가져다준다.

이를 정신분석학적으로 본다면, 사과는 여성이고 양파는 남성이라는 대비, 또는 서양에서 사랑을 상징하는 사과는 달콤하지만

---

* 샤피로나 스미스는 이를 잘못 알려진 것이라고 하지만(샤피로6; 스미스150) 꼭 그렇게 볼 필요가 있을까?

죽음의 제물인 양파는 맵다는 대비, 또는 사랑의 신인 큐피드와 달리 늙은 세잔은 외롭게 죽음만을 기다린다는 대비일까? 이러한 정신분석학적 해석이 전혀 무의미하다고 볼 수는 없겠지만, 세잔이 사과를 즐겨 그린 것은 사과가 잘 썩지 않고 오래가고 그 형태와 색깔이 다양하기 때문으로 보는 것이 옳을 것이다. 물체의 입체감과 색채의 관계에 관심을 기울인 세잔에게는 사과처럼 밝은 색채에 단단하고 둥근 물체가 가장 이상적인 소재였다. 세잔의 그림은 그 대상이 인물이든, 풍경이든, 정물이든 간에 기본적으로 같다. 정물화에서도 세잔은 고정된 시점에서 바라본 어떤 현실을 그리는 것이 아니라, 복수의 시점에서 본 모티프를 모아 색채와 형태를 조정하여 하나의 조형 작품으로 재구축한다.

〈생트빅투아르산〉

세잔은 1891년부터 생트빅투아르산을 소재로 그리기 시작해 죽을 때까지 15년 동안 18점 이상의 유화를 그렸다. 그 산과 목욕하는 사람들 그리고 정물화가 만년의 세잔이 즐겨 그린 그림의 소재였다. 세잔은 그 전부터도 생트빅투아르 산을 그렸다. 특히 1886년부터 그 산을 소재로 삼았다고 보는 견해가 있다. 그해 가을 아버지가 사망해 엄청난 유산을 물려받아 경제적으로 안정되었고, 졸라와 결별한 탓에 산 그림이라고 하는 자신의 탐구에 전념

할 수 있게 되었다고 보는 것이다.(플라지130) 그러나 세잔의 산 그림을 이런 식으로 결부시키는 데엔 문제가 조금 있다. 세잔은 이미 그 전부터 경제적으로 안정되어 자신이 흥미를 느끼는 소재를 탐구했고, 산은 1870년대부터 그렸기 때문이다.

『작품』을 쓴 졸라와 결별하여 그에게서 벗어나게 되었기에 자기 주제를 추구하게 되었다는 식의 주장도 이해하기 어렵다. 정말 그러했다면 졸라와의 추억 때문에 그 산을 즐겨 그렸다는 주장과 모순되지 않는가? 졸라가 싫어서 헤어졌다면 굳이 그를 생각나게 하는 추억의 장소를 즐겨 그릴 리 없기 때문이다. 나는 추억 때문에 그렸다고 보기에 세잔이 결코 졸라를 나쁘게 생각하지 않았다고 생각한다.

위 견해는 그 산에 얽힌 사연에 감동하여 그 산을 즐겨 그렸다고 본 것이다. 그 사연을 잠시 들어보자. 기원전 102년, 3만 명의 가이우스 마리우스 군단이 야만족을 쫓아내기 위해 생트빅투아르 산을 달려 내려왔다. 이후 그 산 앞의 평원은 오랫동안 평화로웠다. 또 이런 이야기도 있다. 5세기, 어떤 수도승이 그 산속에 자리 잡은 것을 알게 된 서고트 왕은 수도승을 죽였고, 그 뒤로 그는 성인으로 추앙받았다. 만년에 와서 세잔이 고향을 사랑하고 프랑스를 사랑하는 민족주의자가 되었으므로 이 같은 생각이 터무니없는 것이라고 보기는 어렵다. 특히 가톨릭으로 귀의한 1891년부터 그 산을 집중적으로 그린 것과 수도승의 순교 이야기는 결부될 수도 있겠지만, 세잔의 눈에는 그의 다른 그림 소재와 같이 그 산 역시 그

저 자연 일부에 불과했을 터다.

릴케는 "모세 이후에 그 누구도 산을 이처럼 웅장한 눈으로 본 사람은 없었지요."라고 썼는데(릴케12) 이 또한 과장이다. 세잔 그림의 그 산은 절대 웅장하지 않기 때문이다. 세잔도 그런 느낌으로 그릴 생각이 전혀 없었을 것이다. 그의 목표는 공간의 깊이와 대상의 존재감을 드러내는 것이다. 녹색, 황토색, 청색을 주조로 하고, 색조를 미묘하게 변화시킨 작은 면을 병치하는 것으로 풍경의 넓이나 대지의 양감이 표현된다. 색을 칠하지 않고 버려둔 부분도 작품의 요소로, 화면 전체를 완전히 칠하여 완성한다고 하는 종래의

〈생트빅투아르 산〉
폴 세잔, 1904-1906, 65×81cm, 미국, 필라델피아 미술관

생각에서 벗어나 있다. 이러한 기법은 평면성과 공간성, 완성과 미완성의 끝없는 갈등을 초래하고, 보는 사람의 몸까지 전율시키는 힘을 지니게 된다.

〈목욕하는 사람들〉

세잔이 목욕을 주제를 그리기 시작한 것은 1875년이었으나, 특히 만년에 즐겨 그린 〈목욕하는 사람들〉 연작은 남자들과 여자들이 따로 목욕하는 그림이 주이고, 함께 목욕하는 그림은 드물다. 그들은 다른 사람들의 시선에 아랑곳없이 옷을 벗거나 몸을 말리거나 이야기를 나눈다. 남자들의 목욕 그림은 졸라가 『작품』에서 묘사한 어린 시절을 연상하게 한다. 그는 다양한 구성이나 운동감을 추구하는 대신 인체의 구조를 탐구했는데, 푸생이나 루벤스의 그림에서 빌려온 모습들이 많다.

7년이 걸린 〈목욕하는 사람들〉(〈대수욕도〉라고도 한다)을 비롯하여 여성들의 목욕 그림에 대해서도 어린 시절 가졌던 여성에 대한 환상에 기인하는 나체 선호라고 보는 견해가 있다. 그리고 데생과 색채가 완전히 일치하기를 바라서 베네치아파에게서는 형태보다 색채의 우위를, 루벤스에게서는 부조화를 극복하는 감각을, 그리고 푸생에게서는 풍경 속에서 채색면을 배열하는 법과 인물을 무리 지어 표현하는 방법을 배웠다고 한다.(뒤랑52) 그래서 프랑스

적 지성의 핵심인 조화와 균형을 볼 수 있다. 미셸 후그는 이 시기를 서정시적 시기라고 불렀다.(후그23)

전경의 지면과 양쪽 굵은 나무들이 완벽한 피라미드형 구도를 이루는 것 역시 고전주의를 연상하게 한다. 그러나 고전주의적 역사화는 물론 형상 위주의 리얼리즘과 달리 세잔은 빛 속에 형태와 색채를, 여체와 자연을 융합시켜 독특한 서정을 보여준다. 헨리 무어가 세잔의 〈대수욕도〉에 대해 다음과 같이 쓴 것이 훨씬 감동적이다.

〈목욕하는 사람들〉
폴 세잔, 1906, 210×251cm, 미국 필라델피아 미술관

젊은 여자들이 아니라 펑퍼짐하고 강하고 성숙한 여인들. 나이 지긋한 품위 있는 부인. 얼마나 놀라운 힘인가! 등판이 거의 고릴라의 등에 가깝다.(류317-8재인용)

그림에 나오는 나부는 남자나 여자가 아니라 공간의 조화를 위한 사물에 불과하므로 전혀 중요하지 않다. 소년 시절의 추억에서 나온 그림이라는 점이 더 중요하다. 세잔은 1905년 엑스에, 그리고 여름에 퐁텐블로에 머물렀다. 7년이 걸린 〈목욕하는 사람들〉 등 10점을 살롱 드 톤느에 출품했다.

죽음

1906년 3월 세잔은 매장도서관에서 열린 졸라의 흉상 개막식에 참석한다. 어린 시절의 친구였던 코스테가 그들의 어린 시절을 회상하자 세잔은 눈물을 쏟았다. 그리고 졸라 부인이 코스테와 포옹하는 것을 지켜보았다.

그해 여름은 끔찍이도 더웠다. 세잔이 매일 다닌 아틀리에도 가지 못할 정도였다. 아들에게 편지를 쓰는 것 외에는 낙이 없었.

1906년 10월 15일, 세잔은 아틀리에서 멀지 않은 톨로네에 있는 주르당의 농가 풍경을 그리던 중 폭우를 만났다. 폭우가 쏟아지는 중에서도 2시간 동안 그림을 그린 뒤 집으로 돌아오는 도중에 세잔은 길거리에 쓰러졌다. 지나가던 세탁부가 세잔을 발견하고 수레에 실어 엑스의 집으로 데려갔다. 그리고 두 남자가 그를 침대로 옮겼다.

의사는 폐충혈이라는 진단을 내리고 절대적인 휴식을 명했다. 그러나 이것은 화가의 성격을 잘 모르는 처사였다. 그는 다음 날 아침, 작업 중이던 정원사의 초상화에 매달리려고 다시 아틀리에로 돌아갔다.(플라지19)

그러나 얼마 후에 다시 쓰러졌다. 모델인 정원사 발리에(Vallier)의 도움으로 집에 돌아와 침대로 옮겨 누웠지만, 세잔은 일어나지 못했다. 10월 20일, 세잔의 여동생인 마리가 파리에 사는 세잔의 아내와 아들에게 편지를 썼다. 사흘 뒤에는 가정부 브레몽(Bremont)이 세잔이 위독하다는 내용의 전보를 파리로 쳤으나 의상실에 가는 일이 더 급했던 오르탕스는 아들에게 아버지가 위독하다는 것을 알리지 않았다.

그다음 날인 10월 23일 아침 7시, 세잔은 예순일곱의 나이로 숨을 거두었다. 아내도 아들도 곁에 없이 가정부만이 임종했다. 그녀는 이웃을 불러 세잔의 눈을 감게 했다. 사인은 가슴막염이었다. 다음 날, 그의 유해는 가톨릭 구호단체에 의해 엑스에 있는 시립공동묘지에 안치되었다. 장례식에 아내와 아들이 왔다. 아내와는 이미 오래전부터 별거했다. 아내와 함께 파리에 사는 외아들 폴과도 자주 만나지 못했다.

　세잔이 죽자 그의 아내와 아들은 세잔의 그림들을 서둘러 팔았다. 1921년 아틀리에가 있는 땅도 팔았는데, 다행히도 구매자인 시인은 세잔의 추억을 간직했다. 1954년 그가 죽자 리월드 등의 주도로 세잔의 아틀리에를 사들이는 데 필요한 돈을 모아 대학에 전달했다. 1974년에는 아틀리에를 법적으로 보호하게 되었다.

　그의 사후 1년 뒤인 1907년 9월, 파리의 살롱 드톤느(Salon d'Automne)에서 세잔의 회고전이 열렸다. 전시된 56점 가운데 유화가 40점 정도였다, 그해에 피카소의 〈아비뇽의 아가씨들〉이 발표되고 입체파가 탄생했다. 입체파 화가들은 르네상스 이후의 원근법 전통을 부정한 세잔의 작품들을 철저히 연구했다.

영향

　1905년 모네는 세잔이 자기 시대의 가장 위대한 예술가라고 찬양했다. 릴케는 1907년 10월 살롱 드톤느에서 세잔 작품을 몇 번이나 보고 그 소회를 아내에게 편지로 썼다.

　만년에는 늙고 초라한 그가 화실로 가노라면 아이들이 따라다니며 마치 떠돌이 개처럼 그에게 돌을 던졌다오. (…) 내면에서, 깊숙한 내면에서 그는 경이로울 정도로 아름다웠고, 그러나 보기 드물게 간혹 찾아오는 방문객에게 노발대발하여 고함을 지르면서, 차마 입에 담을 수 없는 말을 했어요.(릴케53)

그는 40세가 될 때까지 보헤미안과 같이 살아왔노라고 주장했지요. (…) 한데 그 변화의 속도가 대단하여 그 뒤 30년 동안 세잔은 창작 외에는 아무 일도 하지 않았소. 사실은 아무런 기쁨도 없이 그 일을 하지 않았나 하는 생각이 드는군요. (…) 이런 가운데서도 자신에게 소중한 유일한 문제라고 여겼던 성취의 경지에 도달하려는 소망을 하루도 버리지 않았다는군.(릴케55)

릴케는 위에서 본 베르나르에 대해 불신한다.(릴케55) 세잔이 베르나르의 글에 대해 분노하며 편지를 썼는데 "자기 해명을 하려는 노력이 지극히 어색하고 아주 혐오스러웠"다고 한다.(릴케91) 그러나 베르나르의 글이나 그에게 보낸 세잔의 편지가 과연 그런지는 의문이다.

릴케의 편지 자체보다 그것을 해설한 머리말에서 몇 가지 인용할 만한 구절들이 있다.

"세잔과 그의 작품이 주는 통일성은 성자와 하느님의 관계에서만 찾을 수 있을 것이다."(릴케12) 릴케는 세잔 회화의 본질적인 특징의 하나로 대상과 색채의 상응성, 그림의 움직이는 모티프에 대한 응답을 인정했다.(릴케17)

세잔은 만년에 그를 따르는 젊은 화가들에게 자연을 연구하라고 권했지만, 젊은 화가들은 그의 말을 따르지 않았다. 자연 속으로 향하는 의지, 그것은 세잔이 인상파, 그리고 그 세대 이전의 화가들에게서 받아들인 것이었다. 그런데 18세기 이전에 자연은 신과 대치한 것으로 화가들이 즐겨 그리지 않았던 주제였으나, 19세기에 와서 도시의 급격한 팽창에 따른 자연에의 동경, 철도 등의 발달에 따른 교외 이동의 편리, 부르주아 중심의 취향 변화에 따라 새로운 주제로 등장했다.

살롱 드톤느의 세잔 회고전은 20세기를 통틀어 젊은 화가들에게 가장 강력한 영향을 준 전시회였다. 그 전후로 피카소, 마티스, 브라크, 드랭, 뒤피, 블라망크 등이 세잔주의에 물들었다. 그들 대부분은 프랑스, 특히 남프랑스로 가서 세잔의 말대로 자연에 맞섰다. 그러나 1910년 전후 세잔주의에서 발전한 분석적 큐비즘이 생기고 추상회화가 탄생할 무렵, 세잔느적인 풍경 모티프 탐구의 열기는 식고, '자연'에 대한 의지도 급속히 사라졌다. 그 뒤로 자연 속에서 이젤을 세우고 그림을 그리는 화가는 없었다. 그리고 자연 대신 인간이, 외계 대신 내면이 그림의 새로운 중심 주제가 되었다. 그런데 그러한 움직임은 1866년 마지막 인상파전이 열린 뒤 반 고흐와 고갱에 의해 시작되어 각각 표현주의와 상징주의의 선구가 되었다. 그리고 세잔의 마지막 작품에서도 상징주의와 표현주의적인 작품이 드러났다.

지금 세잔의 작품은 전 세계 16개국 60여 개 대도시의 74개 미술관에 소장되어 있다.

한국의 세잔 수용

한국의 세잔 수용은 일제강점기에서 시작되었다. 일본에서는 쿠메 케이치로로[久米桂一郎, 1866-1934]가 1900년 파리 만국박람회를 다녀온 후 집필한 연재물에서 세잔을 인상파 화가로 소개한 것이 세잔에 대한 최초의 소개였으나, 아리시마 이쿠마[有島生馬, 1882-1974]가 문예전문잡지 《시라카바[白樺]》(1910년 4월에 창간) 1910년 5, 6월호에 발표한 「화가 폴 세잔[画家 ポール セザンヌ]」이 세잔에 대한 최초의 본격적인 소개라고 할 수 있다. 그 글은 평전과 비평으로 나누어 실렸는데, 앞글은 1907년 살롱 드톤느에서 열린 세잔 회고전에서 세잔 작품을 처음 보았던 경험을 회상하며 다음과 같이 글을 시작한다. "세잔은 모든 예술에 대한 지식과 형식을 버리고, 적나라한 아마추어[素人]가 되어 제작했다. 예술에서의 무군주주의, 아나키즘의 신자라는 것을 이미 반복해서 서술했다." 이러한 설명은 테오도르 뒤레의 『인상파 화가들의 역사Histoire des peintres impressionnistes』(1906)에 의한 것이라고 하지만, 이는 뒤레가 세잔을 루브르의 고전에 정통한 화가로, 혁명적이 아닌 반혁명적인 화가로 본 것을 거꾸로 번역 소개한 것이었다.

아리시마가 세잔을 비롯한 후기인상파를 인상파에 반하는 주관주의 미술로 보는 것도 서양에서의 관점과 달랐다. 즉 서양에서 인상파는 재현의 원리로부터 벗어난 주관주의 미술의 시작으로 평가되는 것과 달리 일본에서는 인상파를 객관적 사실 묘사, 즉 재현의 원리에 충실한 미술로 보았다. 반면 세잔은 "대담함으로 거리낌 없이 파괴를 감행"해서 결국 "극단적 개성"을 표출하기 때문에 위대하다고 평가하면서 세잔을 비롯한 후기인상파도 마찬가지 주관주의 예술로 본다. 일본에서 후기인상파를 따르는 화가들은 형태변형, 즉 데포르마시옹을 중요한 조형 원리로 삼았다. 이러한 시라카바파의 후기인상파 담론은 김주경과 오지호를 통해 한국에 유입되었다.

세잔과 철학

메를로-퐁티에 의하면 세잔은 인상주의와 달리 빛과 대기 속에서 잃어버린 사물의 형태를, 즉 사물의 대상성 또는 객관성을 복원하려고 했다. 따라서 세잔이 추구한 자연은 인상주의의 감각적인 자연과 다르다. 이를 메를로-퐁티는 "그는 자연을 모델로 삼는 인상주의 미학을 저버리지 않으면서 대상으로 되돌아가기를 원했다."라고 한다. 메를로-퐁티는 세잔이 인상주의도 아니고 고전주의도 아닌 제3의 화풍을 추구한다고 말하는데, 사실 그것은 경험론과 지성론을 비판하며 제3의 철학을 추구하는 메를로-퐁티 자신의 입장을 나타낸 것이다.

에필로그

다시, 무엇이 문제인가?

이 책에서 말한 것

앞에서 말했듯이 나는 세잔과 졸라의 결별은 허구의 소설인『작품』때문이 아니라, 실제의 역사적 사건인 드레퓌스 사건 때문으로 보고, 그 점을 밝히기 위해 이 책을 썼다. 드레퓌스 사건은 졸라를 필두로 한 당대 지성인들의 고발과 여론의 동조로 12년 만에 유대인 드레퓌스의 억울한 반역죄 혐의를 벗겨낸 역사적 사건이다. 그러나 드가와 르누아르 등은 졸라와 달리 드레퓌스는 유죄이니 극형에 처해야 한다고 주장했고, 세잔도 그쪽에 가담했다. 역사적 인물 가운데 나폴레옹을 가장 좋아할 정도로 프랑스 민족주의자였던(세잔149) 세잔은 졸라가 드레퓌스 사건에서 "경솔했다."라고 말했다.(세잔99) 그러나 졸라는 나폴레옹은 물론 그의 조카인 제2제정의 루이 나폴레옹도 싫어했다. 세잔도 젊어서는 졸라처럼 나폴레옹이나 그 조카를 싫어했으나, 나이가 들어서 바뀐 것이다.

그래서 졸라는 죽마고우인 세잔을 비롯하여 자신과 친했던 르누아르나 드가와도 결별했다. 반면 세잔의 일생을 다룬 기존의 책이나 글들은 앞에서 말했듯이 『작품』을 계기로 한 졸라와의 결별설에 일치하고, 세잔이 드레퓌스 사건으로 졸라와 대립한 점에 대해서는 전혀 언급하지 않는다.

나는 오랫동안 세잔의 그런 보수성 때문에 그를 좋아하지 않았다. 보수적이라는 이유로 드가와 르누아르 그리고 로댕도 마찬가지로 싫어했다. 기존의 책이나 글들은 대체로 예술가의 정치적 입장은 예술가의 작품과는 별개라고 하면서 정치적 입장을 아예 배제하는 경향이 있다. 이는 한국의 예술가들이나 일반인들의 태도이기도 하다. 그러나 나는 그런 태도는 옳지 않다고 생각한다. 이 책은 종래의 잘못된 관점을 재검토하면서 진정한 우정이나 브로맨스의 의미를 되짚어 보고 예술과 현실, 예술과 정치의 연관 문제를 살펴보려고 하는 책이다. 이 책을 쓰면서 나는 세잔에게는 드레퓌스에 반대한 나름의 이유가 있음을 알고 그를 이해하려고 노력했다. 그는 드가나 르누아르와 달리 처음부터 반유대주의자가 아니었으나, 어려운 삶의 곡절에서 50세가 넘어 가톨릭에 귀의하면서 당시의 가톨릭이 주장한 드레퓌스 반대편에 가담했다.

드레퓌스 사건은 졸라 개인만이 아니라 프랑스 역사에서, 아니 세계사에서 가장 중요한 사건의 하나이지만, 졸라와 세잔과의 관계에서 다루어진 적은 없다. 마치 두 사람의 관계와는 전혀 무관한 사건인 듯이 말이다. 그래서 특별히 문제 삼지 않지만, 나는 그렇게 보지 않는다. 도리어 드레퓌스 사건으로 인해 두 사람은 죽을 때까지 만나지 않았다고 본다. 두 사람 모두 드레퓌스와는 개인적으로 무관했고, 같은 지역 출신도 아니었으며, 같은 집단이나 직업, 같은 계급이나 계층 출신도, 드레퓌스처럼 유대인도 아니었다. 누구의 청탁이나 부추김도 없이 자발적으로, 자율적인 정의와 진실에 대한 추구로 드레퓌스 사건에 관여했다. 졸라는 드레퓌스 편이고 세잔은 그 반대편이었으나, 누구도 타산적으로 행동하지 않았다. 그것은 대의를 위한 공적인 싸움이지 이해관계에 얽힌 사적인 원한에 의한 것이 아니었다. 그러니 대의를 위한 싸움에 나서 본 적이 없는 자들이 함부로 왈가왈부할 수 있는 것이 아니다. 그러나 역사의 평가는 드레퓌스가 옳았다고 말한다. 따라서 세잔은, 적어도 역사적으로는 옳지 못했다. 그러나 누구도 세잔을 탓할 수는 없다. 당시 국민의 대다수가 그랬기 때문이다. 그야말로 1-2퍼센트만이 드레퓌스 편이었다.

졸라와 세잔이 대립한 드레퓌스 사건이 두 사람의 결별을 결정짓는 주요 요인이었다고 주장한 최초의 논문은 영국 케임브리지 대학교의 교수인 로버트 레스브리지(Robert Lethbridge)가 《유럽연구저널 Journal of Europesn Studies》 2016년 제46권 제2호에 발표한 「졸라와 세잔을 다시 생각한다: 전기, 정치, 그리고 미술비평 Rethinkong Zola and Cézanne: Biography, politics and art criticism」이다. 내가 오래전부터 품어온 생각을 논문으로 확정해 준 레스브리지 교수에게 감사하면서도, 그 논문이 대단히 전문적이고 수많은 외국 문헌에 근거하는데 우리에게는 그러한 문헌들을 충분히 검토할 여유가 없기에 나는 드레퓌스 사건에 아직 익숙하지 않은 한국의 독자들을 위해 이 책을 내 나름으로 쓴다.

앞에서도 보았듯이 세잔과 졸라 두 사람은 십 대 초에 시골 중학교에 입학하면서 반세기의 브로맨스를 시작한다. 세잔이 한 살 위고 학년도 하나 위였지만, 둘도 없는 친구가 되었다. 공부를 잘하는 우등생들이 아니라, 자연 속을 뛰어다니며 문학과 예술을 사랑하는 동지로 우정을 맺었다. 중고교 시절을 자연아 개구쟁이로 보내었기에 두 사람 모두 대학입시에 실패했을지도 모른다. 그러나 두 사람은 서로 도우며 미술과 문학의 길로 힘겹게 나아갔다. 그 어려운 수련기를 두 사람은 서로 격려하고 위로하면서 이겨 냈다. 졸라는 36세에 낸 『싸구려 술집』으로 일단 성공하지만 계속 가시밭길을 걸었고, 세잔은 죽기 직전에야 겨우 인정받았다. 그러니 세잔은 졸라에게 질투심을 가질 수도 있었다. 당연한 일이다. 그러나 미술비평가로서 유명해진 졸라는 친구인 세잔을 위해 글을 쓰지 않았다고 보는 지금까지의 견해와 달리, 내가 이 책에서 보여 주듯이 친구를 위해 많은 글을 썼다. 게다가 세잔의 애인이 졸라와 결혼해서 불화가 생겼다는 이야기를 비롯하여 애정 관계로 두 사람의 관계가 파탄했다는 주장도 있으나 모두 근거 없는 소리이다.

자유, 자치, 자연

나는 머리말에서 졸라는 사회학의 선구자인 토크빌이 발견하고 사회학의 창시자인 뒤르켐이 경험과학으로 확립한 '개인'과 '사회'의 합리성과 현실성을, 그리고 반유대주의를 포함한 허위의 본질인 비합리성과 비현실성을, 사실을 객관적으로 보고 진실을 철저히 규명하는 사실적 자연주의의 개척자로서 세상에 제시하고 폭로했다고 썼다. 한편 세잔은 '개인'과 '사회'가 존재하는 '자연'에 대한 절대의 탐구자로서 그림에 나오는 자연의 모든 사물이 견고하고 생명력을 갖게 하여 질서와 조화를 이루는 걸작들을 창조했다고 했다.

이 점에 대해 좀 더 설명해보자. 하나의 사회가 성립하기 위해서는 그 구성원 사이에 일정한 '지적 및 도덕적 공통성'이 있어야 한다. '지적 및 도덕적 공통성'을 토크빌은 '사회 그 자체'라고 부르는데, 토크빌 시대의 그것은 기독교였다. 그러나 뒤르켐 시대의 기독교는 드레퓌스에 반대하는 세력의 것이 되었다. 즉 '프랑스국가=프랑스군=기독교 교권주의'라는 주장이다. 따라서 졸라나 뒤르켐에게 그러한 주장은 받아들여질 수 없다. 그래서 그들이 새롭게 주장한 '지적 및 도덕적 공통성'이란 '보편적 인간성=인간적 인격 일반=세속적 인간주의=개인주의'였다. 여기서 개인주의란 각 개인의 인간성이야말로 존중해야 할 성스러운 것이고, 따라서 모든 개인은 자유롭고 평등하며 존엄성과 가치를 갖는다는 것이다. 이는 드레퓌스 반대파의 '국가주의=군사주의=교권주의'와 대립한다.

나는 그러한 개인의 특성을 자유라고 보고, 그러한 자유로운 개인들이 평등하게 사회를 형성하여 자치하며, 그러한 개인과 사회가 자연과 조화를 이루는 자유-자치-자연의 삼자주의를 주장해왔다. 여기서 국가는 사회가 아니라는 점을 강조할 필요가 있다. 그리고 그러한 사회를 만들어가는 주체를 지식인이라고 보고, 그들의 핵심 역할은 드레퓌스 사건에서 보는 인권 보장이라고 주장한다. 모든 국민이 대학을 나오는 시대가 되어도 그들은 회사가 요구하는 돈벌이용 고급인재일 수는 있어도 이 책에서 말하는 인권 보장에 앞장서는 '지식인'은 아니다. 도리어 전 국민의 대졸화라는 지식 인플레 현상 때문에 인권 보장을 위해 노력하는 '지식인'은 더욱 줄고 있는 것이 아닌지 모른다. 전혀 없지는 않지만, 그들을 지지하고 지원하는 '사회'가 없기에 그런 '지식인'이 인권 보장이라는 자기 역할을 제대로 하지 못하는 것이다. '지식인'과 '사회'는 함께 존재한다. 우리에게는 그 둘 다 없다.

단적으로, 이 땅에는 국가만이 있고 사회가 없다. 국가에 의한 전체주의만이 존재하고 그 전체를 이루는 국민이 모래알처럼 존재할 뿐, '우리가 모두 같은 사람으로서 자유롭고 평등하게 함께 살면서 자치하는 사회'는 존재하지 않는다. 언제부터인가 국가는 하나의 회사처럼 되어 오로지 돈을 버는 데만 미쳤고, 국민도 그런 국가를 신주처럼 숭배하며 돈을 버는 데만 미쳐 그 밖의 일에 대해서는 전혀 관심이 없게 되었다. 따라서 이 땅에는 사회가 없고 국가만이 있다. 사회를 이루는 자유롭고 평등한 '인간' '개인'이 없고, 국가를 이루는 '국민'만이 있다. 사회를 뒤집어 말하는 회사는 있지만, 사회는 없다. 국가를 비롯하여 모든 집단이 회사처럼 돈벌이를 위해서만 굴러간다. 학교도 종교도 군대도 마찬가지다.

'자유롭고 평등한 사람들로 이루어지는 사회'가 존재하지 않는 한 이 땅에 미래는 없다. 양심도, 정의도, 도덕도, 윤리도 없다. 그런 사회는 저절로 존재하는 무위자연 같은 것이 아니라 철저히 노력하여 만들어야 하는 것이다. 자본주의가 시작되기 전의 농촌공동체로 돌아가면 저절로 이루어지는 것이 아니다. 그렇게 저절로 존재한 유토피아는 세상에 없다. 도리어 농촌공동체의 운용 원리인 혈연, 지연, 학연 따위의 각종 인연은 철저히 없애고, 모든 사람이 같은 인간이라는 의식을 전제로 모든 사람이 자유롭고 평등하게 살 수 있어야 한다는 공동의 확신이 필요하다. 그래야만 다시는 사법살인 같은 학살이 없어진다.

각종 인연 아니 연줄을 중심으로 한 농경사회는 서양에서는 19세기에 없어졌으나 한국의 경우 20세기 후반까지 지배했다. 프랑스의 1789년 대혁명은 그런 연줄을 끊고 모든 사람이 자유롭고 평등하게 살아가는 사회를 꿈꾸었으나 그 1세기 뒤에 터진 드레퓌스 사건처럼 제대로 인식된 사회를 만들기 위해서는 다시 1백 년이 필요했다. 반면 여전히 연줄로 얽히고설켜 자유롭지도 평등하지도 못한 세상을 사는 우리는 1970년대부터 산업화를 이룬다고 야단법석을 떨었으나 그것은 국가를 더욱 강화하고 그 국가의 지도하에 개미처럼 일하는 국민을 낳았을 뿐 자유롭고 평등한 인간들로 이루어진 사회를 형성하지는 못했다. 그러니 한국판 드레퓌스 사건이 생겨도 모두 무관심했다. 심지어 지식인이 될 가능성이 있는 대학교수나 작가 등도 연줄에 매여 출세만 밝혔을 뿐 공적인 대의명분 아래 사회 창조를 주도할 능력이 전무했다.

사회는 국가나 가족처럼 당연한 전제나 자명한 사실이 아니라 의지적인 노력으로 창조된다. 왜냐하면 모든 사람이 인간이고 개인이라는 사실은 객관적으로 검증할 수 있는 경험적 사실이 아니기 때문이다. 이는 자연 현상이나 물질처럼 확인될 수 있는 사실이 아니라 의지를 가지고 그렇게 이룰 때 비로소 구축된다. 이 점을 잊어버리면 우리는 사회를 잃고 개인이 아니게 된다. 물론 그런 경우에도 국가나 가족은 존재한다. 그러나 개인이 없는 사회에서 국가나 지역의 문제가 '사회문제'로 잘못 등장하여 '어쩔 수 없는 문제'가 되어 버린다. 그리고 사람들은 자기 삶이 아니라 남들의 삶을 살게 된다.

제국주의 문제

나는 세잔이나 졸라, 또는 프랑스를 찬양하기 위해 이 책을 쓰는 것이 아니다. 그래서 정의를 위해 드레퓌스 사건의 진상을 밝힌 영웅적 작가인 졸라가 당시 드레퓌스 사건보다 더욱 심각하고 중차대한 문제였던 식민지 침략에 대해서는 굳게 입을 다물었다는 사실을 미리 밝혀둘 필요가 있다. 졸라만이 아니라 대부분의 서양 작가가 그러했다. 드레퓌스의 유죄를 주장한 자들은 물론 무죄를 주장한 자들도 대부분 그러했다. 앞에서 보았듯이 무죄를 주장한 사람 중에는 앙드레 지드, 아나톨 프랑스, 마르셀 프루스트, 앙리 푸앵카레, 장 조레스, 클로드 모네, 쥘 르나르, 뒤르켐 등이 있었다. 반면 유죄를 주장한 사람 중에는 세잔과 함께 폴 발레리*, 르누아르, 드가 같은 자들이 있었다. 유죄를 주장한 자들은 대부분 제국주의에도 찬성했지만, 아나톨 프랑스**를 제외하면 무죄를 주장한 자들도 대부분 제국주의자였다.***

졸라의 선배인 빅토르 위고도 마찬가지였다. 그는 문명이 야만을 정복하는 것이라고 식민지정책을 지지했다. 『미국의 민주주의』를 쓴 토크빌도 마찬가지였다. 더욱이 사회주의자들은 식민지 전복을 지지했다. 푸리에도 마찬가지였다. 유일한 예외는 아나키스트 프루동 정도였다.

---

* "20세기 최대의 시인"이니 "20세기 전반기의 유럽을 대표하는 최고의 지식인"이니 하는 칭호를 받는 발레리가 드레퓌스 재심을 반대한 보수주의자라는 사실은 T. S. 엘리엇이나 라이너 마리아 릴케가 마찬가지로 보수적인 사람들이었다는 점과 통하지만 그들의 그런 면에 대해서 한국에서 주목하는 입장이 거의 없다.
** 아나톨 프랑스는 1906년 '식민 지배 과정의 만행을 규탄하는' 집회에 참석하여 식민 지배를 규탄했지만, 작품에서 그런 주장을 한 것은 드물다.
*** 사회주의 정치가인 장 조레스의 경우도 초기에는 예외가 아니었다. 한국어 번역된 조레스의 평전(막스 갈로, 노서경 옮김, 『장 조레스 그의 삶』, 당대, 2009)과 저서(노서경 옮김, 『사회주의와 자유 외』, 책세상, 2008)에도 그런 점은 그다지 상세하게 언급되어 있지 않다.

우리는 일본의 전후 처리에 대해 불만을 표명할 때 독일의 전후 처리에 대해 언급하면서 그것을 찬양하면서도 일본 전후 처리 문제가 사실은 식민지 문제로 영국이나 프랑스의 경우와 거의 같다는 것을 전혀 인식하지 못한다. 그러나 일본의 총리들이 하는 짓이나 프랑스 대통령들이 하는 짓이나 전혀 다르지 않다. 가령 2007년 7월 프랑스의 전직 대통령인 사르코지는 취임 직후의 첫 방문지였던 세네갈 수도 다카르의 셰이크-안타-디요프 대학교에서 강연하면서, 아프리카의 문제는 모두 식민 통치가 조성한 것이 아니라 아프리카인들이 상잔하고 인종 멸종을 자초했으며, 식민 통치자에게는 아무런 책임이 없다고 해서 큰 비난을 받았다. 나아가 식민 통치자가 다리, 도로, 철도를 건설했고, 그곳 땅을 비옥하게 만들었다고 주장해서 우리에 대해 똑같은 소리를 해대는 일본인을 방불케 했다.

그런 일본인과 마찬가지인 한국인이 우리나라에 소위 뉴라이트라는 화려한 이름으로 존재하듯이 프랑스에도 그런 뉴라이트가 있다. 가령 프랑스의 제국주의를 다룬 한국어 최초의 번역서인 『프랑스 공화국 식민사 입문』*에서 저자인 쥘 망스롱이 알제리에 대한 식민지 지배를 주장한 카뮈를 전혀 비판하지 않는 것을 보면 프랑스 지식인들의 태도가 어떤 것인지 알 수 있다. 현대 프랑스 지식인 중에도 드골이나 레이몽 아롱처럼 알제리 식민지 유지를

---

* 경북대학교출판부, 2013

지지한 사람들이 우리나라에서는 대단한 존경을 받고 있다. 드골이나 아롱은 존경하면서 아베나 식민지 침략을 부정하는 일본 역사학자들을 비난하는 것은 모순이다.

김화영은 "독립한 알제리가 드러내 보여 주는 오늘의 현실"을 볼 때 "역사는 분명히 카뮈의 비전이 옳았음을 증거했다."라고 한다.* 알제리만이 아니라 많은 식민지 경험의 나라들이 민족해방 이후 많은 어려움을 겪었다. 그러나 그 누구도 민족해방에 반대한 카뮈를 옳다고 할 수 없다. '내선일체'를 주장한 일본인은 물론 친일문학인을 비롯한 친일분자들도 해방 후에는 그렇게 말하지 않았다. 제국주의자였던 서양인이나 일본인이 식민지에서 물러난 뒤 식민지가 더욱 어려워지는 것을 보고 자기들이 지배한 시대가 더 좋았다고 말할 수 있다고 해도 누구도 대놓고 그렇게 말하지는 않았다. 또한 카뮈가 반대한 대로 됐다고 해도 결과가 어떠했을지는 아무도 알 수 없다. 따라서 카뮈의 주장이 옳았음을 증거하는 것은 아무것도 없다. 그것은 지금 역사를 판단하는 데 하나의 가정이었던 것에 불과했다.

---

* 모르방 르베스크, 김화영 옮김, 『알베르 카뮈를 찾아서』, 나남출판, 1997, 8쪽.

세잔과 졸라의 브로맨스

다시 세잔과 졸라의 브로맨스로 돌아가자. 두 사람은 평생 서로 친밀하게 지내다가 보지 못하면 그리워하는 붕우였지만, 처음부터 서로 다른 점도 많았다. 한 마디로 세잔은 거칠었고, 졸라는 세련되었다. 세잔은 무뢰한, 졸라는 도덕인(이라기보다는 모랄리스트)이었다. 세잔은 예의가 없다고 할 정도로 거칠었지만, 졸라는 세련된 매너를 갖춘 사람이었다. 그래도 두 사람은 예술과 사회의 개혁에 대해서는 동지였다. 특히 파리코뮌을 겪은 직후 졸라는 격앙된 목소리로 "이 정도로 희망에 불타고, 일을 하고 싶다고 생각한 적은 없었어. (…) 우리들의 시대가 찾아온 거야."(1871.7.4. 편지)라고 세잔에게 외친다. 두 사람 모두 그런 진보의 물결 속에서 예술 창조에 매진했다.

그런데 나이가 들면서 세잔은 정치적으로도 종교적으로도 보수화한 반면, 졸라는 죽을 때까지 진보적이었다. 아니, 나이가 들면서 더 진보적으로 되었다. 젊은 시절에 반교회주의자였던 세잔은 50세를 전후하여 가톨릭 민족주의자로 바뀌었지만, 졸라는 무신론 사회주의자로 평생을 살면서 사회 개혁을 위해 싸웠다. 세잔이 변한 뒤 두 사람은 만나지 않았다. 세잔이 그렇게 보수화된 이유에는 여러 가지가 있었다. 본래 시골 사람인 그는 고향을 너무나 사랑했고, 그곳 사람들의 보수성에 익숙했다. 게다가 죽기 직전까지 성공하지 못한 점에 대한 좌절이 그를 고향과 가톨릭으로 이끌었을 수 있다. 충분히 이해되는 점이다. 누가 잘나고 못나고, 잘하고 못한 것이 아니다. 각자의 삶이 그렇게 귀결되는 것일 뿐이다.

그 뒤 두 사람은 20년 정도 서로 미워하고 섭섭해하고 울분을 토하면서 죽을 때까지 만나지 않았다. 처음 만났을 때부터 서로 좋아하면서도 질투하고 경쟁했고, 서로 걱정하고 격려하면서도 미워하기도 했으나, 그래도 사십 대 후반까지는 꾸준히 만났다. 애정은 물론 우정도 그런 거니까. 한결같은 사랑이란 불변의 사랑이 아니라 변화의 사랑이니까. 그러니 졸라는 62세에 죽을 때까지 10년 이상 만나지 않은 세잔을 그리워했고, 그가 죽자, 당시 고향에 칩거하면서 은둔자라고 할 정도로 고독하게 창조에 몰두한 세잔은 졸라의 장례식에 참석하지 않았지만 50년 친구 생각으로 며칠을 울었다. 졸라가 죽기 3일 전인 9월 26일에 세잔은 유서를 쓴 것을 보면 두 사람 사이에 통하는 바가 있었을까? 세잔은 4년 뒤 자신이 죽을 때까지 친구를 애도했다. 세잔은 고향에, 졸라는 파리에 각각 묻혔지만, 영혼이 있다면 영원히 기쁘게 만났으리라. 이별 이전의 반항과 창조의 브로맨스로. 현대 문학과 미술은 그들의 반항으로 시작되어 창조되었다. 그러니 우리는 모두 그들의 아들딸이다. 그들의 브로맨스가 우리를 낳았다. 그들의 브로맨스는 이제 우리의 브로맨스다.

두 사람은 스무 해 남짓, 서로 만나지 않으면서 자신들의 창조를 완성하는데, 그 예술의 세계가 안정과 조화의 추구라는 점에서 묘하게 일치했다. 만년의 세잔이 그린 생트빅투아르 산과 목욕하는 사람들의 조화로운 세계는, 만년의 졸라가 쓴 소설들, 특히 '세도시' 연작과 '네 복음서' 연작의 아나키적 이상사회의 모습과 통한다. 세잔의 그림에서 자연의 모든 사물이나 인물들이 제자리에서 저마다의 존재감을 드러내면서도 조화로운 안정과 통일을 이루듯이, 졸라의 소설에도 사회의 모든 사람이 제자리에서 저마다의 존엄성을 드러내면서도 조화로운 안정과 통일을 이루어가는 것이다. 모든 사물이 보기 좋고, 모든 사람이 아름답다. 산도, 사람도 가볍지 않고 묵직하고, 역사의 무게를 지닌다. 인상파나 리얼리즘의 가벼움보다 사회와 자연 그리고 신앙의 깊이가 느껴진다. 그것이 만년의 성숙한 양식일까? 물론 노년이나 만년이라고 해서 안정과 조화만이 있는 것은 아니다. 비타협과 고통과 모순도 있다. 청춘의 저항은 죽지 않고 여전히 펄펄 살아있기에 조화의 창조로 승화될 수 있는 것이다.

세잔 연보

1839년 1월 19일 프랑스 엑상프로방스에서 출생.

1859 엑스대학교 법학부 입학.

1861 법 공부를 중단하고 파리로 떠남. 친구 에밀 졸라의 권유로 파리 아카데미 쉬스에서 미술을 공부했으나 우울증 끝에 고향으로 돌아옴.

1862 다시 파리로 떠남.

1863 살롱전에서 거절당한 화가들과 함께 '낙선전'에 작품을 전시.

1873 〈목맨 사람의 집〉

1874 제1회 인상파 전시에 참여.

1882 처음으로 살롱전에 작품을 출품.

1885 〈에스타크〉

1896 〈카드놀이 하는 사람들〉

1904 〈생트빅투아르 산〉

1905 〈대수욕도〉

1906년 10월 22일 사망.

졸라 연보

1840년 4월 2일 파리에서 출생.

1862 아셰트 출판사에 입사.

1864 낭만주의적인 작품집 『니농에게 바치는 콩트』 집필.

1865 자서전적인 중편소설 『클로드의 고백』 집필.

1867 『테레즈 라캥』 출판.

1870 알렉산드린 멜레와 결혼.

1871 『루공가의 운명』 출판.

1876 『싸구려 술집』 연재 시작.

1880 연구서 『실험소설론』 출판 후 자연주의 학파의 거장으로 인정받음.

1885 『제르미날』 완성.

1886 『제르미날』 완성.

1887 농민 소설 『대지』 완성.

1890 『인간 짐승』 발표.

1893 『파스칼 박사』 출판으로 《루공-마카르총서》 20권 완성.

1898 1월- 누명을 쓰고 감금된 알프레드 드레퓌스 대위의 석방을 주장하는 서한 「나는 고발한다」를 일간지 《로로르》에 게재. 2월- 자신이 고발한 장교들에게 명예훼손죄로 고발당하고 런던으로 망명. 8월- 드레퓌스 대위가 무혐의로 처리되면서 파리로 돌아옴.

1902 9월 28일부터 29일 밤사이 질식사했다고 전해지나 확실치 않음.

1908 팡테옹 국립묘지에 안치.

반항과 창조의 브로맨스
에밀 졸라와 폴 세잔

초판 1쇄 2023년 12월 15일

지은이 박홍규
디자인 유랙어

펴낸이 이채진
펴낸곳 틈새의시간
출판등록 2020년 4월 9일 제406-2020-000037호
주소 경기도 파주시 하늘소로16, 105-204
전화 031-939-8552
이메일 gaptimebooks@gmail.com
페이스북 @gaptimebooks
인스타그램 @time_of_gap

ISBN 979-11-983875-7-8(03990)

* 책값은 뒤표지에 있습니다. 잘못 만들어진 책은 구입하신 서점에서 교환해드립니다.
* 이 책 내용의 일부 또는 전부를 재사용하려면 반드시 저작자와 틈새의시간 양측의 서면 동의를 받아야 합니다.